客户服务实务

主　编　方　维
副主编　龙正哲　吴连会
参　编　黄　赟　曹　浪

北京理工大学出版社
BEIJING INSTITUTE OF TECHNOLOGY PRESS

图书在版编目（CIP）数据

客户服务实务 / 方维主编 . -- 北京：北京理工大
学出版社，2023.5
ISBN 978 - 7 - 5763 - 2442 - 6

Ⅰ. ①客… Ⅱ. ①方… Ⅲ. ①客户—商业服务—高等
学校—教材 Ⅳ. ①F719

中国国家版本馆 CIP 数据核字（2023）第 097312 号

出版发行 / 北京理工大学出版社有限责任公司
社　　址 / 北京市海淀区中关村南大街 5 号
邮　　编 / 100081
电　　话 / （010）68914775（总编室）
　　　　　（010）82562903（教材售后服务热线）
　　　　　（010）68944723（其他图书服务热线）
网　　址 / http://www.bitpress.com.cn
经　　销 / 全国各地新华书店
印　　刷 / 河北盛世彩捷印刷有限公司
开　　本 / 787 毫米 × 1092 毫米　1/16
印　　张 / 15.75
字　　数 / 416 千字
版　　次 / 2023 年 5 月第 1 版　2023 年 5 月第 1 次印刷
定　　价 / 72.00 元

责任编辑 / 申玉琴
文案编辑 / 申玉琴
责任校对 / 周瑞红
责任印制 / 施胜娟

党的二十大报告提出"坚持把发展经济的着力点放在实体经济上，大力推进新型工业化，加快建设制造强国、质量强国、航天强国、交通强国、网络强国、数字中国"。这是贯彻新发展理念、新时代我国发展壮大的必由之路，更是客户服务行业未来发展的必经之路。纵观大战略方针，对于企业来说需要树立新目标、制定新的发展战略。企业在剖析当前客服产业环境和竞争态势时发现：市场同质化竞争不断加剧，客户服务成为企业应对竞争的主要抓手之一，对企业的发展有着举足轻重的影响。

"客户服务实务"是高职高专财经商贸类专业的核心课程。本书坚持以党的建设为统领，以立德树人为根本，遵循职业教育规律，注重培养学生的科学思维和创新精神。在设计思路上，本书以现代企业客户服务岗位工作过程为逻辑线索，设计了客户服务认知、客户服务人员职业素养、客户服务前准备、客户服务基本技能、客户服务礼仪、客户服务技巧、客户抱怨与异议处理、客户投诉处理、客户满意度管理、客户忠诚度管理、客户服务质量管理11个学习项目。项目的设计均以客户服务岗位不同业务阶段必备的业务知识和服务技能为主线，以精心设计的若干"有趣、有用、有挑战"的拓展实践训练为核心，以大量取自企业客户服务实践的阅读材料和案例为补充，通过对典型任务的实施，让学习者能够"在学中做，在做中学"，在循序渐进的总结和分享中提升服务素养、改善沟通技巧、创新客户价值，逐步实现客户服务岗位职业角色的转换。

本书根据职业教育的特点，各学习项目细化了目的与要求，通过引导案例提升学生学习兴趣，在相关知识模块进行知识讲解，通过案例分析、实训活动帮助学生更有效学习。

本书建议总学时为64学时，其中理论教学32学时，实训教学32学时。

本书由方维担任主编，主要编写工作分工如下：贵州工业职业技术学院方维编写项目项目一、项目二、项目六、项目七、项目八；贵州工业职业技术学院龙正哲编写项目三、项目四；贵州工业职业技术学院吴连会编写项目五、项目十一，并对全书进行统稿及核对；贵州工业职业技术学院曹浪编写项目九；贵州工业职业技术学院黄赟编写项目十并设计全书实训活动。

目　录

客户服务认知

任务1　客户认知

一、任务目标

知识目标：

(1) 掌握客户的概念、分类以及重要性。

(2) 掌握顾客与客户的区别与联系，掌握客户的分类。

能力目标：

(1) 能够进行顾客与客户的区分。

(2) 能够根据企业实际情况进行客户分类。

(3) 运用相关知识来为企业解决客户管理问题，提高企业客户服务水平。

素质目标：

(1) 培养学生树立客户分类管理意识。

(2) 建立客户服务工作价值观。

二、引导案例

湖南长沙坡子街一家小吃店开业了，主要销售臭豆腐、八宝果饭、糖油粑粑等小吃。小吃店门面的对联牌匾非常引人注目，写着"宁愿一人吃千次，不愿千人吃一回"，横批"客户至上"。在小吃店林立的坡子街，该小店一开业食客就络绎不绝。

讨论：小吃店老板希望通过这副对联表达什么意思？

三、相关知识

（一）客户的相关概念

客户是企业最重要的资源，它的理论基础来源于西方的市场营销理论，最早在美国产生并得以迅速发展。客户服务理论极大地推动了西方国家工商业的发展，深刻地影响着企业的经营观念以及人们的生活方式。利用现代技术手段，使客户、竞争、品牌等要素协调并实现整体优化的自动化管理系统，可以提升企业的市场竞争能力、建立长期优质的客户关系，不断挖掘新的销售机会，帮助企业规避经营风险，获得稳定利润。服务的价值完全取决于客户的需要。客户是企业的利润之源，是企业的发展动力。

1. 用户、顾客与客户的含义

用户：使用者（User），即使用产品或服务的客户，一般是指城镇、农村接受社会某种有偿服务的客户。如：照明、供水、宽带、视听、通信、供暖、煤气等客户，是产品的使用者。

顾客：产品的使用者（最终使用者、消费者）（Customer），就是光临购买、消费商品的人，也可以是使用商品的人。顾客的特点之一是不唯一性，顾客是易变的，可以去任何一家商店购买产品。顾客与商家的关系是中介关系，从理论上讲不是信任与委托的关系。

客户：产品的购买者（包括代理、经销、消费者）（Client），在法律的专业词是指当事人、委托人的意思。客户的一个重要特点就是唯一性，使用某一产品后都比较忠实于该产品。

2. 用户、顾客与客户的区别与联系

用户、顾客、客户三者的关系是递变的。用户对于企业来说仅仅是使用企业产品，并没有参与产品的流通过程；顾客相对于企业来说关系就更进一步，参与了产品的选择与消费的过程；客户可以是企业的合作者，参与了产品的流通过程，与企业的关系更加紧密。客户具有否决权，对于一切自己不满意的产品，具有否定的权利和帮助修正的义务。

3. 客户内涵的要点

（1）客户不一定是产品或服务的最终接受者。对于处于供应链下游的企业来说，它们是上游企业的客户，可能是一级批发商、二级批发商、零售商或物流商，而最终的接受者是消费产品或服务的个人或机构。

（2）客户不一定是用户。

（3）客户不一定在公司之外。内部客户日益引起企业的重视，它使企业的服务无缝连接起来。

（二）客户的分类

1. 从市场营销的角度分类

（1）经济型客户。

这类客户希望投入较少的时间和金钱得到最大的价值。他们是"便宜"的忠诚客户。由于他们只购买便宜商品，所以销售给他们的商品利润要比其他客户低。

（2）道德型客户。

这类客户觉得在道义上有义务光顾社会责任感强的企业，那些具有良好声誉的企业可以拥有这类忠诚的客户。

（3）个性化客户。

这类客户需要人际间的满足感，诸如认可和交谈。

（4）方便型客户。

这类客户对反复比较后再选购不感兴趣，方便是吸引他们的重要因素。方便型客户常常愿意为个性化的服务额外付费。例如，有送货上门服务的商场、快餐店常常吸引他们。

2. 从管理的角度分类（如表1-1所示）

表1-1　客户层次分类

客户类型	比重	档次	利润贡献率	目标性
头顶客户（关键客户）	5%	高	80%	财务利益
潜力客户（合适客户）	15%	中	15%	客户价值
常规客户（一般客户）	80%	低	5%	客户满意度
临时客户（一次性客户）	—	低	—	客户满意度

（1）头顶客户。

头顶客户又称关键客户。他们除了希望从企业那里获得直接的客户价值外，还希望从企业那里得到社会利益，如成为客户俱乐部的成员等，从而体现一定的精神满足。他们是企业比较稳定的客户，虽然人数不占多数，但对企业的贡献率高达80%。

（2）潜力客户。

潜力客户又称合适客户。他们希望从与企业的关系中增加价值，从而获得附加的财务利益和社会利益。这类客户通常会与企业建立起一种伙伴关系或者"战略联盟"，他们是企业与客户关系的核心，是合适客户中的关键部分。

（3）常规客户。

常规客户又称一般客户。企业主要通过让渡财务利益从而增加客户的满意度，而客户也更倾向于从企业那里获得直接好处，获得满意的客户价值。他们是经济型客户，消费具有随机性，讲究实惠，看重价格优惠。这类客户是企业客户的最主要部分，可以直接决定企业短期的现实收益。

（4）临时客户。

临时客户又称一次性客户。他们是从常规客户中分化出来的。这些客户可能一年中会向企业订购一两次货，但他们并不能为企业带来大量收入。实际上，当本企业考虑到以下因素时，甚至会觉得他们在花企业的钱（将他们列入客户记录所花的管理费，寄邮件以及库存一些只有他们可能购买的商品的费用）。这些客户可能最令人头痛。

3. 从客户的性质角度分类

（1）政府机构及非营利机构，主要指各级政府、学校、医院等事业单位和各种非营利的协会等。

（2）特殊公司，如与本企业有特殊业务的企业、供应商等。

（3）普通公司。

（4）交易伙伴及客户个人。

4. 从客户的分布角度分类

（1）外部客户。

组织外买受产品或接受服务的对象，也就是一般所指的客户。

（2）内部客户。

公司内部接受其他个人或单位服务的个人和单位。

5. 根据客户在服务链中所处的位置分类

（1）中间客户，可以是生产商、批发商等。

（2）最终客户，一般指最终使用者、零售商、受益者和采购方。

6. 根据客户的重要性分类

（1）普通型客户。

（2）重要型客户。

（3）贵宾型客户。

（三）客户价值

1. 客户价值的概念

客户价值是客户从某种产品或服务中所能获得的总利益与在购买和拥有时所付出的总代价的比较，也就是客户从企业为其提供的产品和服务中所得到的满足。

计算公式：
$$V_c = F_c - C_c$$

（V_c：客户价值；F_c：客户感知得利；C_c：客户感知成本）

客户与企业间的行为发生在一系列的营销活动之中：第一是客户认知企业的产品或服务；第二是客户购买了企业的产品或服务；第三是在购买过程中得到了深层次的需求满足；第四是客户能持续不断地认知和购买企业的产品或服务。这四个营销活动，构成了企业对客户价值的创造。

2. 客户价值区分的方法

（1）ABC 分析法。

①基本概念。

ABC 分析法又称巴累托分析法、ABC 分类管理法、重点管理法等。它是根据事物在技术或经济方面的主要特征，进行分类、排队，分清重点和一般，以有区别地实施管理的一种分析方法。由于它把被分析的对象分成 A、B、C 三类，所以称为 ABC 分析法。

②内涵：分清主次，区别对待。

③实施：企业在对某一产品进行客户分析和管理时，可以根据客户的购买数量将其分成 A 类客户、B 类客户和 C 类客户。虽然 A 类客户数量较少，其购买量却占公司产品销售量较高比例，企业一般会为 A 类客户建立专门的档案，指派专门的销售人员负责对 A 类客户的销售业务，提供销售折扣，定期派人走访客户，采用直接销售的渠道方式；对于数量较多的 B 类客户，企业也会建立客户档案，派销售人员负责对 B 类客户的销售业务，提供咨询等服务；对于数量众多但购买量很小的 C 类客户，则一般采取利用中间商间接销售的渠道方式。

④ABC 类客户数量及创造价值（如图 1-1 所示）。

A 类客户：贵宾型客户。

B 类客户：重要性客户。

C 类客户：普通型客户。

（2）RFM 模型分析法。

①RFM 模型的概念。

RFM 模型是衡量客户价值和客户创利能力的重要工具和手段。该模型通过一个客户的近期购买行为、购买的总体频率以及花了多少钱三项指标来描述该客户的价值状况。

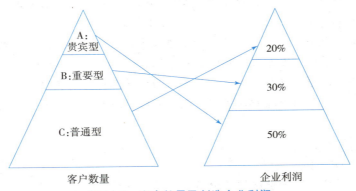

图 1-1　客户数量及创造企业利润

在 RFM 模型中，R（recently）表示客户最近一次购买的时间有多远，F（frequently）表示客户在最近一段时间内购买的次数，M（monetary）表示客户在最近一段时间内购买的金额。RFM 强调以客户的行为来区分客户。

②内涵。

RFM 模型较为动态地展示了一个客户的全部轮廓，对个性化的沟通和服务提供了依据。同时，如果与该客户打交道的时间足够长，也能够较为精确地判断该客户的长期价值（甚至是终身价值），通过改善三项指标的状况，从而为更多的营销决策提供支持。

③适用范围。

RFM 模型适用于生产多种商品的企业，而且这些商品单价相对不高，如消费品、化妆品、小家电等；RFM 模型对于加油站、旅行保险公司、运输快递公司、快餐店、KTV、证券公司等也很适合。

拓展资料

红旗轿车在中国家喻户晓。"红旗"二字已经远远超出了一个轿车品牌的含义，新中国发生的太多历史事件都与"红旗"有关。在国人心里，它有其他品牌所不能代替的位置。

红旗牌汽车的历史始于 1958 年。1958 年 7 月 28 日，一辆红旗牌载重汽车和一辆红旗牌 35 座客车在济南汽车配件厂正式下线。1958 年 7 月 30 日，举行红旗牌汽车剪彩仪式。1958 年 8 月，中央急于在建国十周年的庆典上用上国产的高级轿车，向一汽下达了制造国产高级轿车的任务。一汽的工人们以从吉林工业大学借来的一辆 1955 型的克莱斯勒高级轿车为蓝本，根据中国的民族特色进行改进后手工制成了一辆高级轿车。时任吉林省委第一书记吴德在全厂万人集会时，正式给轿车命名为"红旗"。同年 9 月 19 日，邓小平、李富春、杨尚昆、蔡畅等中央领导到一汽视察，赞扬了红旗轿车，红旗轿车从此定型。

红旗轿车采用了毛主席手书的"红旗"，进气格栅中部使用了象征一汽集团的美术字"1"的金属标识。

2008 年，红旗宣布"复兴计划"开始，由超过 1 000 位工程师组成的研发团队历经 4 年打造而成首款车型红旗 H7。2012 年 7 月 15 日，红旗 H7 正式下线，接受政府采购；2013 年年初面向普通消费者销售。红旗品牌复兴的路径是直接从 C 级车往上走，覆盖 C 级车、D 级车和 E 级车。红旗有 H 平台和 L 平台。H 平台生产的 C 级车包括已经上市的红旗 H7，L 平台生产 D 级车和 E 级车。L 平台里还有两个整车平台，一个是成长型平台，一个是非成长平台。三个平台会衍生出多个车型，陆续投放市场。

红旗品牌经历了辉煌—沉积—崛起，将不断为民族品牌的发展注入活力。

摘自：《一汽"红旗"品牌成长回忆录：命运坎坷的五十年》，网易汽车，2013.5.28

四、案例分析

万和企业在依据客户带来价值的多少对客户进行分级的基础上，为不同级别的客户设计不同的服务。不是对所有客户平等对待，而是区别对待不同贡献客户，将重点放在能为企业提供利润的客户上，为他们提供上乘服务，给他们特殊的关照，努力提高他们的满意度，从而维系他们对企业的忠诚；同时，积极提升各级客户在客户金字塔中的级别，放弃劣质客户，合理分配企业的资源。万和使普通客户自豪地享受企业提供的特殊待遇，并激励他们进一步为企业创造更多的价值；同时，刺激有潜力的普通客户向关键客户看齐，以争取享受关键客户所拥有的"优待"来鞭策有潜力的普通客户。伴随客户提升，他们给企业创造的价值增加了。

企业针对不同级别的客户采取分级管理和差异化措施，可以使普通客户享受企业提供的特殊待遇，并激励他们努力保持这种尊贵地位。同时，刺激有潜力的普通客户向关键客户看齐，坚决淘汰劣质客户。这样就可使企业在其他成本不变情况下，产生可观的利润增长。

问题：

（1）企业是否需要维系所有客户？为什么？
（2）通过案例分析，你得到什么启示？

五、实训活动

【实训目标】

通过对某商品（服务）的目标客户调查，掌握客户分类的方法。

【实训要求】

（1）学生自行选定企业生产、销售的商品或提供的服务，通过查阅资料对商品（服务）目标客户群体进行调查、分类。
（2）把学生分成几个小组，一般 5~8 人为一组，完成调查。
（3）撰写客户调查报告。

【实训内容】

（1）小组选定现阶段企业生产、销售的商品或提供的服务，通过各种渠道调查了解商品（服务）的目标客户。
（2）对商品（服务）的目标客户根据本任务学习的内容进行客户分类。

【考核】

（1）客户调查报告。

（2）根据每个同学在小组的分工及表现、客户调查报告综合评定成绩。

任务 2　客户服务认知

一、任务目标

知识目标：

（1）掌握客户服务的概念、分类。

（2）掌握客户服务的重要性。

能力目标：

能够根据企业实际情况进行客户服务分类。

素质目标：

（1）培养学生树立客户服务分类管理意识。

（2）培养学生热情服务、尊重客户的职业素养。

（3）培养学生用心服务的观念。

二、引导案例

2005 年，一位资深报人应邀参加"第三届世界华文传媒论坛"，这次论坛聚集了全球 46 个国家和地区的 300 多名华文传媒精英，地方政府安排了最高规格的接待。本次论坛举办的目的地是湖北武汉。

这位资深报人从香港经深圳到武汉，他在香港办理出境手续时，非常顺利，海关工作人员在办理完手续后说了声"谢谢"，并用双手将证件递出来。在深圳办理入境手续时，手续也很快办理完毕，不过海关工作人员在把证件还给他的时候，不是双手递出来的，并且很急切地说："下一位！"

到达武汉参会的那天，会场里很多人，工作人员忙忙碌碌，报人感到有些口焦唇燥，便示意女服务员倒杯水，结果女服务员边忙手里的活儿边轻轻地说："请等一会儿。"

这位资深报人就是时任《香港商报》总编辑陈锡添先生，他曾是报道小平同志南方考察的第一人，具有超强的洞察力。陈先生感觉到了香港、深圳和武汉这三座城市间软环境的差异，这种差异与经济繁荣程度，恰好存在着某种对应关系。他认为：香港是国际化大都市，软环境质量最好；深圳是沿海新兴发达城市，软环境质量次之；武汉是渴望发展的内地都会，软环境质量更次之。

改编自《客户服务实务》（东北财经大学出版社）作者：丁雯、童丽、张萍

讨论：陈锡添先生根据什么评价三地的软环境？

三、相关知识

（一）客户服务的相关概念

1. 服务的概念

狭义的服务概念：用于出售或者是同产品连在一起进行出售的活动、利益或满足感。然而，现代企业向市场所提供的产品既可能是有形产品，也可能是无形产品，或者是两者的混合物。从现实经济活动来看，服务通常是与有形产品结合在一起进入市场的，因此，在商品交换的过程中很难把服务从有形产品中分离出去。每一行都渗透着服务，它们的区别只是在于所包含的服务成分的多少。

除了个别产品之外，几乎所有产品都包含服务的成分。服务不再是服务行业特有的，制造业中也存在着服务。今天的制造公司需要与服务公司一样注重管理其服务，越来越多的制造公司将重点放在服务的管理上面。同时，制造业与服务业之间的界限也开始变得模糊起来。

例如：飞机引擎的检修业务就存在这一问题。如果空中客车公司为客户检修自己飞机的引擎，那么这一业务就属于制造业的一部分，隶属于制造业。然而，如果飞机引擎检修业务是由专业从事这一服务的公司来承担，那么这一业务就属于服务业。因此，无论在制造业领域还是服务业领域，服务已经成为一种至关重要的竞争手段，而且是形成巨大竞争优势的潜力。也就是说，服务已成为一个新的利润增长点。

2. 服务的层次

根据服务水平，我们通常将服务分为基本的服务、满意的服务、超值的服务和难忘的服务四个层次。

（1）基本的服务。如客户在商场里购买了五百元的商品，付款后客户带走商品，商家收到货款，等价交换，互不相欠，这时候客户的基本物质价值需求得到了满足，这就是基本的服务。

（2）满意的服务，即商家提供态度友善的服务，使客户得到精神方面的满足。如客户去商场购物，商场的服务人员对客户殷勤问候、热情招待，这就是满意的服务。

（3）超值的服务，即具有附加值的服务，指向客户提供超越其心理期待的满意服务。一般有售前超值服务、售中超值服务和售后超值服务三类。

（4）难忘的服务，即客户根本没想到的、远远超出其预期的服务。

满意的服务是服务的水准线，因为优质的服务不但要满足客户物质方面的需求，还要满足客户精神方面的需求。

3. 客户服务的几种理解

（1）科特勒：服务是一方能够向另一方提供的基本上是无形的任何行为或绩效，并且不导致任何所有权的产生。它的生产可能与某种物质产品相联系，也可能毫无联系。

（2）莱维特：能够使客户更加了解核心产品或服务的潜在价值的各种行为和信息。客户服务是以客户为对象，以产品或服务为依托的行为。客户服务的目标是挖掘和开发客户的潜在价值。客户服务的方式可以是具体行为，也可以是信息支持或者价值导向。

（3）管理专家：客户服务是一种活动、绩效水平和管理理念。把客户服务看作是一种活动，意味着客户服务是企业与客户之间的一种互动，在这种互动中，企业要有管理控制能力；把客户服务看作是绩效水平，是指客户服务可以精确衡量，并且可以作为评价企业的一个标准；把客户服务看作是管理理念，则是强调营销以客户为核心的重要性和客户服务的战略性，其运行的基础就是供应链一体化。客户服务是一个过程，它以低廉的方法给供应链提供重大的增值利益。

（4）综合：客户服务就是所有跟客户接触或相互作用的活动，其接触方式可能是面对面，也可能是电话、通信或电传方式，而其活动包括对客户介绍及说明产品或服务、提供相关的资讯、接受客户的询问、接受订单或预订、运送商品给客户、商品的安装及使用说明、接受并处理客户抱怨及改进意见、商品的退货或修理、服务的补救、客户资料的建档及追踪服务、客户的满意度调查及分析，等等。

4. 客户服务的特征

企业的客户服务工作贯穿于产品售前、售中和售后的全过程，包括企业向客户提供与产品或服务相关的技术、信息等。它具有以下特征。

（1）双向互动性。

一方面，企业和客户服务人员要主动了解和掌握客户的实际需要，在客户没有提出之前主动为客户提供其需要的满意服务；另一方面，在客户主动提出需要服务时，要尽可能地满足客户的需求，令客户满意。

（2）无形性。

企业提供的服务贯穿于售前、售中和售后的全过程，它是无形的。但是，客户在获得服务的过程中可以感受到它的存在，客户会通过自身的感受对企业的服务质量进行评价。优质、满意的客户服务能使客户得到精神上的满足。

（3）不可分性。

区别于有形产品，服务的提供与接受是同时进行的。服务质量与服务提供者的素质密切相关。

（4）不确定性。

服务的不确定性包括两个方面：一方面指客户向企业提出的其所需要的服务项目和程度、时间、地点等具有不确定性；另一方面指企业客户服务人员的服务态度、服务技术水平以及服务人员的调配等方面存在不确定性。服务的不确定性会导致客户产生不安全感。因此，企业一方面要精心选拔和严格培训客户服务人员，提高服务人员的服务意识、服务水准；另一方面，针对客户需求，在时间、地点等方面采取 24 小时服务等措施，消除客户的不安全感。

（5）时效性。

服务具有一定的时效性，不可储存、容易消失，必须及时享用，如保修期内的各项服务。企业应该在服务的有效期内，主动为客户提供其应享受的各项服务，从而使客户得到最大限度的满足。

（6）有价性。

服务的有价性表现为两个方面：一方面指客户获得的服务是有代价的，包括购买商品、服务时的一次性付出和购买商品、服务后享受各项服务时的费用支出；另一方面指通过为客户提供服务能够提升客户和企业的价值。

（7）独特性。

服务的独特性也包括两个方面：一方面指不同的企业为客户提供的服务具有不同的特色；另一方面指不同的客户对企业的服务要求具有独特的个性特征。

（8）广泛性。

所有的客户在购买商品或服务的前、中、后都需要企业为其提供各种各样的服务；所有的企业也都要为其所有客户提供力所能及的服务。

5. 客户服务人员的定义

客户服务人员不单纯是指客户服务部或客户服务中心的这些人，它的定义有一个很广的外延，还包括销售人员、产品维修人员、生产人员、收银员等。企业里的每一个人都是客户服务人员，他们的区别只是有些是做外部客户服务的，有些是做内部客户服务的。

6. 服务质量的概念

服务质量既是服务本身特性的总和，也是客户感知的反映。企业形象在很大程度上取决于服务人员的外在形象。职业化的形象，会让人感觉更为专业，并增加信任感。而服务人员在履行职责时的态度、行为、穿着、仪表也将影响服务的质量。

（二）客户服务的分类

客户服务的方式多种多样，内容也很丰富，依照不同的划分标准可以对客户服务进行不同的分类。

1. 按服务的时序分类，可分为售前服务、售中服务和售后服务

在传统的制造业中，"客户服务"的范围相当狭窄，主要是指货品运送、货品安装和使用说明，以及客户问题的处理，如维修、退货、更换等。随着企业竞争的加剧，追求客户的满意度就显得更为重要，企业界也纷纷扩大客户服务的范围与功能。

（1）售前服务。

售前服务包含客户需求调查、产品或服务设计与提供、配销系统或服务流程的规划与设计等。

售前服务一般是通过进行广泛的市场调查来研究分析客户的需求和购买心理的特点，在向客户销售之前，采用多重方法来吸引客户的注意和兴趣，激发客户购买的欲望而提供的一系列服务。售前活动的目的十分明确，即以提供服务方便客户为手段，刺激客户对商品产生购买欲望。

最常见的售前服务主要有以下几种。

①广告宣传。

广告已成为人们生活中的一个重要组成部分。打开电视，阅读报刊，走在路上……好的广告制作精良、设计巧妙，给人以艺术上的享受，从而丰富了人们的文化生活。不仅如此，广告宣传实际上是一种售前服务的方式。它通过向客户传送有关产品的功能、用途特点等信息，使客户了解产品并能诱发客户的购买欲望，还有利于扩大企业的知名度，树立企业的良好形象。

②销售环境布置。

销售场所的环境卫生、通道设计、铺面风格、招牌设计、内部装饰、标识设置、灯光色

彩、商品摆放、营业设备等因素综合而成的购物环境会给客户留下不同的印象，由此引发客户不同的情绪感受，这种情绪将在很大程度上左右客户的购买决策。销售环境的布置还对树立企业形象有着重要的作用。

③提供多种方便。

客户购买商品不只是看重产品实体本身，还非常重视由此享受到的便利服务。

④开设培训班。

⑤开通业务电话。

⑥提供咨询。

⑦社会公关服务。

（2）售中服务。

售中服务包括：订单的处理、产品的生产和运送、服务的提供等。

售中服务的内容包括：向客户传授知识；帮助客户挑选商品，当好参谋；满足客户的合理要求；提供代办业务；操作示范等。

（3）售后服务。

售后服务包括：产品的安装、使用说明，提供教育培训，客户的跟踪服务，客户管理等。

①售后服务的内容。

售后服务不限于行业，也不拘泥于一种形式，就当前发展来看，主要包括以下几个方面。

a）送货上门。对购买较笨重、体积庞大、不易搬运的商品，有必要提供送货上门服务。送货上门服务对于企业来说并不是很困难的事，却为客户提供了极大的便利，从而提高了客户的重复购买率。

b）安装服务。

c）包装服务。

d）维修和检修服务。

e）电话回访和人员回访。

f）提供咨询和指导服务。

g）建立客户档案。

h）妥善处理客户的投诉。

②常见的售后问题。

a）价格变动。

b）交货延迟。

c）安装粗劣。

d）促销信息缺乏。

e）付款信誉不佳。

f）培训不足。

③售后服务的技巧。

a）良好的售后服务首先从交易成功之后，发出一封表达诚挚谢意的信开始。

b）要不断地检查送货情况。送货当天需要提前告知客户。送货后需要销售人员确认。

c）销售人员应该确保买方了解所购产品的功能或用途。

d）如果产品要求安装，销售人员应该在送货后立即拜访买方，以确保产品恰当地安装和不发生任何问题，表明建立长期业务关系的态度。

良好的售后服务，一方面能够保证使客户满意，这对未来的销售非常重要，因为向满意的客户销售相同的或新的产品比寻找和出售给潜在的新客户要容易得多。尽管有时客户很难发现销售人员愿意提供及时、有效的服务，但售后服务仍可保持客户和销售人员之间的信任关系。作为回报，这种信任关系的建立将导致重复购买和未来业务关系的巩固。另一方面，良好的售后服务也能提供潜在的贸易机会，因为满意的客户通常是潜在客户的最好的信息源。客户和提供售后服务的销售人员之间的融洽关系，对客户之间的相互参照是卓有成效的。

2. 按服务的性质分类，可分为技术性服务和非技术性服务

（1）技术性服务。

技术性服务是指提供与产品的技术和效用有关的服务，一般由专门的技术人员提供。主要包括产品的安装、调试、维修，以及技术咨询、技术指导、技术培训等。

（2）非技术性服务。

非技术性服务是指提供与产品的技术和效用无直接关系的服务。它包含的内容比较广泛，如广告宣传、送货上门、提供信息、分期付款等。

3. 按服务的地点分类，可分为定点服务和巡回服务

（1）定点服务。

定点服务是指通过在固定地点建立服务点或委托其他部门设立服务点来提供服务。如生产企业在全国各地设立维修服务网点。设立零售门市部也属于为客户提供定点服务。

（2）巡回服务。

巡回服务是指没有固定地点，由销售人员或专门派出的维修人员定期或不定期地按客户分布的区域巡回提供服务，如流动货车、上门销售、巡回检修等。这种服务适合在企业的销售市场和客户分布区域比较分散的情况下采用。

4. 按服务的费用分类，可分为免费服务和收费服务

（1）免费服务。

免费服务是指提供不收取费用的服务，一般是附加的、义务性的服务。售前服务、售中服务、售后服务的大部分工作都是免费的。

（2）收费服务。

收费服务是除产品价值之外的加价，只有少数大宗服务项目才收取费用。这类服务一般也不以盈利为目的，只为方便客户，因此收取的费用也比较合理。

5. 按服务的次数分类，可分为一次性服务和经常性服务

（1）一次性服务。

一次性服务是指一次提供完毕的服务，如送货上门、产品安装等。

（2）经常性服务。

经常性服务是指需多次提供的服务，如产品的检修服务等。

6. 按服务的时间长短分类，可分为长期服务、中期服务和短期服务

（三）客户服务对现代企业的重要性

构建优质高效
服务业新体系

当前的市场环境瞬息万变，企业之间的竞争日趋白热化。在企业间的诸多竞争中，客户的竞争直接关系着企业的命运，只有充分认识到客户的重要性，良好地发展并保持与客户之间的关系，才能把握住市场的脉搏，使企业处于竞争的优势地位。

据统计，争取一个新客户要比保持一个老客户多花费 4~6 倍的费用。一项调查表明：1个满意的客户会引发 8 笔潜在的生意，其中至少有 1 笔成交；1 个不满意的客户会影响 25个人的购买意见；争取 1 个新客户的成本是保住 1 个老客户的 5 倍。企业吸引新客户需要大量的费用，如各种广告投入、促销费用以及了解客户的时间成本等，但维持与现有客户长期关系的成本却逐年递减。客户对企业的产品或服务越来越熟悉，企业也十分清楚客户的特殊需求，所需的关系维护费用随之减少。另外，企业与客户的关系越持久，这种关系对企业来说越有利可图，这样企业就能够成功地实现回头客的不断重复购买。随着销售量的增加，企业营运成本就会下降，从而企业的利润会越来越高。

在买方市场处于主导地位的今天，企业之间的竞争日益激烈，潜在市场开发的难度也越来越大，而多数已开发的市场已经处于饱和状态。因此，争夺现有的客户资源成为企业竞争的一个关键，而如何开发新客户、保留老客户、提升客户满意度，都需要企业拥有提供优质客户服务的能力。目前，国内直接从事客户服务工作的人员数量庞大，涉及的行业包括制造业、金融业、咨询业、零售业、餐饮业、娱乐休闲业、医疗业等几乎所有的行业。在市场经济的环境中，客户服务部门与企业同时生存、共同发展，而且随着市场化程度的提高，其在企业中的重要性日益提升。具体说来它有以下十个方面的优势。

1. 全面满足客户的需求

服务能为购买者带来有形和无形的利益。从本质上来说，客户购买商品并不是为了商品本身，而是为了商品所带来的效用，即商品的使用价值。而服务就是效用的重要组成部分。由于生活水平的提高，人们对服务的要求越来越高，使得服务内容花样翻新，更加丰富。现代生活的节奏不断加快，也使人们越发需要服务提供更多的便利，以节约时间，提高效率。而且，伴随着科学技术的迅速发展及其在产品生产中的广泛应用，产品的技术含量越来越高，产品说明书、操作使用说明等难以满足客户的需求，故要求企业提供安装、调试、培训指导等当面的服务。因此，全面地满足客户的需求，这是以客户为导向的企业必然重视服务的原因之一。

2. 扩大产品销售

企业和销售人员可以通过提供各种服务来密切买卖双方的联系，更好地实现销售目标。企业和销售人员提供优质的全方位的服务，可以使客户获得更多的便利，满足客户的需求。这不但可以吸引客户，而且还有利于树立良好的企业形象，使客户增加购买本企业产品的信心，从而扩大产品的销售量。另外，企业和销售人员还可以在销售中为客户及时提供各种信息，使客户增长消费知识，了解市场信息和商品信息，掌握商品的使用方法，以便于客户购买商品。

3. 塑造企业品牌

靠什么才能使品牌在激烈竞争的市场上独树一帜呢？不同的企业可能有不同的答案，有

的企业认为是产品质量。的确，产品质量是企业树立品牌的基础。但在今天，仅仅靠优良的产品质量已不能吸引更多的客户，因为，在商品日益丰富的今天，质量不是客户做出购买决策的唯一依据，况且各企业之间产品质量的差距正在逐步缩小、日趋一致，质量优势会随着科技的发展而逐渐减弱。也有的企业认为是价格，于是让利促销的价格战此起彼伏，愈演愈烈。但是，价格竞争的手段只能奏效一时，而企业却要为此饱尝恶果。研究表明，假如某产品有 40% 的销售利润，如果为争取客户而给予 10% 的折扣，那么销量必须增加 33%，才能补偿失去的利润。若折扣为 20%，则销量必须翻番，利润才能与原先持平。

如果市场上的所有企业都提供同样高质量的产品，又都向客户提供同样的让利折扣，都是同样的广告投入，要想让企业脱颖而出就需要塑造一个强势品牌并进行管理。大量成功企业的实践证明，塑造并管理好企业的一个重要环节就是客户服务，即增值销售。对于购买周期较长的产品来讲，更是如此。客户服务可以说是 21 世纪企业塑造强势品牌，从而获得竞争优势，保持长期发展的最有效手段。

4. 提高企业竞争力

客户光顾企业是为了得到满意的服务，不会在意那些一般的服务。什么是一般的服务？就是他有你有我也有，这种服务只有一般的竞争力。譬如，别的企业搞"三包"服务，你也提出"三包"；别人有服务礼貌用语，你也有服务礼貌用语；别人通过了 ISO 9000 认证，你也通过了认证。当你发现你的竞争对手和你是一样的时候，那你就没有了竞争优势。提升企业竞争力的途径就是要做到你有别人没有，或者你的最好，别人的一般。企业如果能做到这一点，就获得了优于他人的超强竞争力。要让客户把企业的美名传播出去，就需要有非常出色的客户服务。不管你的客户是谁，你都能得到与所提供服务价值相对等的报偿。

5. 提高企业的经济和社会效益

企业的一切生产经营活动都是为了满足客户的需求，从而获得盈利。客户是企业生存和发展的支柱，企业的利润完全来自客户。客户盈门，企业门庭若市，企业的经济效益就好；反之，企业就难以实现自己的经济效益。而企业要更好地满足客户需求，首先必须吸引客户购买企业的产品，所以完善销售服务是吸引客户的重要内容。随着客户对销售服务的需要日益迫切，销售服务对提高企业经济效益的作用也越发显得举足轻重。故企业为吸引客户，在提高产品质量、增加产品功能的同时，将不断丰富服务内容，改善服务质量，以更好地满足客户的需求，这也符合社会主义生产目的的要求，从而有利于提高社会效益。因此，搞好服务可以将企业的经济效益和社会效益有机地结合起来。

6. 降低成本，增加收入

在降低成本方面，客户关系管理使销售和营销过程自动化，大大降低了销售费用和营销费用。客户关系管理使企业与客户产生高度互动，可帮助企业实现更准确的客户定位，使企业留住老客户、获得新客户的成本显著下降。在增加收入方面，由于在客户关系管理过程中掌握了大量的客户信息，企业可以通过数据挖掘技术，发现客户的潜在需求，实现交叉销售，可带来额外的新收入来源。并且，企业由于采用了客户关系管理，可以更加密切与客户的关系，增加订单的数量和频率，减少客户的流失。

7. 提高业务运作效率

由于信息技术的应用，企业实现了内部的信息共享，使业务流程处理的自动化程度大大提高，从而使业务处理的时间大大缩短，员工的工作也将得到简化，使企业内外的各项业务得到有效的运转，保证客户以最少的时间、最快的速度得到满意的服务。所以，实施客户关系管理可以节省企业产品生产、销售的周期，降低原材料和产品的库存，对提高企业的经济效益大有帮助。

8. 保留客户，提高客户忠诚度

客户可以通过多种形式与企业进行交流和业务往来，企业的客户数据库可以记录、分析客户的各种个性化需求，向每一位客户提供"一对一"的产品和服务，而且企业可以根据客户的不同交易记录提供不同层次的优惠措施，鼓励客户长期与企业开展业务。

9. 有助于拓展市场

客户关系管理系统具有对市场活动、销售活动的预测、分析能力，能够从不同角度提供有关产品和服务成本、利润数据，并对客户分布、市场需求趋势的变化做出科学的预测，以便企业更好地把握市场机会。

10. 挖掘客户的潜在价值

每一个企业都有一定数量的客户群，如果能对客户的深层次需求进行研究，则可带来更多的商业机会。客户关系管理过程中产生了大量有用的客户数据，只要加以深入利用即可发现客户的很多潜在需求。

（四）优质客户服务的标准

1. 对客户表示热情、尊重和关注

优质服务首先是个态度问题，要求对客户表现出热情、尊重和关注。

2. 帮助客户解决问题

客户最需要的是解决问题。在客户服务中，帮助客户解决问题永远是第一位。因此客户服务人员解决问题的能力是客户服务的根本。

3. 迅速响应客户需求

客户的问题一般都会得到解决，但解决问题的快慢给客户带来的感受有天壤之别。从客户服务人员的角度来说，对客户的要求给予积极主动的响应，是优质客户服务的标准之一。

4. 始终以客户为中心

有时客户利益会与企业的利益发生冲突，或者客户会提出一些看似不太合理的要求，这个时候是考验企业和服务人员的服务观念的时候。

5. 持续提供优质服务

持续提供优质的服务是整个优质客户服务过程中最难获得的一种能力，而服务的标准化、一致性，是持续提供优质服务的根本保证。当一个企业能够持续地提供优质服务时，它就能够获得客户的信任，并逐步获得一种服务品牌的竞争优势。客户关系将会变得更加稳定和牢固。

6. 设身处地为客户着想

做好客户能想到的服务，客户没有想到的我们要帮助客户想到。只有从客户满意的角度出发才能产生新颖独特的想法。

7. 提供个性化服务

不同的客户有不同的观点及期望值，对于服务的要求也不同。提供一种标准化的服务，将不能让更多的客户满意。

（五）客户服务的核心要素

1. 具有服务热诚的员工

在服务提供的过程中，服务人员的态度、服务方式都会直接影响到服务提供的品质。所以一定要慎选员工。而且，由于客户的需求越来越多，甚至有些时候还会提出一些不合理的要求，因此服务人员除了要有耐心和具有良好的沟通能力外，还要有一颗热诚的心，才能愉悦地做好客户服务工作。

2. 进行全面的教育培训

服务人员的礼仪、态度，服务提供的作业流程、服务方式，以及相关的专业知识、服务技能等，均需要通过教育培训来培养。

3. 品质与时效并重

服务提供的时效性，如准时地把快递送达，班机能准点起飞等，都是客户很重视的需求，服务提供者一定要努力满足客户对时效性的需求。这是一项基本服务。

4. 处处为客户考虑

设立的服务方式要把满足客户需求作为重要考量。客户服务会有许多不同的方式。以往很多企业经常从自己的角度去考虑，而忽略了客户的不便。

5. 服务流程的标准化与弹性

服务流程与作业方式的标准化有助于品质的维持及员工的教育培训。同时，在服务提供过程中也要保持一定的弹性，才能满足多样化的需求。

6. 对客户的解说与培训

7. 做好绩效评估

由于服务人员的服务态度、服务方式以及专业能力等会影响到服务品质，因此，服务人员及管理者的绩效就很重要。

8. 营造和谐的气氛

服务品质的提高并非只靠客户服务部门，必须靠各个部门通力合作，彼此相互配合。

9. 进行持续不断的改善

（六）客户服务的精髓

（1）如果希望赢得客户，并想长期留住客户，秘诀在于让他们感到满意。

（2）企业要做的事只有一件：像朋友一样，帮助客户购买他们需要的东西。（帮客户解决问题）

（3）不要忘记客户购买的动机，在于拥有产品后的满足感，而不是产品本身。（产品带来的效用）

（4）客户只购买两种产品，一是使他感到满意的，一是为他解决问题的。满意的感觉来自服务，问题的解决来自商品。

（5）只有给客户"可靠的关怀"与"贴心的服务"，他们才可能频繁地购买。

（6）所有的员工都代表企业的形象，因为客户对企业的印象，来自他所经历的某位或几位员工带给他的切身感受。

（7）提供让客户感到满意的服务，是每个员工的责任；而奖励那些令客户感到满意的员工，则是管理层的责任。

（8）客户是否再次光临，不依赖于客户，而取决于客户服务人员。

（9）一个企业成功最重要的因素在于员工和客户。让员工满意，企业就会拥有满意而归的客户；满意的客户又会为企业带来更多的客户。

（10）找出客户的需要以及他们心中期望的方式。

拓展资料

香格里拉酒店

1. 经营理念

香格里拉酒店经营的理念是"由体贴入微的员工提供亚洲式接待"。顾名思义，就是指为客人提供体贴入微的具有浓郁东方文化风格的优质服务。包括五个核心价值：尊重备至、温良谦恭、真诚质朴、乐于助人、彬彬有礼。在此基础上，香格里拉提出了以下8项指导原则："第一，我们将在所有关系中表现真诚与体贴；第二，我们将在每次与顾客接触中尽可能多地为其提供服务；第三，我们将保持服务的一致性；第四，我们确保我们的服务过程能使顾客感到友好，员工感到轻松；第五，我们希望每一位高层管理人员都尽可能地与顾客接触；第六，我们确保决策点就在与顾客接触的现场；第七，我们将为我们的员工创造一个能使他们的个人、事业目标均得以实现的环境；第八，客人的满意是我们事业的动力。"

香格里拉始终如一地把顾客满意当成企业经营思想的核心，因此，"员工满意"和"客人满意"是香格里拉8项指导原则的基本出发点，而且在经营管理实践中，也把指导原则转化成了相应的管理措施和服务措施。

2. 企业文化

香格里拉秉承独特的亚洲式殷勤好客之道。努力为客人提供独具特色的亚洲式殷勤好客服务乃是其有别于其他酒店业关键同行的关键，同时也是香格里拉赢得世界级酒店集团荣誉的基础。

"自豪而不骄矜"极其重要，香格里拉希望员工能够由衷地为他们所获得的成就而自豪，但在对待客人时仍表现出温良谦恭的品质，因为香格里拉人坚信，真正的成功不需要炫耀自诩，亦能享誉千里。在力求每时每刻令客人喜出望外的过程中，香格里拉始终希望能够超越客人的期望，始终如一地为客人提供物有所值的优质产品与服务。这正是其要寻求那些勇于创新、追求成就、引领潮流的专业人士的原因。

3. 服务理念

香格里拉酒店在国内外能够赢得良好的口碑，被多家权威媒体评为"亚太地区最佳商务酒店品牌""世界级豪华住宿酒店集团""中国最具影响力的酒店品牌""东南亚最受欢迎的商务酒店品牌"等称号，究其原因，除了这一品牌杰出的形象定位外，最根本的应该是香格里拉酒店一直以来秉承的服务理念——"do more"。在香格里拉，更多的是他们为客人提供的服务，然后是奉献给客人的体现真正价值的产品，当然，这两方面是相辅相成的。在香格里拉，要求服务人员要勇于和客人交流，这是酒店的精髓所在。感受了服务，就感受了香格里拉。强调服务的重要性是每个酒店都做的工作，但香格里拉酒店强调的服务体现在点滴。你只要真想为客人服务，只需要走向他，向他微笑，这就是交流，服务有时是不需语言的。无数的细节服务为香格里拉带来了成功。

4. 酒店服务模式

香格里拉酒店集团的服务理念很简单："殷勤好客香格里拉情"。香格里拉在酒店业脱颖而出的最大特点是服务入微。集团贯彻实行"真正关心，服务殷勤"的理念，而且矢志将这份服务精神发扬光大。

香格里拉素来推崇体贴的亚洲款客之道。酒店秉持亚洲独有的礼宾风尚为宾客效劳，服务体贴入微，令每位宾客称心如意、宾至如归。正是这份殷勤待客之道，让香格里拉的服务傲视同群，在酒店业稳占翘楚地位。但这种服务又不是一成不变的，而是凸显酒店所在地区的独特文化和风俗，让旅客亲身体验地方情怀。这套核心价值标准让集团旗下各酒店个人根据所处地区的特点，在日常生活中全情体现香格里拉的待客理念。

总部设在香港的香格里拉酒店集团是亚洲最大的豪华酒店集团，从 1971 年新加坡第一间香格里拉酒店开始，集团便不断向国际迈进；以香港为大本营，今日香格里拉已是亚洲区最大的豪华酒店集团，且被视为世界最佳的酒店管理集团之一，在无数公众和业内的投选中，均获得一致的美誉。香格里拉能够取得今日的成功，与它的经营理念、服务理念和企业文化等品牌内涵是不可分割的。

摘自：《香格里拉酒店集团战略分析报告》

四、案例分析

"海底捞"——服务无处不在

在过去几年里，"海底捞"是餐饮界异军突起的一匹"黑马"，以服务立业的"海底捞"吸引了众多媒体的关注。2009 年，黄铁鹰主笔的"海底捞的管理智慧"成为《哈佛商业评论》中文版进入中国 8 年来影响最大的案例，一夜之间，几乎中国所有的商学院都开始讲授"海底捞"的成功密码。

"服务无处不在。"下面是一位酷爱火锅的食客描述在"海底捞"的就餐过程。

"从停车场开始，我就进入了'海底捞'的气场，佩戴规范的保安敬礼致意，态度细心地为客人停车。走出大厦，迎接客人的服务员小姐带着纯朴而热情的笑容，将我送往电梯。在等待区，热心的服务人员早就为我送上了西瓜、橙子、苹果、花生、炸虾片等各式小吃，还有豆浆、柠檬水、薄荷水等饮料（都是无限量免费提供），周围在排队的人们，有的在享受棋牌，有的'上网冲浪'，还有的享受店家提供的免费擦鞋服务，等待区还专门为女士提供了修甲，也是免费的。点菜时，服务员热情得不得了，除了详细介绍特色菜，还主动提醒我，各式食材都可以点半份，这样菜色比较丰富。那天因为请朋友吃饭，一高兴，菜就点多了，服务员马上就温柔地提醒我说：'菜量已经够了，再多会浪费。'"

"吃饭的过程中，这位贴心的服务员一共为我换了 4 套热毛巾，此外，还帮我把手机装到小塑料袋以防进水，为长头发的朋友提供了橡皮筋和小发夹，还为戴眼镜的朋友送来了擦镜布；在洗手间，有两名服务员'伺候'客人洗手，这边为你递上热毛巾，那边护手霜已经为你准备好；最让人舒服的是，不必大呼小叫地喊服务员，因为他们就在不远处观察着你的用餐情况，随时根据你的需求补充餐巾纸、茶水等，真是惬意得很……"

其实，关于"海底捞"超级优质服务的说法还很多，比如一位客户结完账，临走时随口问了一句："有冰激凌送吗？"服务员回答："请你们等一下。"5分钟后，这位服务员拿着"可爱多"气喘吁吁地跑回来："小姐，你们的冰激凌，让你们久等了，这是刚从易初莲花超市买来的。"这就是传说中的"海底捞"，一家火锅店，不是五星级酒店。

"海底捞"品牌创建于1994年，在四川简阳起步时它不过是只有4张桌子的小火锅店。历经26年的发展，海底捞国际控股有限公司已经成长为国际知名的餐饮企业。截至2019年6月30日，"海底捞"已在中国118个城市，以及新加坡、韩国、日本、美国、加拿大、英国、越南、马来西亚、澳大利亚等国家经营593家直营门店，拥有4 380万会员和88 378名员工。

"海底捞"多年来历经市场和客户的检验，成功地打造出信誉度高，融汇各地火锅特色于一体的优质火锅品牌。作为一个业务涉及全球的大型连锁餐饮企业，"海底捞"秉承诚信经营的理念，以提升食品质量的稳定性和安全性为前提条件，为广大消费者提供更贴心的服务，更健康、更安全、更营养和更放心的食品。

这家人均消费六七十元的连锁餐饮民营企业，其优质的服务被消费者调侃为"变态服务"，甚至让跨国公司和五星级酒店也前往参观取经。把功夫下在服务上的理念来源于"海底捞"董事长张勇的创业经历。张勇说，20多年前在街边摆摊卖麻辣烫的时候，他就知道自己的麻辣烫味道不是最好的，但他认为服务一样可以招揽回头客。于是，他独创了接待的招牌动作：右手抚心区，腰微弯，而带自然笑容，左手自然前伸作请状，这个动作今天在"海底捞"随处可见。

张勇的创业经历让"海底捞"获益匪浅，在低附加值的餐饮服务业，已经被倡导了无数年的"客户至上"并不像想象中的那样被大多数同行所重视，但张勇却大胆地确定了"海底捞"的宗旨：服务为王，让服务成为差异化的代言。如今，"海底捞"每年上百亿元的营业额似乎印证了优质服务的内在驱动力，正是因为无处不在的服务，"海底捞"的分店大部分时间都能保持每晚高达3~5桌的翻台率，堪称餐饮界的奇迹。

摘自：《红红火火海底捞　你好我好大家好　海底捞的人力资源管理》

作者：北京大学光华管理学院

问题：

（1）"海底捞"成功的关键是什么？

（2）我们如何向"海底捞"学习？

五、实训活动

实训1　案例收集、分析

【实训目标】

通过网络等渠道查找一个因客户服务不到位导致公司出现危机，甚至倒闭的企业案例，以及一个客户提供优质服务从而提升竞争力的企业案例，通过对比，了解客户服务的重要性。

【实训要求】

（1）学生自行查找企业客户服务的相关案例，教师可以给出一些资料，供学生使用。

（2）把学生分成几个小组，一般 5～8 人为一组，完成案例收集、整理、分析、讨论。

（3）撰写案例分析报告。

【实训内容】

（1）小组通过各种渠道自行查找、选择案例。

（2）通过案例对比分析，了解客户服务对企业的重要性。

【考核】

（1）案例分析报告。

（2）根据每个同学在小组的分工及表现、案例分析报告综合评定成绩。

实训 2   设计客户分级服务项目

【实训目标】

通过任务 1 的实训活动，学生对某商品（服务）的客户进行了分类，本实训设计企业为各级客户提供的针对性的服务项目，通过分级服务更好地为不同客户进行服务，提升客户价值。

【实训要求】

（1）网上查询分级实施客户服务的优秀企业的案例，教师可以给出一些资料，供学生使用。

（2）把学生分成几个小组，一般 5～8 人为一组，学生针对目标商品（服务）设计客户服务项目。

（3）根据客户分级将客户服务项目对应到每个级别。

（4）撰写客户分级服务项目报告，说明设计分级服务项目的原因。

【实训内容】

（1）在调查某商品（服务）的客户并对客户进行分类的基础上，针对不同客户级别设计相应的客户服务项目。

（2）通过分级服务项目设计更好地为客户提供针对性的服务，提升客户价值。

【考核】

（1）客户分级服务项目报告。

（2）根据每个同学在小组的分工及表现、客户分级服务项目报告综合评定成绩。

客户服务人员职业素养

任务1　认知客户服务与管理岗位——职业定位

一、任务目标

为劳动者饭碗
注入稳力量

知识目标：

（1）掌握客户服务岗位的概念、分类。

（2）掌握客户服务人员基本职业素养相关知识。

能力目标：

（1）能够进行客户服务岗位的市场需求分析。

（2）能够良好地表达与沟通。

（3）能够进行自身相应的职业规划。

素质目标：

（1）培养学生爱岗、敬业的职业素养。

（2）培养学生在客户服务工作中压力排解及转化的能力。

二、引导案例

某职员 A 是电子商务公司的一位客户服务人员，从业已经快一年了。他的性格大大咧咧，说话不注意细节，在办公室经常是想到什么就说什么；另外讲话经常一针见血，直奔主题。A 在工作时间之外也比较八卦，喜欢讨论公司的小道消息。

讨论：A 的行为是否正确？请说出理由。

三、相关知识

（一）企业客户服务部门组织结构

1. 大型企业客户服务部门的组织结构（如图2-1所示）

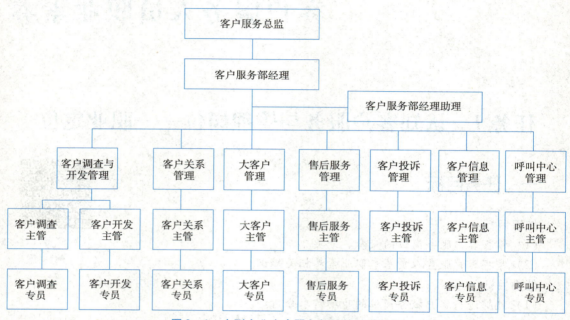

图2-1 大型企业客户服务部门的组织结构

2. 中小型企业客户服务部门的组织结构（如图2-2所示）

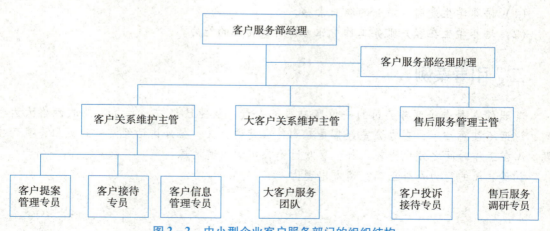

图2-2 中小型企业客户服务部门的组织结构

（二）客户专员的基本素质

1. 品德素质

（1）具备良好的职业道德和敬业精神，爱岗、能吃苦，有责任心、事业心、进取心和纪律性。

（2）能把强烈的社会责任感和使命感融入为客户的竭诚服务中，能尽最大可能向客户宣传企业文化。

（3）诚实守信，全心全意为客户服务，不做误导性或不诚实的产品介绍，也不可不负责任地随意承诺，更不能超越权限行事。

（4）有团队精神，与其他员工相互配合，搞好上下协调、内外沟通。

（5）个性开朗、坚毅，不轻言气馁。

（6）努力主动工作，少些抱怨。

（7）遵纪守法，知法、懂法，自觉约束自己的行为，不做违法违规业务。

（8）自我约束能力强。

2. 业务素质

（1）愿意接受和面对挑战，求知欲强，善于学习新知识，具有较宽的知识面。

（2）对市场、客户、新技术、新产品等方面的变化具有敏锐的洞察力，具有创新思想，乐于并善于创新。

（3）工作效率高，具有稳健作风。

（4）处事果断，善于应变。

（5）具备综合分析能力、直觉判断能力和获取信息的能力。

（6）尊重上级，服从安排，但对上级的决策有意见时，能勇敢地提出来。

3. 人际沟通素质

（1）有较高的文化艺术修养，知识面广，具有较为丰富的生活经历。

（2）有良好的形象与气质，衣着整洁，举止稳重大方。

（3）人际交往能力强，具有良好的协调和沟通能力，性格外向。

（4）灵活的语言艺术。善用诙谐、幽默的语言，能调节与客户会谈时遇到的尴尬气氛，善用委婉的语言来拒绝客户。

（5）善于借用外部资源。

（6）团结同事，善于合作。

4. 心理素质

（1）具有外向、开放、包容的性格。

（2）对失败和挫折有较强的心理承受能力。

（3）不服输，吃苦耐劳，不断进取。

（4）头脑冷静，不感情用事，善于灵活变通。

（三）客户专员的能力要求

1. 沟通能力

沟通是客户专员的一个重要能力。和客户进行有效的沟通，是客户专员日常市场拜访中的一项重要工作。客户专员要想做好客户工作，就必须提高沟通能力，学会怎样去聆听、如何去说服，等等，创造一种使双方能够接受并达到最大满意程度的解决方式。

2. 协调能力

客户专员是润滑企业与客户、广大消费者关系的"润滑剂"，必须有足够的协调能力。面对不同类型的客户，客户专员要在既定服务规范的基础上，组织其他成员形成团队，在各个环节提升服务水准，把工作中的矛盾尽量解决在萌芽状态，创造和谐的工作氛围。

3. 承受能力

客户专员要具备一定的心理承受能力。在日常的拜访工作中，面对形形色色的客户，遇事要头脑冷静，三思而后行，不感情用事，不武断行事。要能吃苦，不服输，面对失败和挫折不气馁，面对困难不推诿，不能因一点小事而大发脾气，更不能和客户争论不休。

4. 表达能力

作为一名经常与客户打交道的客户专员，应具备一定的表达能力。语言表达要求生动、完整，并有较强的说服力。要善于运用诙谐、幽默的语言来调节与客户谈话时遇到的尴尬气氛，用婉转的语言来纠正客户错误的观点。在每一个表达过程中，客户专员必须为了清晰表达要点，努力提高语言表达的精确度。

5. 分析能力

随着市场经济瞬息万变，客户专员必须具备细心观察、认真调研、科学统计的分析能力。只有不断加强学习，提高对市场的认真分析能力，才能在纷繁复杂、千头万绪中找出头绪，摸出规律，准确地抓住问题的本质，积极稳妥地解决问题。

6. 创新能力

客户专员要具有创新的思维、开拓创新的精神。现代社会经济飞速发展，因此，作为一名优秀的客户专员，要想立于不败之地，就必须具有创新的思维，通过创新来更好地体现自我，展示自我，更好地把握市场、运筹市场。

7. 理解能力

客户专员必须要有较强的理解能力。要全面掌握国家的相关政策法规，按照政策要求，具体操作、实践、贯彻执行，这就要求客户专员必须有较高的理解能力，既不能照搬照抄，又能使政策法规在执行过程中不走样。对于政策要求，要做到充分理解、严格落实，并追求效率。

8. 学习能力

一个合格的客户专员应具备良好的学习能力。在经济全球化的今天，客户专员知识必须多元化，要具有丰富的综合知识。只有不断提高学习能力，才能以知识创造价值，向知识要效益，向学习要发展。唯有不断提高学习能力，才能更好地胜任本职工作。

客户专员所需能力要点如表 2-1 所示。

表 2-1　客户专员所需能力要点

素质要求	工作/技术	人际关系	灵活性	自我管理
能力要点	掌握技术性的工作技巧，对产品知识的了解，对规定和程序的认识	耐心，有礼貌，能设身处地替客户着想，有良好的沟通技巧、友善的态度	根据客户的需要，愿意及有能力在工作与人际关系方面灵活改变	愿意及有能力控制个人感情上的反应，以便正确地处理与客户的交往

（四）客户服务人员的工作素质要求

（1）严格遵守企业和部门的各项规章制度，按时出勤，做好签到。

（2）客户服务人员不得对用户做出夸大其词的承诺，或运用某些权威机构的名义对客户施压等。

（3）客户服务人员不得与客户争辩，应知悉客户投诉的真正原因及想要得到的解决结果。

（4）严格执行企业的相关规定，依据有关规章制度，对客户提出的疑问做好细致、明确的回答。

（5）建立完整的客户资料库，及时反馈客户意见及市场信息，为销售部门开展业务做好辅助工作。

（6）定期向客户提供本企业新的业务项目和服务项目，与客户保持良好的合作关系。

（7）根据当天的工作情况，把与客户接触的不同情况以工作报表的形式详细登记，并向部门经理汇报。

（五）客户服务人员的技能要求

（1）掌握使客户信服的实用技巧。

（2）掌握洞察客户心理与性格的技巧。

（3）灵活运用沟通技巧，与客户进行有效沟通。

（4）把握异议处理技巧，提高客户满意度。

（5）掌握为客户提供优质服务的技巧。

拓展资料

银行客户经理必备四大技能

客户经理是银行一线员工，身负拓展业务和服务客户的重任。作为银行和客户关系的纽带，客户经理必须具备较高的综合素质和过硬的专业技能，因为这不仅影响到业绩水平，还关系着银行的经营发展。

要想扮演好"中介人"的角色，客户经理必须在以下方面做足功课。

一、沟通能力

好的沟通是建立信任的基础，也是积累客户资源的重要手段。如何与客户愉快沟通、建立信任、完成签单，是客户经理的必修课。

1. 树立职业形象

在客户面前树立起良好的职业形象，第一印象十分重要，要表现出诚信、高效、自信的人格魅力和高水准的专业能力，以赢得客户的信赖和尊重。好的印象是客户经理良好沟通的催化剂，如果客户觉得你举止得体、说话风趣，和你聊天能产生共鸣，客户会更加欣赏你、信任你，未来的工作才能更好地展开。

2. 了解客户需求

不要用自己的思维模式去推测，而是在沟通中去了解客户内心的真实想法，明确客户真实需求。

3. 学会赞美

适当的赞美会让人心情愉悦。在与客户的沟通中，善于发现客户的闪光点并表达出来，这能让客户对你的好感倍增。塞缪尔曾说过："肉麻的奉承只是一张债券，而公正的赞扬却是一份礼品。"我们在赞美时要掌握好尺度，把握好分寸。夸人没夸到点子上，或者言辞太过，只会适得其反。

4. 察言观色

要学会及时分辨场合以及沟通的对象，保持高情商和精准的判断力，因地制宜，灵活转变，投其所好，才能更好地保证沟通效果。

5. 善于倾听

倾听并不是单纯地听客户说话，而是设身处地、将心比心。在聆听过程中，可以借助眼神、微笑，与客户"互动"，让客户感到亲切和温暖，这会使客户与你之间的关系更加亲密。

二、抗压能力

那些打不倒你的，终将使你更强。一个能承受压力的人，不是指压抑情绪的人，而是抗压能力强的人。随着互联网金融的发展和金融开放的不断扩大，银行业受到的冲击也越来越大，因此压在一线客户经理身上的业绩压力也越来越大。客户经理需要具备良好的心理素质和抗压能力来面对工作当中遇到的困难。

1. 保持乐观

乐观的心态使我们无论面对多大的挫折都能泰然处之。

2. 善于变通

凡事给自己留有余地，不要钻牛角尖。焦虑不能解决问题，一味地自怨自艾改变不了困境。

3. 培养兴趣爱好

寻找一样能让自己放松下来的事，例如运动、做饭。在情绪低落时，可以通过兴趣爱好分散注意力，释放压力，这也是自愈的过程。

三、营销能力

营销产品作为客户经理的工作职责之一，营销能力的大小决定了业绩的好坏。因此，客户经理应当具备营销意识，具体包括以下几个方面。

1. 有意识地学习营销知识，掌握营销技能

例如 FBA 营销法则，它来自竞争分析，对应着三个英文单词：Feature（属性）、Advantage（优点）和 Benefit（利益）。按照这样的顺序来介绍，就是产品介绍的结构，它达到的效果就是让客户相信你的是最好的。只有我们知道了这个法则，才能谈得上应用。

2. 把握营销主动权

传统观念认为营销是被动等客户上门，缺乏主动意识。相比"守株待兔"，主动出击才能为我们带来更好的发展机遇。

3. 营销渠道多元化

多元化是时代要求，也是风险分散的策略。

四、学习能力

对于客户经理来说，除了扎实的专业基础，还要熟练掌握国家政策、法律法规和条文。专业资格证书也是不可或缺的，如特许金融分析师（CFA）、国际金融理财师（CFP）。

一名优秀的客户经理比起"专才"，更倾向于"全才"，除经济知识外，管理、法律、心理学都要了解。学无止境，优秀客户经理必须具备学习意识，积极主动地学习与业务相关的知识。时代在进步，知识更新频率明显加快，未来的竞争本质上体现为学习能力的竞争，未来的人才也必然是学习型人才。

客户经理只有不停"充电"，才能在激烈的行业竞争中，取得立足之地。

摘自：《银行客户经理必备四大技能》，金融界

四、案例分析

一天，工商银行某支行内正在给客户介绍新产品的大堂经理突然听到一阵吵闹声，只见一位客户正冲着一名柜员大发脾气。大堂经理安排身旁的客户继续看产品宣传材料，快步走向前，非常和气地向发脾气的客户说："请不要着急，有什么问题我来帮您解决。"说着把客户领到理财室，递上一杯水，认真了解情况。客户十分焦急，他想赶在 15 点闭市前往建行转款买基金，排队时间很长，问能否及时到账，柜员又讲不清，于是就发火了。该客户姓胡，是当地一名生意人，有一定资金实力和理财要求。最重要的是他想买的这只基金在工行也有代销。在做好解释的同时，大堂经理把这个情况及时反馈给客户。胡先生欣然接受了建议，不仅把准备汇走的存款留了下来，后来还把其他行的存款也陆续转入该行购买了多只基金。当胡先生在该行资产快达到 50 万元的时候，大堂经理给他介绍了金卡，重点说明对金卡客户的增值服务。胡先生非常高兴，说"我在其他行也有存款，从来没受到过如此周到的服务和特别的关注，50 万元资产没问题，我就办你们行的贵宾卡，近期我会再转入款项的！"现在胡先生不仅成为资产过百万的 VIP 客户，还介绍他的生意伙伴来做理财投资。

问题：

（1）你认为工行大堂经理哪方面做得最好？说明理由。

（2）柜员的工作有要改进的吗？怎么改进？

五、实训活动

【实训知识拓展】职业生涯规划的有效途径

第一步，确定志向。广大的客服专员只是社会中的普通公民，也只是企业的普通员工，但这并不意味着其可以因为普通而失去志向。于公，客服专员应该牢固树立"维护国家利益、维护消费者利益"的行业共同价值观。于私，客服专员也应该为自己设立一个伟大而又现实的人生志向，成为有追求、有意义、有价值的企业公民。

第二步，自我评估。首先是自我评估的内容，包括自己的兴趣、特长、性格、学识、技能、智商、情商、思维方式、道德水准及社会中的自我等。其次是自我评估的方法，主要包括职业性向测试、智力测试、能力测试、面试。

第三步，职业生涯机会的评估。在制定个人的职业生涯规划时，要分析环境条件的特

点、环境的发展变化情况、自己与环境的关系、自己在这个环境中的地位、环境对自己提出的要求以及环境对自己有利的条件与不利的条件等。

第四步，职业生涯的路线选择。在职业确定后，向哪一条路线发展，此时要做出选择。发展路线不同，对职业发展的要求也不相同。在职业生涯规划中，须做出抉择，以便使自己的学习、工作以及各种行动措施沿着职业生涯路线或预定的方向前进。

第五步，设定职业生涯目标。职业生涯目标的设定，是职业生涯规划的核心。目标的设定，是在继职业选择、职业生涯路线选择后，对人生目标做出的抉择。其抉择是以自己的最佳才能、最优性格、最大兴趣、最有利的环境等信息为依据。通常该目标分为短期目标、中期目标、长期目标和人生目标。

第六步，制定行动规划和措施。在确定了职业生涯目标后，行动便成了关键的环节。这里所指的行动，是指落实目标的具体措施，主要包括工作、训练、教育、轮岗等方面的措施。例如，为达成目标，在工作方面，你计划采取什么措施，提高你的工作效率；在业务素质方面，你计划学习哪些知识，掌握哪些技能，以便提高你的业务能力；在潜能开发方面，你计划采取什么措施开发你的潜能。这些都要有具体的计划与明确的措施，并且这些计划与措施要特别具体，以便于定时检查。

【实训目标】

学生通过对自己的性格、兴趣爱好等方面分析，做个人职业生涯规划 SWOT 分析。

【实训要求】

（1）学生自行查找职业生涯规划等内容，教师可以给出一些资料，供学生使用。

（2）学生通过自我探索及测评，请亲人、朋友、同学、师长等对自身的特长、性格优缺点等进行进一步的评价，然后与自我分析结果进行对比，确定自己在哪些方面有优势，在哪些方面存在缺陷。

（3）拟定 5 年职业生涯目标。

（4）撰写个人职业生涯规划 SWOT 分析报告。

【实训内容】

（1）对自己的优缺点、性格爱好等进行评价，撰写个人概况。

（2）梳理各方对本人的评价，进行 SWOT 分析（优势、劣势、机会、威胁四个方面）。

（3）拟定未来 5 年职业生涯目标（学生阶段、求职阶段、新手阶段、发展阶段）。

【考核】

根据每个同学的个人职业生涯规划 SWOT 分析报告及课堂表现来综合评定成绩。

任务 2　了解客户服务岗位职责与工作流程

一、任务目标

知识目标：

（1）掌握企业客户服务各个岗位的工作流程。

（2）掌握客服人员基本职业规范相关知识。

能力目标：

（1）能够进行企业客户服务岗位的流程表述。

（2）能够进行岗位规范流程工作的分析处理。

素质目标：

培养学生树立岗位工作中的规范流程素养意识，在客户服务工作中始终以高要求进行规范操作，运用相关知识来对企业规范流程与制度进行改进，提高自身岗位竞争力。

二、引导案例

客户接入了呼叫中心，咨询开通国际漫游的国家。（以下 A 表示客服、B 表示客户）

A：您好！

B：你好，我下周到欧洲旅游，我有一部 5G 手机，开通了 5G 业务，我想问一下网上营业厅可不可以查到 5G 漫游国家啊？

A：可以啊。

B：网上营业厅的网址是多少啊？

A：WWW.××××××.COM

B：我现在火车上，不方便上网，你能不能帮我查一下？

A：您想查询的是 5G 漫游国家吗？

B：对啊。

A：您现在接通的是 4G 业务，我帮您转 5G 专席吧。

B：你这里查不到啊？转来转去的太麻烦了。你帮我直接查一下吧，我只想看看可不可以用 5G 手机到英国漫游。（不耐烦）

A：对不起，我这里是 4G 座席，您查询的是 5G 业务，所以，我帮您转 5G 专席吧，或者您可以直接登录网上营业厅查询。

B：你就不能帮我查一下吗？查一个漫游国家也要这么麻烦？

A：对不起，您等一下，我帮您看一下吧。（放等待音乐）

A：您好，对不起，我查不到 5G 漫游国家，如果您不愿意我转 5G 座席，您可以登录网上营业厅自己查询。

B：你查不到 5G 漫游国家？你的工号是多少？（很生气）

A：您好！我的工号是 5236，请问还有什么业务上的问题可以帮到您？

B：你什么都帮不到我，你帮我什么了啊。（气愤）

A：那不打扰您了，谢谢您的来电，再见。

讨论：

（1）通过本案例你发现了什么问题？

（2）客服人员尽到自己的职责了吗？

三、相关知识

（一）客户服务及管理相关岗位职责

1. 客户经理的岗位职责

职责1：制定客户服务部各项制度，规范客户服务部的各项工作。

职责2：制定客户服务标准及各项工作规范，并对实施人员进行指导、培训。

职责3：管理、安排本部门的各服务项目的运作，如售后服务和维修管理等。

职责4：负责对客户服务人员进行培训、激励、评价和考核。

职责5：对企业的客户资源进行统计分析，抓好客户档案资料管理工作。

职责6：按照分级管理规定，定期对所服务的客户进行不同形式的询问、拜访。

职责7：按客户服务部的有关要求对所服务的客户进行客户关系维护。

职责8：负责对客户有关产品或服务质量投诉与意见处理结果的反馈工作。

职责9：负责大客户的接待管理工作，维护与大客户长期的沟通和合作关系。

职责10：努力提高上门服务的工作质量，加强对客户代表的职业道德和形象教育。

职责11：负责客户提案制度的建立与组织实施工作。

职责12：建立与管理呼叫中心，全面了解客户意见、需求，为客户提供即时服务。

职责13：负责创造企业间高层领导交流的机会。

职责14：完成总经理临时交办的其他工作。

2. 客户主管的岗位职责

职责1：根据企业发展目标制订客户开发计划，制定客户开发管理制度，并组织实施。

职责2：根据企业业务特点确定新客户开发范围，制定客户开发措施。

职责3：根据实际业务要求，配合客户调查主管做好客户调查工作。

职责4：建立客户开发工作流程及操作规范，指导、培训客户开发专员的工作。

职责5：监督、考核客户开发专员的工作，及时发现问题，及时解决。

职责6：建立大客户开发、管理制度，提高企业客户的稳定性。

职责7：积极拓展客户开发渠道、客户开发策略，并组织实施。

职责8：建立合理的客户开发奖励机制，激发客户开发专员的工作积极性。

职责9：对客户状况、合作前景进行预测，适时提出解决方案。

职责10：对客户开发专员与客户签订的合同进行审核、审批。

职责11：协助完成其他部门需要配合的工作。

职责12：完成上级交办的其他事项。

3. 客户专员的岗位职责

职责1：协助客户开发主管制订客户开发计划，并提出合理化建议。

职责2：根据企业客户范围定位，积极寻找潜在客户。

职责3：潜在客户资料的收集、整理，建立自己的客户资料档案，以便于开发工作。

职责4：制定针对每一位客户的开发策略，并有效实施。

职责5：对潜在客户定期拜访、维护关系，以便增进相互之间的了解。

职责 6：与客户进行合作谈判，确定合作的各项条款，直到签订合作合同，并实施管理。

职责 7：认真履行合同、落实承诺，加深合作。

职责 8：积极开发新用户，拓展用户开发的渠道。

职责 9：不断总结工作经验，提出合理的建议。

职责 10：完成上级交办的其他工作。

4. 大客户主管的岗位职责

职责 1：拟订公司对外客户拓展计划。

职责 2：负责公司客户市场开发。

职责 3：落实合作项目，签订合作协议。

职责 4：进行客户关系维护。

职责 5：对大客户进行统计分析。

职责 6：处理与大客户的意见分歧，提高大客户满意度。

职责 7：管理大客户开发团队，提高大客户开发效率。

职责 8：协调与市场部、营销部等各部门之间的关系。

职责 9：对大客户部市场业绩进行考核。

职责 10：完成其他随时交办的事项。

5. 售后服务专员的岗位职责

职责 1：接听售后服务中心热线电话，并记录相关信息。

职责 2：客户抱怨、投诉、纠纷的受理与记录。

职责 3：客户意见的收集与反馈。

职责 4：处理和分析产品售后服务过程中反馈的数据和信息，并转送相关部门。

职责 5：用户资料的日常维护与管理。

职责 6：售后服务文件的整理、存档。

6. 呼叫中心专员的岗位职责

职责 1：执行呼入、呼出业务的处理工作。

职责 2：负责客户热线咨询、信息查询及疑难问题的解答。

职责 3：上岗后立即登录服务系统，来电铃响三声内必应答。

职责 4：接听客户电话时必须使用文明用语，热情周到、认真负责。

职责 5：协助客户进行信息登记和更新。

职责 6：接到疑难电话或投诉，详细记录来电时间、内容和客户联系方式，明确答复时间。

职责 7：疑难问题转交直接上级处理。

职责 8：按时参加工作例会，分享工作经验和知识，并向上级汇报工作中的问题。

职责 9：负责所用计算机和办公设备、办公席位的清洁工作。

职责 10：对部门工作提出有价值的建议和意见。

职责 11：参加部门安排的各项培训和考核，提升专业知识及技巧。

职责 12：执行呼出电话行销业务，完成销售任务。

职责 13：提供客户快速、准确与专业的查询及服务需求。

职责 14：适当处理客户投诉，并适时汇报给主管。

职责 15：详细记录销售过程，以利于主管分析绩效，并得以提供协助或训练。

职责 16：对工作过程中接触的企业商业机密及客户数据进行严格保密。

职责 17：充分应用企业资源，避免浪费，以创造更高的利润。

职责 18：服从直接上级领导的工作安排和管理。

（二）客户服务及管理流程

1. 客户开发管理流程（如图 2-3 所示）

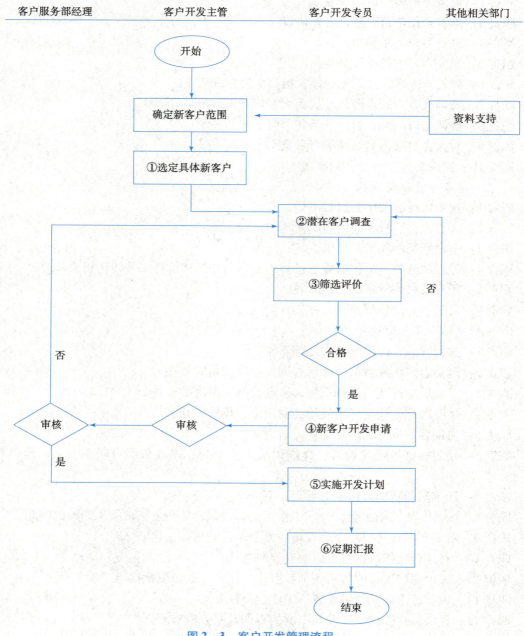

图 2-3　客户开发管理流程

2. 客户拜访管理流程（如图2-4所示）

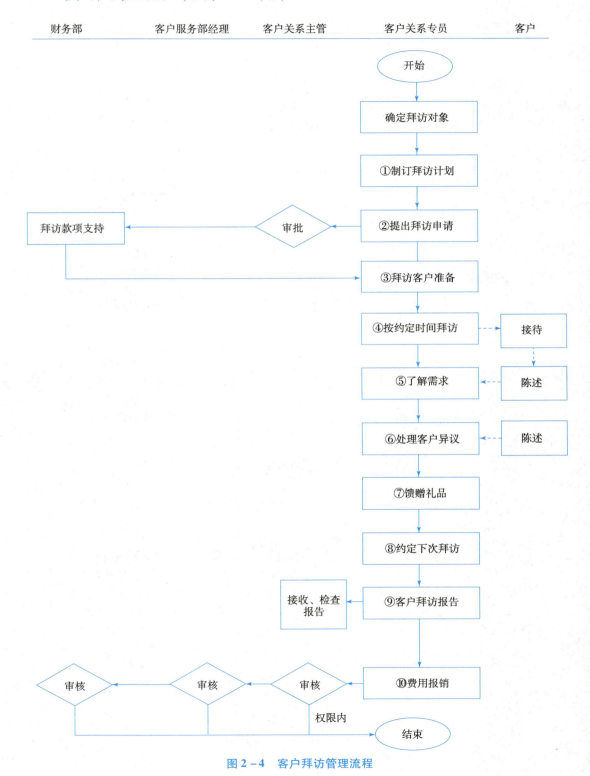

图2-4 客户拜访管理流程

3. 客户关系维护流程（如图 2 – 5 所示）

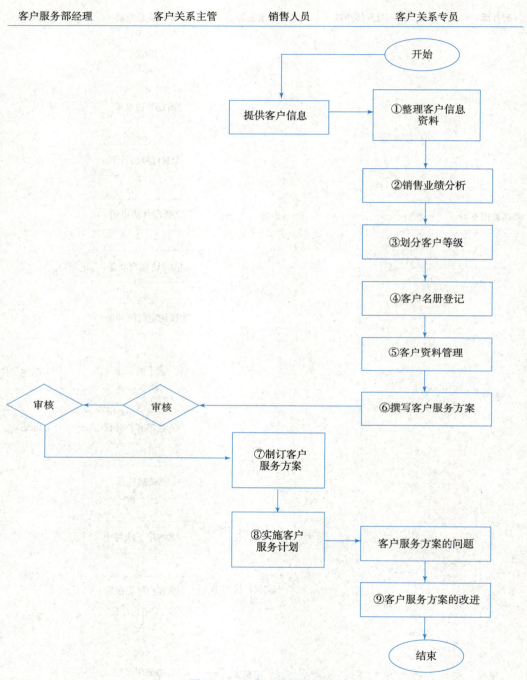

图 2 – 5　客户关系维护流程

4. 大客户管理流程（如图2-6所示）

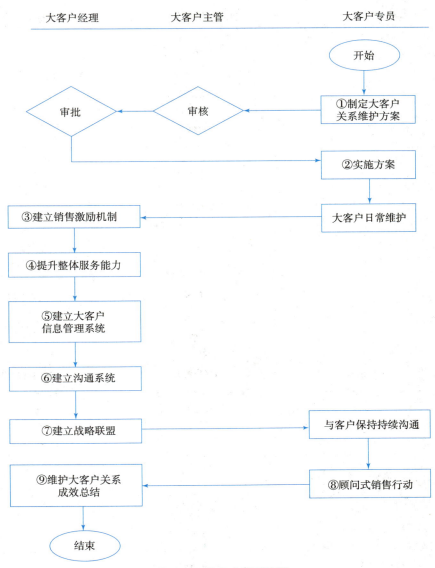

图2-6　大客户管理流程

5. 售后服务流程（如图 2-7 所示）

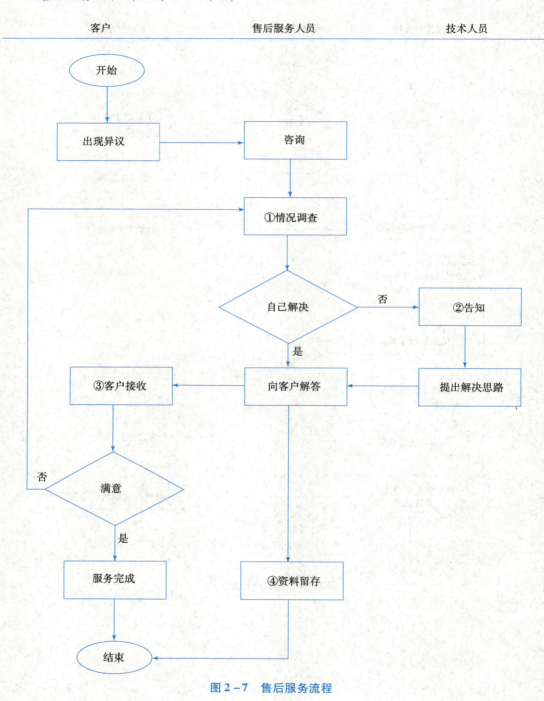

图 2-7　售后服务流程

6. 呼入业务管理流程（如图 2 - 8 所示）

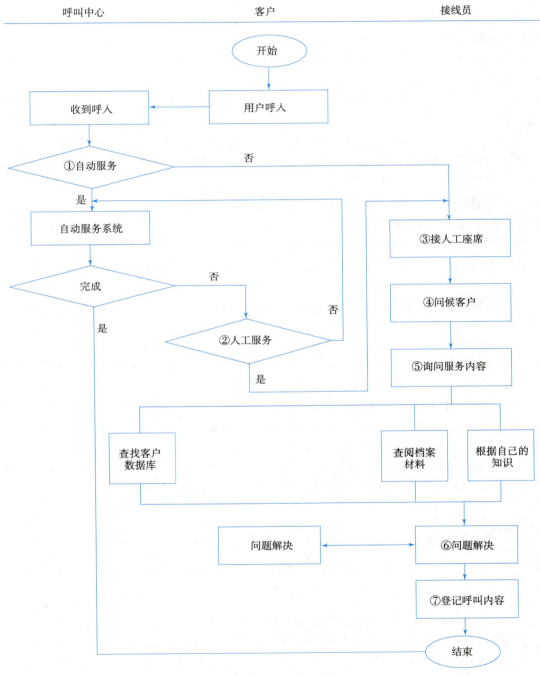

图 2 - 8　呼入业务管理流程

（三）客户服务工作项目及分配

以下为客户服务的项目以及对应的相关权责部门。

（1）消费者需要调查，客户的需求分析，以及相关的市场调查——业务部门、营销部门、客户服务部门。

（2）提供有关商品与服务的资讯给消费者，以及相关的营销活动——业务部门、营销部门、客户服务部门。

（3）接受客户的订货、下订单或服务的预约，以及与客户的沟通，了解他们需求的内容——业务部门、营销部门、客户服务部门。

（4）跟客户充分沟通商品或服务的项目、提供方式、送货时间——业务部门、客户服务部门。

（5）货品的生产、运送，所订服务的提供——生产部门、业务部门、服务提供部门。

（6）从商品或服务的订购到商品的运送及服务提供期间内的双方沟通，尤其是有关货品的生产、服务的进行状况与进度的了解——业务部门、客户服务部门。

（7）货品的运送、安装及使用说明，服务提供过程中客户的配送方式的说明——业务部门、技术部门、服务提供部门。

（8）对客户提供有关产品的使用及相关技术的教育培训——客户服务部门、技术部门。

（9）相关的售后服务，如修理、维护保养、更换或退还，服务内容的变更——业务部门、技术部门、客户服务部门。

（10）收款、收据或发票的处理、错误账目的更正——业务部门、财务部门、客户服务部门。

（11）客户投诉的接受、判断与处理——客户服务部门、业务部门。

（12）客户意见分析，客户满意度的调查与统计分析，以及相关资信回馈——客户服务部门、业务部门。

（13）客户资信的建档、管理，以及跟踪服务——客户服务部门。

（14）对客户提供咨询，资信与资料的提供，以及更多相关的服务——客户服务部门、业务部门。

首先是客户需求的提出，接着才是针对客户的需求进行分析与了解，以及货品的制作或服务的提供，最后才是客户满意度的调查、客户资料的建档及跟踪服务，等等。

拓展资料

沃尔玛设立首席客户官岗位，主打以客户为中心

2018年，沃尔玛设立了一个新的高管职位——首席客户官，该岗位的设立是为了更好地提高客户关注度。并且本次美国业务方面，该公司还任命了一位新的首席营销官。

长期担任美国运通高管的詹尼·怀特塞德加入沃尔玛，担任该公司美国电商业务的执行副总裁和首席客户官。芭芭拉·梅辛将出任沃尔玛美国电商部门的高级副总裁兼首席营销官。

沃尔玛方面表示："首席客户官这个职位的设立，代表了公司的一个进步，反映了我们对客户体验的重视。无论何时，当我们把顾客放在第一位时，我们就赢了。我们努力成为最好零售商的同时，顾客都将扮演重要角色。首席客户官会不断地为顾客考虑，与时俱进解决他们可能遇到的任何问题。"

沃尔玛指出，詹尼·怀特塞德在美国运通工作 20 多年，在国际定价、关系管理和营销、客户参与和全球产品、福利和服务方面有丰富的经验，所以很符合首席客户官这个职位。詹尼也将把美国运通的产品拓展到新的领域，与年轻客户建立联系，为客户创造新的体验和奖励政策，进一步帮助公司成长。

与此同时，梅辛将负责沃尔玛美国门店和电子商务的营销。据沃尔玛称，她在 TripAdvisor 工作的 7 年时间里，通过增加预订旅行的功能，帮助这家全球最大的旅游网站从一个只提供媒体服务的网站发展成为一家电子商务公司。可见其工作实力不容小觑！

本次，沃尔玛的两项任命，可以说是在电商业务方面，要主打以客户为中心的营销。这个理念让人联想到它的竞争对手亚马逊，该公司正在凭借这样的理念一步步发展壮大，成为全球电子商务巨头。

沃尔玛此次的任命，把首席客户官放在电商业务上，正是显示了该公司大力发展电商业务、追赶亚马逊的决心。

摘自：《沃尔玛设立首席客户官岗位，主打以客户为中心》作者：晶晶

四、案例分析

工作世界：托尼获得提升

托尼·戴维斯在塔克·巴恩连锁餐厅工作已经 4 年了，今天他预感到和本地区经理道恩·威廉姆斯 11 点钟的会面将会给他带来 4 年专注于努力工作的最终回报。

托尼放学后就到这个当地的塔克·巴恩连锁餐厅工作，他决定一直干到大学毕业。在过去的 4 年里，从准备食物和服务过程中正确使用清洁设备到操作收银机，以及一天工作结束时把当日的现金收入存入银行，他在这个餐厅里得到了全方位的训练。托尼认为，在这个本地区最好的位置之一，塔克·巴恩连锁餐厅拥有一群很棒的员工。他们的经理杰里·史密斯，像他喜欢说的那样"驾驶着一艘牢固的船"。杰里·史密斯对员工们很好，在他们遇到协调课程、体育训练或家庭承诺等事情而有特殊需求时，他会很乐于按照他们的时间表去安排工作。

自从塔克·巴恩更乐意雇用兼职工作的年轻人作为主要员工以来，其他的在各种上班时间和倒班时间工作的全职员工总计才 18 人。这里绝大部分人都过得很好——没有大的冲突和戏剧性事件——而且能指望每个人在其轮班时间准时出现并准备好工作。从杰里对当地其他塔克·巴恩连锁餐厅的谈论来看，这种生产率和可靠性是很罕见的。

11:05，接待员告诉托尼，威廉姆斯女士已经准备好接见他，他可以进入她的办公室了。道恩在门口见到托尼时，和他握了手并请他坐下。

"托尼，我们已经关注你一段时间了。杰里告诉我你已经成为他在餐厅中的左膀右臂了，而且他认为你在塔克·巴恩会有锦绣前程。"托尼含混地说了声"谢谢"，他并不打算用脸红来回应不断增加的赞扬。

"就像你所知道的那样，"道恩继续说道，"塔克·巴恩是一家日益发展壮大的公司，我们总是在寻找合适的地方建立新的店面。去年一年内我们就新建了 100 多家店，而且计划在未来几年内开设国际连锁餐厅。和这个组织在一起的时光是令人激动的！"

"随着我们的持续发展，"道恩继续说道，"我们需要更多的地区经理来管理新餐厅群，

还要新经理来管理新餐厅，现有的餐厅经理也会被提升。托尼，这就是你面临的情况。你的团队知道杰里在建立餐厅时所做的杰出工作，而塔克·巴恩通过提升杰里到州的另一边做地区经理认可了他的成绩。他和他妻子将与他的女儿、外孙搬到同一座城市居住，这种结果对大家都很好。"

"当然，"道恩继续咧嘴笑道，"那就留下了一个部门经理的空缺，而我和杰里都认为你已经为这份工作做好了准备——你认为呢？"

问题：

（1）你认为托尼已经做好晋升的准备了吗？说明理由。

（2）托尼所在的团队表现不错，还有什么地方是他需要改进的吗？

（3）你认为托尼成功扮演其新角色需要什么技能？

（4）在担任经理的第一周，托尼应该做什么？

五、实训活动

【实训目标】

通过使用淘宝、京东、美团等 App，熟悉主流电商标准用语。通过拨打 10086、10010 等通信客户服务热线了解客户服务人员标准化的要求。

【实训要求】

（1）下载淘宝、京东、美团等 App，使用淘宝旺旺、京东客户服务等进行商品咨询。

（2）总结网络电商平台客服人员服务术语的特点。

（3）拨打 10086、10010 等通信客服热线，进行业务咨询。

（4）总结通信业客服人员服务术语的特点。

（5）对比电商平台与通信客服术语特点，对文字沟通与语音沟通的不同体验进行分析，并撰写实训报告。

【实训内容】

（1）通过淘宝、京东等 App 下载、拨打 10086、10010 客服热线等与专业客服人员进行文字、语音沟通体验，总结客服术语特点。

（2）撰写实训报告。

【考核】

根据每个同学的实训报告及课堂表现综合评定成绩。

任务 3　客服人员压力管理

一、任务目标

知识目标：

（1）掌握客户服务工作面临的挑战的内容，以及客户服务工作压力源相关知识。

（2）掌握压力对客服人员工作产生影响的相关理论知识。

（3）掌握缓解职业压力的方法。

能力目标：

（1）能够进行心理压力分析。

（2）能够利用正确方式进行心理压力的排解。

素质目标：

（1）培养学生在职场中正确面对压力的意识，树立积极向上的生活工作态度。

（2）培养学生坚韧不拔的耐力。

（3）培养学生良好的心理素质。

（4）培养学生正确排解及转化压力的能力。

二、引导案例

每年"双 11"到来时，一群隐身在幕后的人也迎来了新的挑战，比如我们只能在话筒里听到声音的客服们。圆通客服部张玉就是她们其中之一。张玉介绍，客服人员不仅要接听客户关于各类物流进展的咨询、投诉和建议，更要及时地对各部门的工作进行跟进，对客户进行回访。为提高工作效率，还要负责各项资料的统计、存档，使各种信息储存更完整，查找更方便，保持原始资料的完整性，同时使各项工作均按标准进行。

张玉说："以前我类似于在线客服，通过旺旺跟客户沟通，压力没有这么大，但是来到圆通后是通过电话跟客户沟通，通过声音是能够听到客户的情绪的。"

情绪，是作为一名专业客服必须要学会管理的技能，因为对于大多数企业而言，售后客服并不能直接解决问题。以物流为例，客服在接到用户咨询或者投诉后，还需要向一线核实情况，大多数的问题是需要网点来协助处理的，所以客服的工作几乎多半是要跟网点打交道的。"客服夹在中间，感觉就像夹心饼干一样。"

在跟客户和网点沟通时，张玉学会了理解和包容，懂得了换位思考。快递企业的竞争不仅仅是通过"价格战"获得，更多的是要靠服务。有时候，问题的处理其实并不在问题本身，而在于处理问题的态度。

打折的疯狂很容易让人头脑发热，"一不留神"就下单了实属常态。对于用户而言，不想要了最多承担 10 块钱的退货成本，毕竟商家支持"7 天无理由退换"。但对于快递企业来说，面前却又是一波逆向快递洪流，客服的压力也随之而来。

"压力大的时候感觉自己像犯了强迫症一样，处理快件问题的时候会重复不停地去看，担心自己会有遗漏，就感觉像是出门的时候忘了锁门一样。"张玉说的时候声音有明显的抽噎。这也是客服让人心疼的地方。另一家快递公司在客服部里建了减压室，里面摆着沙袋和拳击手套，压力大的时候就进去打两下，然后出来继续接电话。

2019 年"双 11"，圆通的业务量也达到了新高度：11 月 11 日当日订单再次突破了 1 亿，比上年同期提早了 4 个小时。这对于张玉和她的同事压力更大了。在 12—13 日大多数人都收到了包裹或者即将收到包裹，运送的压力已减去一半，而客服的战斗却刚刚开始。

讨论："张玉"们的压力来源在哪儿？

三、相关知识

（一）心理压力的概念

心理压力是个体在生活适应过程中的一种身心紧张状态，其源于环境要求与自身应对能力不平衡。这种紧张状态倾向于通过非特异的心理和生理反应表现出来。

（二）客服人员压力分析（如表 2－2 所示）

表 2－2　分析产生忧虑的原因

四种忧虑	害怕错误	害怕失败	害怕被拒绝	害怕被伤害
产生根源	工作/技术	人际关系	灵活性	自我管理
须减弱的思维模式	我必须总是对的	我必须总是赢	每个人都应该喜欢我	我总在舒适区
须增强的思维模式	我要充实自己的知识	我是自信的	我是有用的	我要去适应
转换思维	成长和学习	双赢	自我价值的实现	愿意去适应

对照忧虑寻找根源并加以改进，如表 2－3 所示。

表 2－3　对照忧虑寻找根源并加以改进

素质要求	工作/技术	人际关系	灵活性	自我管理
能力要点	还应该熟练掌握业务知识及客户服务技巧	主动与客户联系，并尊重客户的表达方式	当客户询问一些带有挑战性的问题时灵活处理，及时做出应变	面对对方的压力，自己一直保持冷静，微笑服务

（三）客户服务工作面临的挑战

客户服务工作是一项与人打交道的工作，不同的客户对于服务有着不同的理解和看法，服务的宗旨又是令客户满意，所以，客户服务工作给服务人员带来了不小的压力。但作为一个希望成为优秀的客户服务人员的人来说，应该能够正确看待自己所面临的工作压力，并分析压力的成因，从而找出正确的应对方法。从目前不同的行业来看，客户服务工作主要面临着以下方面的压力。

1. 同行业竞争的加剧

客户服务工作所面临的一个巨大挑战是来自同行业的竞争。比如，本企业的产品性能优越、外观时尚，交付系统快速而便捷，并且，本企业不断地降低产品价格以期获得竞争优势，不断地做出延长产品保修期的承诺，不断加大市场的宣传力度，不断采取新的营销举措，但竞争对手同样也在不断改进自己的产品和服务。在这种竞争状况下，产品的同质化现象非常普遍，行业间的技术壁垒不复存在，这就导致企业对客户服务的重视程度越来越高。

2. 客户期望值的提升

很多企业都会感觉到，我们一直致力于提升服务质量和产品质量，但我们的产品价格却随着行业竞争的加剧而不断下调。总之，客户得到的越来越多，而客户的满意度并没有相应提升，我们受理的客户投诉在悄悄地增长，而客户的要求也变得越来越难以满足。为什么会出现这种情况呢？原因就在于客户对服务的期望值越来越高，同时客户的自我保护意识也在加强。那么导致客户期望值提高的原因又是什么呢？这当然与同行业竞争的加剧分不开。因为客户每天都被优质的服务所包围。有了享受优质服务的经历，客户对优质服务的要求也就越来越高。

3. 不合理的客户需求

什么是不合理的客户需求？在这一点上不同的企业有着不同的认识。比如投诉，企业往往把客户投诉界定为有效投诉和无效投诉两种。无效投诉就是企业认为不合理的投诉，或者不可能满足的客户需求。比如过了保修期依然要求免费维修，企业就会认为这是一个不合理的客户需求。

随着同行业竞争的加剧，很多以前被认为不合理的客户需求会逐渐转变为合理的需求，甚至最终变成一个行业的标准。因为在以前这些需求都不会被满足，而今天由于你的竞争对手做到了，你做不到的话就有可能失去竞争优势，这就迫使你一定要满足客户的这种需求。

因此，企业在界定客户的需求是否合理时，参考的标准应该是行业的标准，而不是企业自己的标准。只有超出行业标准的期望值，也就是你的竞争对手也无法满足的期望值，才能称为不合理的客户需求。当然，如果你的企业能够不断为客户提供超出行业标准的期望值，那么你也就掌握了竞争的主动权，从而获取竞争优势。因此，成为客户期望值的提升者而不是追随者是企业获得竞争优势的关键。

对于客户服务人员而言，不可能满足客户的所有要求。有的时候，拒绝客户的次数甚至超过满足客户的次数。还有些时候，可能满足了客户一百次的要求，但是只要拒绝客户一次，客户就会对所有服务都变得不满意。当无法满足客户期望值的时候，如何向客户做出合理的解释，并且能够让客户接受，这是客服人员目前所面临的一大挑战。

4. 客户需求的波动

服务的质量和服务的数量是密切相关的。几乎所有行业都会有服务的高峰期，在每一天、每个月，甚至每一年，都会出现一些服务的高峰期。当高峰期出现的时候，往往出现排队等候、服务迟缓的情况，并且服务人员服务热情的下降、体力的透支、精神的疲惫和服务失误的增加都会导致服务质量的下降。而这种客户需求的波动，是企业很难控制的。因此，如何在客户需求的高峰时间提供令客户满意的服务也是客户服务人员必须面临的挑战。

5. 服务失误导致的投诉

在投诉的处理上，可以通过应用一些技巧来很好地化解客户的抱怨，帮助客户解决一些问题，赢得客户的信赖。比如说，在酒楼吃饭，你点的菜上错了，可以重新换一份；你买的房子漏水了，可以进行修补。但是有些投诉是非常难解决的，像那些由于服务失误导致的投诉就属于这一类。比如，飞机延误、酒店丢失了入住客人存放的行李、邮局寄丢了客户的信件、银行被人盗领了客户的存款，这个时候客户的投诉就很难解决。因服务失误而给客户带来的损失是无法弥补的。这个时候，好像客服人员就只剩下道歉了，但是，并不是所有的客户都会接受服务代表的道歉，他们可能还需要赔偿，这是非常棘手的问题。显然，如何有效地处理因服务失误导致的投诉是客户服务人员所面临的另一个巨大挑战。

6. 超负荷的工作压力

客户需求的波动会直接给客户服务人员带来超负荷的工作压力。现在很多企业的员工都处在超负荷的工作压力之下，一个人干两个人的工作的现象很常见。在服务的需求会有波动但企业很难按照客户高峰期的需求来安排自己的服务能力的情况下，如何调整心态、化解压力、提升解决问题的能力，以便更好地在超负荷的工作压力下提供优质的服务，就成为客户服务人员面临的另一个挑战。

7. 服务技巧的不足

通常来讲，服务人员的服务能力主要体现在迅速了解客户的需求并解决客户提出的问题等方面。但有些客户服务人员只知道倾听客户的倾诉，缺乏提问的技巧，加上有些客户对自己的问题和抱怨阐述不清，故而很多客户服务人员难以弄清客户的需求，更别说帮助客户解决问题了。比如客户买的手机出现了故障，给客户服务人员打电话请求帮助，客户服务人员一定要问一些问题，弄清楚故障出在哪里，否则就无法解决问题。因此，提问的技巧在服务技巧中就显得非常重要。但很多客户服务人员经常以平时为人处事的原则进行客户服务，不讲究专业的服务技巧，不去了解客户的需求，因而服务的效率非常低。服务工作看似简单，实际上却并不简单，尤其是在处理很棘手的客户问题的时候，并不比攻克一个科研难关容易，比如说投诉。服务技能的不足使服务人员不能从工作中得到满足感，却常常有失望、沮丧感，这给服务人员造成了很大的心理压力。国内的服务人员技能的缺乏尤为严重。

例如，多数企业都会规定客户服务人员每天接听电话的次数，有的客户服务人员每天能接听电话 200 次，也就是能完成 200 项客户服务，而有的却只能接听 100 次。这种情况在处理投诉的过程中更加明显。通过对不同行业服务状况的了解，我们发现：在企业中，新员工的服务态度和热情度通常都是最好的，但是在处理投诉方面就明显力不从心；而老员工则不然，他们的工作热情和态度有时不如新员工积极，但是他们在处理客户投诉方面有着明显的优势。这是因为老员工有着处理投诉的丰富经验，解决问题的能力和服务的技巧强于新员工。因此，服务技巧的不足，是许多服务人员所面临的另一大挑战。中国内地的企业尤其如此。

上面谈到的问题是服务管理中普遍存在的一些问题，如果不能很好地应对这些问题和挑战，企业就无法为客户提供令人满意的优质服务，也就无法获取真正的服务竞争优势。

（四）工作压力对客服人员的影响

1. 失去工作热情

当工作压得人喘不过气来的时候，相信任何人都无法保持工作热情，有的时候，甚至会对工作产生厌倦感。

2. 情绪波动大

当一个人被巨大的压力笼罩时，其他的任何小事都可能引发他的脾气。所以，压力大的人常常被形容为"火药桶"———一点就着。

3. 身体受损

压力还会给人体带来损伤，常见的症状有心悸、胸部疼痛、头痛、掌心冰冷或出汗、消化系统问题（如胃部不适、腹泻等）、恶心或呕吐、免疫力降低等。

4. 影响人际关系

许多人都说，不应该把工作带回家，尤其是工作中的压力。但是有几个人能真正做到？所以，在工作中有压力的人，他的家人、朋友通常也要跟着承受这种压力。开始，大家会给予谅解和帮助，但是时间久了，人际关系就会变差了。

（五）排解压力的方法

1. 积极应对，解决问题

在工作受阻、客户不理解的情况下，客户服务人员可以利用别的途径达到目标，或者确立新的目标。在实施过程中，发现目标不切实际、前进受阻，应及时调整目标，以便继续前进，获得新的胜利，即"失之东隅，收之桑榆"，这是一种心理防御机制。

2. 心理建设，情商提升

客户服务人员在受挫之后，应奋发向上，将自己的感情和精力转移到其他的活动中去。如客户服务人员在处理客户投诉未果，反被客户投诉后，应该在平复心情后，多反省自己在哪些方面没有做好导致客户投诉，下次避免类似情况发生。节假日等可以适当安排一些健康的娱乐活动，去户外走走。丰富多彩的闲暇活动可以使挫折感转移方向，扩大思路，使内心产生一种向上的激情，从而增强自信心。

3. 学会运用压力

出现压力并不可怕，适当的压力可以让我们更加地积极与进步，所以我们要学会运用压力。

4. 保持良好心境

客户服务人员要学会管理自己的情绪，愤怒时，可以离开当时的环境和现场，转移注意力。当烦恼不安时，可以欣赏音乐，用优美的乐曲排解烦恼和苦闷；悲伤时，就干脆痛哭一场，让泪水尽情地流出来；当受了委屈，一时想不通时，千万不要一个人生闷气，最好找亲人或朋友倾诉苦衷；当妒火中烧时，要变换自己的角度，进行有意识的控制，增强个人修养；当思虑过度时，应立即去户外散步、消遣，呼吸大自然新鲜的空气，或者做自己喜欢的事情。

不要把痛苦闷在心里，应当主动向朋友、同事或亲友倾诉，获得他们的建议和帮助，这样可以减轻挫折感，改变内心的压抑状态，以求身心轻松，从而让目光面向未来，增强克服挫折的信心。

（六）企业进行有效的压力管理

据研究机构美国职业压力协会（American Institute of Stress）估计，压力所导致的问题——缺勤、体力衰竭、神经健康问题——每年耗费美国企业界 3 000 多亿美元。目前在中国，虽然还没有专业机构对因职业压力给企业带来的损失进行统计，但北京易普斯企业咨询服务中心的调查发现，有超过 20% 的员工声称"工作压力很大或极大"。业内人士初步估计，中国每年因工作压力给企业带来的损失，至少上亿元人民币。所以，企业应该进行有效的压力管理，减少这方面给企业造成的损失。

企业的领导者和人力资源部门应该充分了解一线服务人员的压力现状，从组织层面拟定并实施各种压力减轻措施，有效管理、减轻员工压力。

（1）改善工作环境，减轻工作条件恶劣给服务人员带来的压力感。

应该力求创造一个高效的工作环境，如关注噪声、光线、舒适、整洁、装饰等方面，给一线服务人员一个赏心悦目的工作空间，这样有利于促进服务人员很好地适应环境，提高服务人员的安全感和舒适感，从而使其减轻压力。保证服务人员拥有较好的工作用具，如及时更新复印机、话筒等，避免这些物品成为制造麻烦的源头。

（2）鼓励并帮助服务人员提高心理保健能力，学会自我调节。

企业应向服务人员提供有关压力管理的知识。企业可以购买有关心理健康的书籍、杂志，开设宣传专栏，普及心理健康知识。这也能体现企业对服务人员的关心，使服务人员感受到企业的关怀，从而有效调整他们的心态。

向服务人员提供保健或健康项目，鼓励服务人员养成良好、健康的生活方式。有些企业建立专门的保健室，让员工免费使用各种锻炼、放松器材，还有专门的指导人员指导大家锻炼。国外许多著名公司还会给员工发健身券。运动不仅保证了服务人员的身体健康，同时也很好地释放、宣泄了服务人员的心理压力。有实力的企业可以开设压力管理的课程或请专家来作报告，从这些途径告诉服务人员压力的后果、代价、表象以及自我调节的方法，让服务人员筑起心理免疫的大坝，增强心理抗压能力。

企业还可以聘请专业的心理咨询师为服务人员提供免费的心理咨询，帮助服务人员缓解心理压力、保持心理健康。

（3）加强过程管理，减轻服务人员工作压力。

在招聘中，选拔与工作要求相符合的人力资源，避免上岗后因为无法胜任工作而产生心理压力的现象。在人员配置中，做好人与事的搭配，并清楚定义岗位角色，可减轻因角色模糊、角色冲突引发的心理压力。对服务人员进行技能培训，使之能更快适应工作；进行时间管理的培训，消除时间压力源，进行沟通技巧的培训，消除人际关系压力源，等等。在职业规划中，帮助服务人员树立切合实际的人生目标，减少因无法实现的落差给人造成的心理压力。在企业关怀中，领导者应向服务人员提供组织的有关信息，并让服务人员参加一些与他们息息相关的决策，使服务人员知道企业发生了什么，从而增强可知感和可控感，减轻不确定性带来的压力；领导者还应该关心服务人员的生活，了解他们在工作中遇到的困难，这可以减轻各种困难给服务人员带来的不利影响和压力，并缩短领导与下属的心理距离。完善服务人员的保障制度，提供多种形式的保险，可以增强服务人员的安全感和稳定的就业心理，从而减轻压力。

通过压力管理，企业不仅能够有效地为服务人员减轻压力，更增加了他们的凝聚力、核心力，拉近了服务人员与企业间的距离，促进了员工满意度和客户满意度的提高，有效地提升了企业的服务水准，树立了服务品牌。

拓展资料

客服人员如何有效缓解工作压力

生活中很多人会有工作压力大的现象，严重时会导致焦虑和抑郁。那么客服的工作压力太大应如何调适呢？首先想要解决或者缓解这个问题，需要定位工作压力大的原因，针对关键原因，对症下药。例如，由于工作流程复杂、工作难度大，从而导致工作压力大；或者是工作职位高，需要为决策后果承担责任，导致工作压力大。下文将从这两个方面，说一说解决方法。

针对业务流程复杂的问题，可以考虑使用工具简化工作流程。比如，在客户服务场景下可以使用客服系统，将客户咨询统一接入同一平台，客服只需要在一套 Udesk 客服系统上进行操作。同时，用户相关的数据都可以被统一记录，有效避免因为部门墙或者数据限制等而形成数据孤岛。

而针对使用工具无法缓解的工作问题，则需要我们主动训练自己去疏解情绪。可以从以下几个方面做起。

1. 要具体别宽泛

通常，情绪容易抑郁低落的人拥有"过于宽泛的记忆"，也就是说，容易以模糊、宽泛的描述来记忆、思考事情，而不是以具体精准的方式。比如，不要想"我有许多工作要做"，应该努力做到具体，可调整为"我要写 2 000 字的文章"。具体化的好处在于，让工作任务显得切实可行。"写 2 000 字的文章"是可量化、可操作的，而"许多工作"是抽象、模糊的，会给焦虑情绪"火上浇油"。所以在忙乱时，对自己的工作任务进行具体描述，避免宽泛、模糊。

2. 一次只干一件事

一段时间内应专注于一件事，完成后才着手另外的任务。注意力缺乏症患者脑海里不时冒出新想法、新念头，做事情时也是"东一下、西一下"，这样很可能一事无成。记住，一次只干一件事，这能有效减轻压力。

3. 放弃完美，知足常乐

对自己的表现抱有客观、符合实际的期盼的人，比那些要求自己 100% 完美的人更能承受压力。针对"完美主义者"和"知足常乐者"的对比研究发现，总是追求最好结果的"完美主义者"更不满意，更犹豫不决，遗憾更多。不妨将期望值从"完美无缺"降低到"令人满意"，就不会增加不必要的压力。

摘自：《客服人员如何有效缓解工作压力》，搜狐，2022.6.14

四、案例分析

小许是新入职客户服务部的一名应届大学毕业生。在工作中，她觉得力不从心，很多看起来很简单的事情，她做起来却很吃力，而且频频出错。面对客户咨询专业问题和投诉，她更是觉得难以处理。除此之外，她发觉自己大学学到的东西根本用不到工作中去，她不禁对自己的能力以及专业知识水平产生了很大的怀疑。渐渐地，做事越来越没自信，工作中听到别人叫她名字就会慌张，害怕接电话、面对客户。晚上常常失眠多梦，小许感到身心疲惫，甚至害怕去上班，每天的情绪都处于低落状态，甚至想到了辞职。

问题：

（1）小许的压力源是什么？

（2）应该怎样缓解这种压力？

五、实训活动

【实训目标】

通过分析、总结现阶段学习及生活中的压力，找到解决、减轻压力的途径，积极面对压力，为今后生活及工作中遇到压力时做准备。

【实训要求】

（1）学生总结现阶段学习、生活中的压力。

（2）根据压力提出相应的解决对策。

【实训内容】

（1）总结近期存在的压力，将其进行罗列。

（2）分析压力来源。

（3）提出解决或减轻压力的措施或对策，撰写压力分析报告。

【考核】

根据每个同学的压力分析报告评定成绩。

客户服务前准备

任务1 识别客户

一、任务目标

知识目标：

(1) 掌握识别、确定目标市场中潜在客户的相关知识。

(2) 掌握设计问卷调查的理论知识。

(3) 掌握市场调研的方法。

能力目标：

(1) 能够进行目标市场潜在客户的分析与确定。

(2) 能够设计一份调查问卷。

(3) 能够针对问卷调查信息进行分析汇总。

素质目标：

(1) 培养学生挖掘并识别客户的职业素养。

(2) 提升学生自信心。

二、引导案例

茫茫人海，何处寻找准客户

让一个新任职的营销人员最头疼的一件事就是：茫茫人海，何处寻找准客户。由于不知道上哪里找客户，他上班以后印了名片，主管就叫他出去拜访。他出了办公室来到街上，从口袋里掏出硬币抛在地上，出现正面就往东，背面就往西。往东往西干什么，去找谁，他都不清楚。

一周以后，因为找不到客户，他心灰意冷，因此向主管提出辞职。

主管问他："为什么要辞职呢？"

他回答："找不到客户，没有业绩，只好不干了。"

主管拉着这位营销人员走到窗口，指着大街问他："你看到什么了？"

"人啊!"

"除此之外呢?"

"除了人,就是大街。"

主管说:"你再看一看。"

"还是人啊!"

主管说:"在人群中,你难道没有看到许多准客户吗?"

营销人员若有所思,恍然大悟,感谢主管的指点,赶紧努力去寻找客户。

讨论: 从这个故事你得到了什么感悟?

三、相关知识

(一) 潜在客户的定义

潜在客户是营销人员的最大资产,他们是营销人员赖以生存并得以发展的根本。那究竟什么是潜在客户?所谓潜在客户,就是指可能购买商品或服务的客户。

(二) 潜在客户的必备条件

1. 钱 (Money)

钱,这是最为重要的一点。营销人员想要找到准客户就要这样想:他有支付能力吗?他买得起这些东西吗?一个月收入只有 1 000 元的上班族,你向他推销一辆奔驰车,尽管他很想买,但买得起吗?比如保险业,购买保险的群体必定具有一个共同的特征:有需求且有能力购买。你把保险销售给一个维持最低生活标准的家庭,按理说他们太需要保险,但无论你的技巧有多高明,你的结局一般是会不成功的,就算有成功的例子,也不足以说明问题。

2. 权力 (Authority)

他有决定购买的权力吗?很多营销人员最后未能成交的原因就是找错了人,找了一个没有决定购买权的人。小张在广告公司做广告业务,与一家啤酒公司副总谈了两个月广告业务,彼此都非常认同,但是总经理最后否决了。小张浪费了很多时间在没有最终决定权的人身上。使用者、决策者和购买者往往不是同一个人,比如小孩想买玩具,他是使用者,决策者可能是妈妈,购买者可能是爸爸。你该向谁推荐?

3. 需求 (Need)

除了购买能力和决定权之外,还要看你推销的对象有没有需求。不是所有的人都需要你的产品,你的目标客户一定是一个具有一定特性的群体。如小型交换机的用户对象是集团、社团、企业等组织,有谁会去买个交换机放在家里呢?刘先生刚买了一台空调,你再向他推销空调,尽管他具备购买能力即钱 (M) 和决策权即权力 (A),但他没有需求 (N),凑不成一个"人 (MAN)",自然不是你要寻找的人。

具备以上三个条件的人 (MAN),就是我们要找的潜在客户。当然,在营销实践中,方法是千变万化的,要懂得灵活运用,不要墨守成规、教条主义。

（三）寻找潜在客户的方法——"MAN"原则

M：Money，代表"金钱"。所选择的对象必须有一定的购买能力。

A：Authority，代表"购买决定权"。该对象对购买行为有决定、建议或反对的权力。

N：Need，代表"需求"。该对象有这方面（产品、服务）的需求。

潜在客户应该具备以上特征。但在实际操作中，应根据具体状况采取具体对策。

表3-1是衡量客户购买力的三个条件，其中有无分别用大、小写字母表示。

表3-1　客户购买力决策

购买能力	购买决定权	需求
M（有）	A（有）	N（大）
m（无）	a（无）	n（无）

其中：

M+A+N：是有望客户，理想的销售对象。

M+A+n：可以接触，配上熟练的销售技术，有成功的希望。

M+a+N：可以接触，并设法找到具有A之人（有决定权的人）。

m+A+N：可以接触，需调查其业务状况、信用条件等给予融资。

m+a+N：可以接触，应长期观察、培养，使之具备另一条件。

m+A+n：可以接触，应长期观察、培养，使之具备另一条件。

M+a+n：可以接触，应长期观察、培养，使之具备另一条件。

m+a+n：非客户，停止接触。

由此可见，在潜在客户欠缺了某一条件（如购买力、需求或购买决定权）的情况下，仍然可以开发，只要应用适当的策略，便能使其成为企业的新客户。

（四）对潜在客户进行市场调查

为锁定潜在开发客户，在行动之前，有必要对客户进行市场调查。成功不只是意味着把产品或服务出售给个别的购买者，还意味着了解谁是你的客户，了解他们的背景，并能比其他竞争对手更好地满足客户的要求。不掌握关于你公司当前客户的详细情况，就不能弄清楚你的目标市场、细分市场或改善你的营销能力：如果你的产品提供给单个的消费者，他们喜欢什么？市场的人口统计如何？客户的年龄、性别、收入、处在人生的哪个阶段，以及受教育程度如何……如果你的产品提供给企业，企业的购买水平和地理分布怎样？谁在做采购决策？企业处于哪个市场区段？买哪些产品？企业可为你提供什么样的信息？

（五）寻找潜在客户的原则

没有任何通用的原则可供指导任何公司或任何销售人员寻找潜在客户。我们仅把一些具有共性的大方向的原则与大家分享，希望大家在具体销售过程中能结合自己的实际情况来灵活借鉴或使用。

1. 量身定制的原则

量身定制的原则就是选择或定制一个满足你自己公司具体需要的寻找潜在客户的原则。

不同的公司，对寻找潜在客户的要求不同，因此，销售人员必须结合自己公司的具体需要，灵活应对。任何拘泥于形式或条款的原则都可能有悖于公司的发展方向。

2. 重点关注的原则，即 80 > 20 原则

该原则指导我们事先确定寻找客户的轻重缓急，首要的是把重点放在具有高潜力的客户身上，把潜力低的潜在客户放在后面考虑。

3. 循序渐进的原则

对具有潜力的潜在客户进行访问，最初的访问可能只是"混个脸熟"，交换一下名片；随着访问次数的增加、访问频率的加快，可以增加访问的深度。

除了上述几个原则之外，作为销售人员，你需要调整自己对待寻找潜在客户的态度。如果你想成为一名优秀的客户管理人员，那么你需要将寻找潜在客户变成你的爱好。寻找潜在客户是你走向成功之路的第一步。你不能仅仅将寻找潜在客户视为一项工作，并且是你不愿意做却不得不做的事情。事实上，寻找潜在客户不仅是一项有意义的工作，而且会充满乐趣，你只需要改变一下对待工作的态度，使寻找潜在客户成为一种乐趣与爱好，以及一种值得追求的职业与需要提高的技能。

（六）发掘潜在客户的两种通用方法

1. 资料分析法

资料分析法是通过分析各种资料寻找潜在客户。

（1）统计资料：国家有关部门的统计调查报告、行业在报纸或期刊上刊登的统计调查资料、行业团体公布的调查统计资料等。

（2）名录类资料：客户名录（现有客户、旧时的客户、失去的客户）、同学名录、会员名录、协会名录、职员名录、名人录、电话黄页、厂家年鉴等。

（3）报刊类资料：报纸（广告、产业或金融方面的消息、零售消息、迁址消息、晋升或委派消息、订婚或结婚消息、建厂消息、诞生或死亡的消息、事故、犯罪记录、相关个人消息等），专业性报纸和杂志（行业动向、同行活动情形等）。

2. 一般性方法

一般性方法主要包括以下几种。

（1）主动访问：别人的介绍（顾客、亲戚、朋友、长辈、校友等），拜访各种团体（社交团体、俱乐部等）。

（2）其他方面：邮寄宣传品，利用各种展览会和展示会，经常去风景区、娱乐场所等人口密集的地方走动。

收集到潜在客户的名单后，必须登录并管理潜在客户的资料。建立客户资料卡（包括"公司"潜在客户卡、"个人"潜在客户卡两类）后，业务员通过客户资料卡决定何时、如何进行拜访或推销，从而提高拜访效率。

优秀的销售人员常常拥有一定数量的潜在客户，这种数量会给他们带来自信和安心。要保持这种数量，就必须定期开发、补充新的潜在客户。此外，还必须区分潜在客户的重要性，将客户划分为不同的等级。这是一种用来保证潜在客户数量与质量的有效方法。

专家认为，每个人背后都有 250 个朋友，而人天生有分享的习惯，这就是我们常说的好东西与好朋友分享。所以，营销人员要学会培养一些忠诚的客户，运用他们的转介绍的力量获得更多准客户名单，逐渐裂变，一生二，二生四，四生八，这样会事半功倍。

寻找准客户的方法很简单，重要的是用心和坚持。市场是最大的教室，客户是最好的老师，要懂得在实践中多听、多看、多思考。

（七）了解当前客户信息

了解客户的另外一个好办法就是多接触一些别人的客户。你或许认为把精力集中在从未拥有过的客户身上是一种时间上的浪费，但是，实际上这些客户代表了一种机会。

表 3 - 2 为客户信息描述。

表 3 - 2　谁是你的客户

描述你的当前客户：	
1. 年龄	
性别	个人
收入水平	
职业	
如果是企业：	
2. 企业类型	企业
规模	
3. 他们来自何处？	□本地 □国内其他地方 □国外
4. 他们买什么？	□商品 □服务 □好处
5. 他们每隔多长时间购买一次？	□每天 □每周 □每月 □每季 □每年
6. 他们买多少？	□按数量 □按金额
7. 他们怎样买？	□转账 □现金 □签合同
8. 他们怎样了解你的企业？	□广告：报纸、广播、电视 □同行 □直接销售 □其他（要注明）

续表

> 9. 他们对你的公司/产品/服务怎么看？
> （客户的感受）
>
> 10. 他们想要你提供什么？
> （他们期待你能够或应该提供的好处是什么？）
>
> 11. 你的市场有多大？　　　　　　　　　□按地区
> 　　　　　　　　　　　　　　　　　　□按人口
> 　　　　　　　　　　　　　　　　　　□潜在客户
>
> 12. 在各个市场上，你的市场份额是多少？
>
> 13. 你想让市场对你的公司产生怎样的感受？

（八）调查问卷设计

1. 调查的渠道

（1）当面调查。

（2）电话调查。

（3）邮寄（邮件）。

（4）留置调查。

（5）二维码调查。

2. 问卷设计内容

（1）有关客户的基本情况，如性别、年龄、受教育水平、职业、家庭月收入等有关社会人口特征的问题，以了解消费者特征。

（2）有关客户购买行为特征的问题，如何时购买、何地购买、购买何物、如何购买等问题。

（3）主体问题，以指标评价体系为基础设计态度测量问题，使被访者在表上表明他们的赞同程度，从"非常满意"到"非常不满意"。

3. 问卷题型

（1）封闭式问题。

封闭式问题大多为选择题，优点是答案规范，便于定量分析。

（2）开放式问题。

开放式问题大多为问答题，没有备选答案。优点是调查者可以自由作答，充分发表意见。缺点是难以整理分析。故在问卷中不宜多用。开放式问题主要用于深度调查和直接访问。

4. 问卷设计要点

（1）问卷中的问题的数目没有统一规定，一般在 12～20 个。问题太少，缺乏分析的数据。时间一般应以 5～10 分钟能答完为度。问题太多，回答时间太长，会引起被试者厌烦。

（2）问题排列的顺序应是先易后难，先封闭后开放，敏感性问题放在后面，以防止从一开始遇到难题或敏感性问题而产生厌恶、畏难。

（3）问题要按一定逻辑顺序排列，如时间顺序、类别顺序。

（4）答案的设计要有利于数据处理，比如一些评估性问题，其答案应依等级顺序排列：①很喜欢；②喜欢；③一般；④不喜欢；⑤很讨厌。统计时，答案的序号数码既有类别意义，表示不同答案的类别，又有大小意义，表示厌恶的程度。

（九）大客户识别与开发

1. 大客户定义

大客户（Key Account，KA，又称为重点客户、主要客户、关键客户、优质客户等）是指对产品（或服务）消费频率高、消费量大、客户利润率高，而对企业经营业绩能产生一定影响的要害客户，除此之外的客户群则可划入中小客户范畴。

2. 界定大客户的方法

界定大客户一般有两个方面的含义：其一指客户范围大，客户不仅包括普通的消费者，还包括企业的分销商、经销商、批发商和代理商。其二指客户的价值大小。不同的客户对企业的利润贡献差异很大。对于企业而言，80%的利润来源于20%的核心客户，这些核心客户在一定意义上支撑着企业的运营，而另外80%的客户可能带给企业的只是20%的利润。当然，也可能给企业带来的只是利润表象，甚至根本就没有给企业带来利润。因为这80%的客户中有的只是微利客户，有的只能达到盈亏平衡。因此，企业应认识到客户管理不能再"眉毛胡子一把抓"，而是应该"分开抓"，即采取差异化的客户管理，让客户中的忠诚者得到回报，让若即若离者得到激励，让潜在客户产生消费欲望并付诸行动，让损减企业利润的客户远离企业。这是客户管理的至高境界，并且有着实实在在的意义。

3. 大客户的特征

对大客户的销售相对于对个人和家庭的销售来讲，完全是另外一种销售渠道，这两种销售模式在很多方面存在不同。

（1）采购对象不同。

大客户采购对象不同，它的组织结构复杂，人员关系也非常复杂，采购流程更加复杂。一家大型的企业机构中，既有总经理、经理等高中级领导，还有工程人员、财务人员等，以及使用设备并负责维护这些设备的人，这些人都可能与采购有关。

（2）采购金额不同。

一个家庭，每年的正常收入有限，用于购买专项产品的钱也很有限，一般来讲主要是衣食住行方面的消费。如果一个家庭买了汽车或房子等高额商品，通常很长一段时间内不会再采购同类商品。但是大客户不同，不仅购买金额较大，而且会重复购买。例如，航空公司购买商用客机，一个订单就是十亿或几十亿元；电信部门购买交换设备，一下子可能付给厂家十几亿或上百亿元。

（3）销售方式不同。

在消费品客户的销售过程中，最常用的销售方式就是广告宣传、店面销售。

大客户则不容易受到广告的影响，需要专业的团队亲自上门分析需求，做出解决方案，然后签订条款非常缜密的合同，再购进产品。

（4）服务要求不同。

对消费品客户的服务，只要保证产品能正常使用就能够基本满足客户的要求，有时甚至不要求产品以外的任何服务。

大客户则要求服务非常及时、周到和全面。例如，某航空公司购买了波音公司的一架民航客机，如果发现飞机某个地方出了小问题，就会给波音公司打电话，波音公司就要在第一时间派技术人员赶到现场。波音公司为了满足航空公司的要求，甚至在产品设计阶段就可能设计了各种应对的方案，使得微小故障不致造成飞机的任何安全隐患。

大客户对于服务方面的要求和消费品客户的要求完全不同，所以对于大客户，销售人员要制定完全不同的服务策略。

大客户和消费品客户不同，就形成了两种不同的销售模式。时代在不断地进步，出现了销售渠道扁平化的趋势。对于消费品客户，也需要销售人员去挖掘需求，去建立互信。

4. 大客户的选择

挑选大客户有很多定量和定性的参考指标。选择重点客户应符合企业当前目标，并且要综合公司战略、营销目标、公司的细分市场、竞争对手的客户现状等众多因素。

（1）大客户对于公司要达到的销售目标是十分重要的，现在或者将来会占有很大比重的销售收入。这些客户的数量很少，但在公司的整体业务中有着举足轻重的地位。

（2）公司如果失去这些大客户将严重影响到公司的业务，并且公司的销售业绩在短期内难以恢复过来，公司很难迅速地建立起其他的销售渠道。公司对这些大客户存在一定的依赖关系。

（3）公司与大客户之间有稳定的合作关系，而且他们对公司未来的业务有巨大的影响力。

（4）公司要花费很多的工作时间、人力和物力来做好客户关系管理。这些大客户具有很强的谈判能力、讨价还价能力，公司必须花费更多的精力来进行客户关系的管理、维护。

（5）大客户的发展符合公司未来的发展目标，将会形成战略联盟关系。当时机成熟，公司可以进行后向一体化战略，与客户结成战略联盟关系，利用大客户的优势，助力公司的成长。

5. 大客户管理的目的

实行大客户管理是为了集中企业的资源优势，从战略上重视大客户，深入掌握、熟悉客户的需求和发展的需要，有计划、有步骤地开发、培育和维护对企业的生存和发展有重要战略意义的大客户，为大客户提供优秀的产品/解决方案，建立和维护好持续的客户关系，帮助企业建立和确保竞争优势。同时，通过大客户管理，将有限的资源（人、时间、费用）充分投放到大客户上，从而进一步提高企业在每一领域的市场份额和项目签约成功率，改善整体利润结构。

一般大客户管理的目的可以概括为以下两点。

（1）在有效的管理控制下，创造高价值。

在有效的客户关系管理和维护下，为大客户提供个性化解决方案，从而从大客户处获取长期、持续的收益。

大客户管理的范畴涉及内容很广，包括从寻找客户线索、建立客户关系、对潜在大客户销售，到产品安装与实施、售后服务等诸多环节的控制与管理。但其目的只有一个，就是为大客户提供持续的、个性化解决方案，并以此来满足客户的特定需求，从而建立长期稳定的大客户关系，帮助企业建立和确保竞争优势。

（2）通过大客户管理，企业可以在以下几个方面保持竞争优势。

①保持企业产品/解决方案和竞争者有差异性，并能满足客户需求。

②与大客户建立起业务关系后，在合作期内双方逐步了解适应，彼此建立信任，情感递增，容易形成客户忠诚度。

③形成规模经营，取得成本上的优势。

④在同大客户接触中不断提取有价值的信息，发展与大客户的客户关系，为满足客户的需求做好准备。

⑤分析与研究客户，制定个性化解决方案，建立市场区隔，以赢得客户，增加企业的综合竞争力。

同时，大客户管理不是孤立的一个管理流程或管理方法，它是对企业长期投资的管理，是一种竞争战略，更是实现大客户战略的必要手段。因此，大客户管理必须和企业整体营销战略相结合，不仅需要对大客户进行系统、科学而有效的市场开发，更要用战略的思维对大客户进行系统管理，需要大客户部门和其他部门及各层次人员持续努力地工作。从大客户的经营战略、业务战略、供应链战略、项目招标、项目实施全过程，到大客户组织中个人的工作、生活、兴趣、爱好等方面，都要加以分析研究。

6. 大客户管理的内容

在内容上，大客户管理是在严谨的市场分析、竞争分析、客户分析基础之上，分析与界定目标客户，确定总体战略方向，实现系统的战略规划管理、目标与计划管理、销售流程管理、团队管理、市场营销管理和客户关系管理，为大客户导向的战略管理提供规范的管理方法、管理工具、管理流程和实战的管理图表。

大客户管理的内容主要包括战略与目标管理、市场与团队管理、销售管理、控制和关系管理五部分内容。因企业所处环境和所拥有的能力、资源情况不同，大客户管理的内容在不同的企业也不尽相同，但一般包括以下几个方面。

（1）明确大客户的定义、范围、管理、战略和分工。

（2）建立系统化的全流程销售管理、市场管理、团队管理和客户关系管理方法。

（3）统一客户服务界面，提高服务质量。

（4）规范大客户管理与其他相关业务流程的接口流程和信息流内容，保证跨部门紧密合作和快速有效的相应支持体系。

（5）优化营销/销售组织结构，明确各岗位人员的职责，完善客户团队的运行机制。

（6）加强流程各环节的绩效考核，确保大客户流程的顺畅运行。

（7）建立市场分析、竞争分析和客户分析的科学模型。

（8）利用技术手段，建立强有力的客户关系管理支持系统。

7. 大客户管理的战略规划

大客户管理的战略规划应立足于市场、服务大客户，利用系统的管理平台为大客户提供最优质的服务，企业依此建立其对客户的忠诚度，赢得一个相对其竞争对手持续的竞争优势。大客户管理战略规划的目的在于建立公司在市场中的地位，成功地同竞争对手进行竞争，满足客户的需求，获得卓越的业绩。

只有制定了长远的大客户管理战略，才有形成大客户导向的企业文化的可能性。另外企业在实施大客户管理战略时，又离不开组织变革、文化转变。同时，大客户管理战略规划所制定的中长期目标必须转化为短期（年度）目标，才能够分期执行及考核。大客户管理战略规划的执行须通过目标管理才能加以落实，并发挥中长期目标与短期目标整合的效益。

大客户管理战略的制定过程包括以下几步。

（1）公司经营定位，业务使命陈述。

（2）公司外部环境分析，发现营销机会和所面对的威胁及挑战。

（3）内部环境分析。通过对公司的资源、竞争能力、企业文化和决策者的风格等客观评估，找出相对竞争对手的优势和劣势。

（4）目标制定。基于公司业务定位和内外环境的分析，制定出具体的战略目标，如利润率、销售增长额、市场份额的提高、技术研发、品牌形象等。

（5）企业战略制定，包括企业总体战略和营销战略的制定。企业战略制定要解决下列几个问题：如何完成公司目标？如何打败竞争对手？如何获取持续的竞争优势？如何加强公司长期的市场地位？

（6）大客户管理战略的制定。根据企业战略规划的结果，对企业产品/服务、核心能力、产品的生产/安装基地、企业文化、使命目标、已确立的市场、品牌形象、技术开发等细分领域进行深入分析，进而制定出适合大客户导向的大客户管理战略。大客户管理战略的制定要解决下列几个问题：谁是大客户？大客户想要什么？大客户如何被管理？大客户如何被长期经营？

（7）确定大客户管理战略。确定大客户管理战略可以综合考虑以下几点利益：利用市场趋势（行业趋势、特定客户发展趋势和技术趋势等）；为客户增值的机会（使客户更成功）；对客户进行优先排序；利用竞争对手的弱点。

8. 大客户营销战略

（1）大客户管理（KAM）。转变传统的客户管理观念，从客户关系管理（CRM）到客户资产管理（CAM），将不同类型的客户看作企业的资产，其目的是使顾客忠诚度与客户资产获利能力最大化，对客户价值不断优化，发挥 80 > 20 原则的作用。

（2）客户导向的销售（CRS）。充分满足大客户的要求，首先是对大客户信息的收集与分类，其次是为大客户制定发展目标和定制客户解决方案，最后是建立大客户管理战略及计划，实施顾问式的销售行动。

（3）建立互动的沟通平台。为大客户在短暂的时间内一次性解决所有的难题，构筑双方相互沟通的平台，如大客户室、大客户服务中心等，用展板、图片、声像资料等来说明问题，经常性地与大客户展开研讨，有效地实现双方的互动。

（4）在大客户营销战略过程中，真正实现大客户的价值最大化是最终目的，但营销战略必须与企业文化、企业的成长战略及长远利益等相匹配。如果"透支"了企业的发展资源或患了"近视症"，结果将会适得其反。

大客户战略的定义为公司如何建立和管理大客户。一个大客户战略至少包括四个元素：①客户理解；②客户竞争；③客户亲和力；④客户管理。一个客户战略必须要能够回答：客户是谁？客户想要什么？客户如何被管理？只有制定了长远的企业客户战略，才有在公司形成一种客户导向文化的可能性。

9. 大客户分析

（1）对大客户的类别划分要准确，不管它是综合大客户、专业大客户、协作大客户，还是潜在大客户，都要界定清晰。

（2）收集完善大客户基础资料，摸清大客户单位所处的行业、规模等情况，摸清大客户内部的报告线、决策线，甚至关键人物的个人资料，包括性格、兴趣、爱好、家庭、学历、年龄、能力、经历背景、同本企业交往的态度等。基础资料不全、不准确，不仅会给大客户服务工作增添困难，而且会使本企业丧失许多营销机会。

（3）关注竞争者的动作。

（4）优先为大客户做事。

（5）重视大客户的差异化及个性化。

（6）必须保证大客户得到的是最新、最优、最惠的东西。

拓展资料

联合利华＋Trust：SCRM 经销商变革，触发销售势能

在商业模式巨变的今天，因为电商的冲击、O2O 模式的盛行，渠道的作用在消减，经销商的地位也从神坛走了下来，京东的新通路和阿里 1688 也都试着取代经销商形成新的"垄断"。

面对这种新趋势，很多品牌商也开始布局电商市场，试图"飞蛾扑火"般地挖掘其中的价值。可是，这种"新兴的商业模式"所创造的价值真的可以替代经销商的地位，为企业杀出一条血路吗？还是应该在喧嚣的市场环境中，审时度势、冷静思考，找到一条适合企业自身的经销商管理变革之路？

靠电商、O2O 单打独斗？Too young，too simple

联合利华一级经销商作为流通环节中的核心成员，对上游厂家而言，肩负了仓储、配送、信息反馈等多种功能。作为厂家销售力量的延伸，它同时又影响着数以百计的下游地区经销商，有着举足轻重的作用。这也让联合利华意识到，依靠自己的力量布局电商市场，开启"单打独斗"的模式，显然势单力薄。如果能调动一级经销商的积极性，解决下游地区经销商流失等问题，无异于如虎添翼。

所以，在很多品牌商忙着布局电商、O2O 模式宏伟蓝图，逐步忽略经销商价值的时候，联合利华饮食策划另辟蹊径，联合群脉 SCRM 将客户经营的战略模式贯穿至经销商转型的全过程，克服之前高成本、繁杂的面对面沟通方式，将联合利华总部的销售人员从中解放出来；利用最低的成本、Social 的方式提升经销商忠诚度、为渠道背书，在消费者心目中建立良好的品牌形象，迅速占领市场。

降低沟通成本、运用奖励机制打通经销商转型"任督二脉"

前期，联合利华通过制订会员忠诚度计划，实现了与厨师群体精准有效的沟通和情感对话。打通经销商转型的"任督二脉"，联合利华选择从下游的地区经销商入手，切实提高地区经销商对一级经销商的黏性，构建品牌商、一级经销商和地区经销商稳定的三角结构，全面提升销售额。目前，联合利华饮食策划台湾北、中、南下游地区经销商有几百家，为了降低沟通成本、将散落的地区经销商形成销售势能链，群脉 SCRM 为其打造了＋Trust 经销商忠诚度计划，与地区经销商保持持续互动，将线下地区经销商引流至线上，通过奖励机制将

引入的流量转化为实实在在的销售业绩。

基于此，群脉将联合利华官方微信与 SCRM 系统打通，为其定制"地区经销商业绩考核模块"。首先将现存的地区经销商庞大的关联数据导入 SCRM 系统，为其生成唯一识别 ID，作为验证身份的通行证。地区经销商通过验证后，在微信端就能直接收到联合利华制定的销售业绩目标。如果对业绩目标有异议，也可选择便捷的在线沟通，确认新的销售目标。地区经销商确认领取任务，在指定一级经销商处进货完毕，业绩考核界面将自动匹配业绩考核指标，地区经销商可实时查看销售进程。

社交式互动，增强地区经销商参与感

互动是增强用户体验感的秘密武器。为了不断激发地区经销商参与 + Trust 计划的热情，进一步优化地区经销商销售目标考核机制，群脉在为联合利华搭建 SCRM 平台的同时，又设置了"积分翻倍送"社交式互动环节。只要地区经销商在指定经销商处订购了家乐鸡粉和煎鱼粉的调料，就能获得双倍的积分，兑换更高价值的礼品，这不仅给 + Trust 经销商忠诚计划频添"燃点"，还成功促销了联合利华主打产品。此外，联合利华还通过"快乐星期三拉霸"游戏，每周定期放送缤纷礼物的方式，吸引了超过 50% 的地区经销商参与互动环节体验，在维护现有客户的基础上发展了大量潜在客户。

随着持续性互动体验的不断深入，群脉 SCRM 沉淀了越来越丰富的场景化数据，通过比对地区经销商每季度销售目标与实际销售情况，能及时调整下季度销售目标计划，在保证销售目标合理性的基础上增加地区经销商的黏性；通过最终销售出去的调味品类目和数量，优化生产配置；基于一级经销商和地区经销商的反馈，发挥了 SCRM 大数据处理能力的最大价值。

小结

联合利华饮食策划 SCRM 经销商转型之路，最大限度激发了地区经销商的销售势能，提高了一级经销商的忠诚度；下一阶段，联合利华还将打通会员管理系统，通过激励机制，鼓励经销商帮助品牌商招募更多的会员（即厨师），提升品牌与终端消费者的触点体验，进一步将忠诚度延续至厨师群体的渠道通路闭环，在助力联合利华实现精细化管理渠道商的同时，也构成了环环相扣的渠道忠诚度传递机制。

摘自：群脉 SCRM

四、案例分析

通用汽车的成功

20 世纪 20 年代中期，亨利·福特和他有名的 T 型车统治了美国的汽车行业。福特汽车公司早期成功的关键是它只生产一种产品。福特认为，如果一种型号能适合所有的人，那么，零部件的标准化以及批量生产将会使成本和价格降低，会使客户满意，那时福特是对的。

随着市场的发展，美国的汽车买主开始有了不同的选择口味。有人想买娱乐用的车，有人想要时髦的车，有人希望车内有更大的空间。当然，福特也对其轿车进行了改进，改进后的轿车比原来的轿车更加坚固耐用、更安静、驾驶更平稳。可是，当客户们参观福特汽车展览厅时，他们看到的全是与老式汽车一样的模型——还是那些深浅不同的黑色轿车。

这时，艾尔弗雷德·斯隆这位具有传奇色彩的通用汽车公司总裁开始崭露头角。斯隆的天才在于他认识到买车的人并不是都想要同一种车。他抓住了这一发现，说道："通用汽车要生产出各种用途和适合不同收入阶层的轿车。"

斯隆不久招聘了一种新雇员——市场研究人员，让他们研究购买轿车的潜在客户的真正需要是什么。虽然他并不能为每个客户生产出一种特别的车，但他能通过对市场的研究，识别出有相似口味和需求的客户。他指导设计师和工程师设计生产出能满足这些需要的轿车。结果就有了与市场细分相联系的新产品：

Chevrolet 是为那些刚刚能买起车的人生产的；Pontiac 是为那些收入稍高一点的客户生产的；Oldsmobile 是为中产阶级生产的；别克是为那些想要更好的车的人士生产的；凯迪拉克是为那些想显示自己地位的人生产的。

因此，通用汽车不久就开始比福特汽车更畅销了，而市场细分作为公司计划中一种重要的技巧，不仅对汽车，而且对全国乃至全世界的主要工业都发挥了重要的作用。

摘自：《企业战略管理案例》，广西大学商学院

问题：请分析通用汽车成功的秘诀是什么？

五、实训活动

【实训目标】

通过调查问卷的设计、制作及数据收集、整理、统计来识别潜在客户。

【实训要求】

（1）学生自行查找有关调查问卷制作方法等内容，教师可以给出一些资料，供学生使用。

（2）把学生分成几个小组，一般 5～8 人为一组，完成产品（服务）调查问卷的设计、发放、收集、数据分析等。

（3）发放 100 份调查问卷。

【实训内容】

（1）小组自行选定产品（服务），初步分析潜在客户范围。

（2）通过调查问卷收发，统计数据，识别并确定潜在客户。

【考核】

（1）小组提供回收的调查问卷，撰写调查报告，进行 PPT 汇报。

（2）根据每个同学在小组的分工及表现、调查报告和现场 PPT 汇报综合评定成绩。

任务 2　客户类型及心理分析

一、任务目标

知识目标：

（1）掌握客户类型相关知识。

（2）掌握不同类型客户心理分析理论知识。

能力目标：

（1）能够进行客户类型分类与分析，确定客户心理分类。

（2）能够根据不同类型的客户采取有效沟通与销售。

素质目标：

（1）培养学生能够根据客户类型及客户心理分类快速形成有效服务的职业意识。

（2）培养学生良好的心理素质。

二、引导案例

"让一分利给顾客"

　　吉诺·鲍洛奇是美国商界的一位传奇人物。他出身寒微，白手起家，从卖豆芽菜到经营超级食品公司，在 20 年间，就成为具有亿万资产的巨富。鲍洛奇从不使用廉价竞销的方式，他的方法是"厚礼多销"，希望自己的每件产品都能带来最大限度的利润。他认为，对于一个没有多大实力可言的企业来讲，每一笔生意都应当尽可能多地获利，这样才能迅速地增加资本积累，从而扩大生产规模。鲍洛奇非常清楚，优质高档产品所带来的利润是低档产品所无法比拟的。因此，他总在绞尽脑汁地想，如何才能在产品的形象上大做文章。他认为，中等收入的人家，一般都挺讲究面子。他们花起钱来固然心疼，但在虚荣心的支配下，往往要硬着头皮买高档品，竭力把自己装扮成上等人家的样子。因此，每当新产品上市之初，鲍洛奇就会针对这一类消费群体，把产品的价格定得偏高。

　　著名的例子就是"杂碎罐头"。按惯例，这种罐头价格每听不应超过 50 美分。负责经销的经理里万提议将价格定在 47～49 美分，而鲍洛奇却将价格定在 59 美分。里万一听，简直不敢相信自己的耳朵，急忙找到鲍洛奇理论。鲍洛奇却自有他的道理："49 美分的价格在市场上已被用得太滥，顾客早已感到厌烦。顾客会把 50 美分以下的商品视作低级品，一般家庭也都不愿买 50 美分以下的廉价品，以免被人笑话。将价格定在 59 美分，并不显得太贵，又易于被人视作高级品，销路必然会好。"为达到目的，鲍洛奇还掀起了一场大规模的促销活动，口号是"让一分利给顾客"，似乎他的杂碎罐头完全可以卖 60 美分，之所以卖 59 美分，是出于给顾客让一分利的考虑。不出鲍洛奇所料，59 美分的高价非但没在顾客心理上造成任何障碍，反倒诱发了顾客选购的欲望。

摘自：《销售心理学案例分析》，销售心理学

讨论：

（1）鲍洛奇成功的秘诀是什么？

（2）他很好地利用了客户的什么心理？

三、相关知识

（一）客户消费的心理

1. 求利心理

　　这是一种"少花钱多办事"的购买心理，其核心是"廉价"。有求利心理的客户在选购

产品时，往往要对同类产品之间的价格差异进行仔细比较，还喜欢选购打折或处理产品。具有这种购买心理的客户以经济收入较低者为多。当然，也有经济收入较高而勤俭节约的客户，喜欢精打细算，尽量少花钱。有些客户希望从购买的产品中得到较多的利益，对产品的花色、质量很满意，爱不释手，但由于价格较贵，一时下不了购买的决心，便讨价还价。例如，客户总想尽可能让销售人员打折，获取心理的满足感，因此不少销售人员故意将价格提高，然后让客户砍价，让客户觉得占了便宜。

2. 求实心理

求实心理是客户普遍存在的购买心理，他们购买产品时，首先要求产品必须具备实际的使用价值，讲究实用。有这种购买心理的客户在选购产品时，特别重视产品的质量效用，追求朴实大方、经久耐用，而不过分强调产品的新颖、美观、色调、线条、个性特点等。

3. 求新心理

有的客户购买产品注重时髦和奇特，好赶"潮流"。在经济条件较好的城市中，这种客户多见于年轻男女。

4. 求名心理

这是以一种显示自己地位和威望为主要目的的购买心理。他们多选购某知名品牌，以此来炫耀自己。具有这种购买心理的客户，普遍存在于社会的各阶层，认为购买了某知名品牌，不仅提高了生活质量，更是一个人社会地位的体现。

5. 求美心理

爱美之心，人皆有之。有求美心理的客户喜欢追求产品的艺术价值与欣赏价值，以中青年妇女和文艺界人士为主。他们在挑选产品时，特别注重产品本身的造型美、色彩美，注重产品对人体的美化作用，对环境的装饰作用，以便达到艺术欣赏和精神享受的目的。

6. 权威心理

现在不少电视广告、报刊广告都会请名人做代言，其原因就在于人们对权威的推崇，从而导致消费者对权威所介绍产品无理由地选用，达成产品的销售。对于这类客户，如产品有名人代言，销售人员可向客户说出该产品是由哪位名人代言的。

7. 偏好心理

这是一种以满足个人特殊爱好和情趣为目的的购买心理。有偏好购买心理的客户喜欢购买某一类型的产品。例如，有的人爱养花，有的人爱集邮，有的人爱摄影，有的人爱字画，等等。这种偏好性往往同某种专业、知识、生活情趣等有关。因而偏好购买心理也往往比较理智，指向性也比较明确，具有经常性和持续性的特点。

8. 仿效心理

这是一种从众式的购买心理，其核心是"不落后"或"胜过他人"。有这种购买心理的客户对社会风气和周围环境非常敏感，总想跟着潮流走，他们购买某种产品时往往不是由于急切的需要，而是为了赶上他人、超过他人，借以求得心理上的满足。

9. 安全心理

有这种购买心理的客户对将要购买的产品，要求必须能确保安全。尤其像食品、药品、洗涤用品、卫生用品、电器用品和交通工具等，不能出任何问题。因此，他们非常重视食品在不在保鲜期，药品有没有副作用，洗涤用品有没有化学反应，电器用品有没有漏电现象等。在销售人员解说、保证后，这种客户才能放心地购买产品。

10. 自尊心理

有这种购买心理的客户，在购买产品时，既追求产品的使用价值，又追求精神方面的高雅。他们在购买之前，就希望他的购买行为受到销售人员的欢迎和热情友好的推荐。

11. 疑虑心理

这是一种瞻前顾后的购买心理，其核心是怕上当吃亏。这种客户在购买产品时，对产品的质量、性能、功效持怀疑态度，怕不好使用，怕上当受骗。因此，他们会反复向销售人员询问，仔细地检查产品，并非常关心售后服务工作，直到心中的疑虑解除后，才肯掏钱购买。

总之，客户购买任何产品都有一个复杂的心理过程。古人云："攻心为上，攻城为下。心战为上，兵战为下。"这已成为销售人员的心经。如果销售人员对客户的购买心理了如指掌，那么，必能大大提升其销售的成功率。

（二）客户类型

1. 按客户性格特征分类

（1）友善型客户。

特质：性格随和，对自己以外的人和事没有过高的要求，具备理解、宽容、真诚、信任等美德，通常是企业的忠诚客户。

（2）独断型客户。

特质：异常自信，有很强的决断力，感情强烈，不善于理解别人；对自己的任何付出一定要求回报；不能容忍欺骗、被怀疑、慢待、不被尊重等行为；对自己的想法和要求需要被认可，不容易接受意见和建议；通常是投诉较多的客户。

（3）分析型客户。

特质：情感细腻，容易被伤害，有很强的逻辑思维能力；懂道理，也讲道理，对公正的处理和合理的解释可以接受，但不愿意接受任何不公正的待遇；善于运用法律手段保护自己，但从不轻易威胁对方。

（4）自我型客户。

特质：以自我为中心，缺乏同情心，从不习惯站在他人的立场上考虑问题；绝对不能容忍自己的利益受到任何损害；有较强的报复心理；性格敏感多疑；时常"以小人之心度君子之腹"。

2. 按消费者购买行为分类

（1）交际型。

有的客户很喜欢聊天，先和你聊了很久，聊得愉快了就会购买商品，成交了，也成了朋友，或至少熟悉了。

（2）购买型。

有的顾客直接买下你的商品，很快付款，收到商品后也不和你联系，直接给你好评，对你的热情很冷淡。

（3）礼貌型。

有的顾客与客服沟通时很有礼貌。即使需要退换货也会礼貌地与客服沟通。

（4）砍价型。

有的顾客喜欢砍价，无论是否说明"绝不议价"，也乐于砍价。

3. 按客户气质类型分类

（1）多血质。

这种类型的特点是：外向，活泼好动，善于交际；思维敏捷；容易接受新鲜事物；情绪、情感容易产生也容易变化和消失，容易外露；体验不深刻等。

（2）黏液质。

这种类型的特点是：情绪稳定，有耐心，自信心强。

（3）抑郁质。

这种类型的特点是：内向，言行缓慢，优柔寡断。

（4）胆汁质。

这种类型的特点是：反应迅速，情绪有时激烈、冲动，很外向。

（三）客户购买商品或服务的理由

1. 商品给人的整体印象

广告人最懂得从商品的整体印象来满足客户购买产品的动机。"劳力士"手表、"奔驰"汽车虽然是不同的商品，但它们都满足客户象征地位的利益。整体形象的诉求，最能满足需求个性化、生活方式优越及地位显赫的人士的特殊需求。针对这些人，在销售时，不妨从此处着手试探潜在客户最关心的利益点是否在此。

2. 成长欲

成长欲是人类需求的一种，类似于马斯洛所说的自我成长、自我实现的需求。例如，电脑能提升工作效率，想要自我提升的人就要到电脑补习班去进修电脑；想要成为专业的经纪人，就会参加一些管理的研习班。上电脑课、参加研习班的理由就是满足个人成长的需求，这种需求是这些人关心的利益点。

3. 安全、安心

满足个人安全、安心而设计的有形、无形的产品数不胜数。无形的产品如各种保险，有形的产品如防火的建材。安全、安心也是潜在客户选购产品经常会考虑的因素之一。一位销售儿童玩具的销售人员提到，每次有家长带小朋友购买玩具时，由于玩具种类很多，很难取舍，但是只要在关键时机巧妙地告诉家长，某种玩具在设计时如何考虑到玩具的安全性时，家长们几乎都立刻决定购买。

4. 人际关系

人际关系也是一项购买的重要理由。经过朋友、同学、亲戚、师长、上级们的介绍，而迅速完成交易的例子也是不胜枚举的。

5. 便利

便利是带给个人利益的一个重点。例如，汽车自动变速器的便利性是吸引许多女性购车的重要理由，电脑软件设计时的简便性也是客户考虑的重点。便利性是促进许多人购买的关键因素。

6. 系统化

随着电子技术的革新，现在许多企业都不遗余力地进行着工厂自动化、办公室自动化（OA）的发展。这些企业购买电脑、打印机、复印机、传真机等所谓 OA 产品的时候，普遍都以能否构成网络为条件而选择，即因系统化的理由而购买。其他如音响、保安等系统化都是能引起客户关心的利益点。

7. 兴趣、嗜好

你销售的商品若能和客户的兴趣、嗜好结合在一起，抓住客户诉求，就容易促成销售。

8. 价格

价格也是客户选购产品的理由之一。若是你的客户对价格非常重视，你就可向客户推荐在价格上能满足他的商品；否则，你只有找出更多的特殊利益以提升产品的价值，使他认为值得购买。

9. 服务

服务分为售前、售中及售后服务。因服务好这个理由而吸引客户络绎不绝地进出的商店、餐馆、酒吧等比比皆是。售后服务能满足客户安全及安心的需求。因此，服务也是客户关心的利益点之一。

以上九个方面能帮助你及早探测出客户关心的利益点。只有客户接受你销售的利益点，你与客户的沟通才会有交集。

拓展资料

宜家品牌传播中的广告心理分析

成立于 1943 年的宜家，其品牌价值不仅表现在产品的精致，更表现在宜家品牌宣传中对广告心理学的灵活运用，以独具特色的视觉刺激以及情景设置的体验消费，使得消费者对品牌印象深刻。

一、宜家独具特色的品牌宣传

来自瑞典的宜家，始终秉承北欧"简约、清新、自然"的家居设计风格，坚持"为大多数人创造更加美好的日常生活"的企业理念，其简洁、美观且价格合理的产品一直深受广大消费者的青睐。纵观宜家的平面或是 POP 广告，我们会发现，不管是报纸广告（如图 1 所示）、公交车站广告（如图 2 所示）、轨道列车广告（如图 3 所示）还是楼梯广告（如图 4 所示），等等，宜家都以出人意料且独具特色的创意让人眼前一亮，难以忘怀。

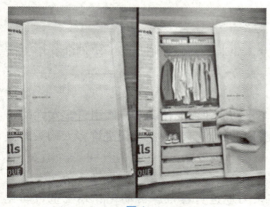

图1   图2

图3

图4

宜家一直坚信"如果能够潜移默化地渗透到消费者的日常生活中去，那么宜家的品牌将会产生更大的影响力"。所以其广告宣传都以独特的方式深入到消费者的日常生活中，让消费者在"震撼"中感受宜家的独特，并在无形中被感染，对品牌产生记忆，留下品牌印象。这种信念，透露出宜家品牌宣传成功最关键的因素，即洞悉、抓住消费者。如何准确抓住目标消费群，宜家的广告宣传首先做到的是抓住消费者的注意力，然后通过情景设置使消费者在参与中留下深刻记忆，随后通过体验消费环境氛围的渲染，使消费者产生想象，诱发购买欲望，进而达到品牌宣传的效果。整个广告宣传过程中，无不透露出宜家对广告心理学的熟悉和恰到好处的运用。

二、宜家品牌宣传中的广告心理分析

作为入围全球最佳品牌榜前100名中唯一的家居品牌，宜家一直以营造温馨的"家"和为消费者创造生活便利来吸引消费者，其品牌宣传策略，即从吸引消费者的注意力到促使消费者对品牌产品留下深刻记忆，再到让消费者从产品中产生完美"家"的无限想象，宜家一步步牵引着消费者"走进"宜家，了解宜家，最后爱上宜家。

宜家在其宣传策略中，首先是通过富有创意的广告形式吸引消费者，如在德国，宜家将一栋楼的所有阳台"改造"成款式各异、形象逼真的"储物柜"，其次通过情景设置，让消费者在体验中感受到宜家品牌的魅力，使产品或品牌在消费者心中留下深刻记忆。如上提到的轨道列车广告（如图3所示），宜家用沙发等家居产品替换列车上的座位，通过特别的车厢设置，使乘客在"短暂的旅途"中感受宜家带给他们的舒适。这种通过情景记忆的方式也是其最常用的宣传方式之一。

除此之外，宜家为增加消费者的品牌印象，其POP广告整体上呈现的是"家"境的设计。"家"境设计的宣传方式，不仅是一种体验消费，也是宜家对消费者情感的一种攻破。触及心灵的才最深刻。宜家抓住了消费者的"恋家"情结，使产品与品牌在消费者心中烙下深刻记忆。

在宜家的广告宣传中，不管是以"更大的储藏点子"为主题的"储物柜"广告，还是以"庆祝节日"为主题设计出的"LOVE""JOY""HOPE"巨型广告牌，宜家一直努力为消费者营造温馨、放松的家的氛围，为他们提供更加舒适的生活环境。这种以"家"为主题的广告宣传，以情感作为出发点，以感性诉求的方式，不断渗透给消费者，从而潜移默化中影响消费者对"家"的眷恋与想象。宜家的广告抓住了"家"这个感性诉求，直接作用

于消费者的需求兴奋点，促使消费者将物的形象与其情感相联系。

从注意到记忆，再到想象，宜家准确把握消费者心理，并将这种洞悉与广告宣传相结合，从而使其在消费者心中留下良好的口碑和品牌形象。

小结

纵观宜家的整体宣传策略，不难发现宜家一直践行着"潜移默化地渗透到消费者的日常生活中去"的理念：以创意新颖的宣传方式吸引消费者注意力，再以情景设置的体验消费深化消费者对产品或品牌的记忆，最后以营造温馨、幸福的"家"境氛围引发消费者对完美之家的想象。宜家在其广告宣传中，牢牢抓住消费者对"家"的情感需求，用感性诉求的方式以情打动消费者，从而使产品与品牌赢得了消费者的好评。

摘自：《宜家品牌传播中的广告心理分析》（人民网）作者：王妍、燕帅

四、案例分析

以下是一家出售皮鞋的客服小王与客户的聊天记录。

客户：你好，在吗？

小王：您好，欢迎光临，请问有什么可以帮到您的吗？

客户：鞋子到底是不是真皮的啊？

小王：是的。

客户：看了好多评论基本还可以，不过有一条评论，人家肯定了不是真皮的。

小王：这个请放心，绝对真皮，正品保证。

客户：有鉴定证书吗？

小王：有的。

客户：如果是假的怎么处理呀？

小王：假的我们包赔的。

客户：那要是我买了你们给立字据，写清楚吗？

小王：……

问题：

（1）请同学们一起讨论，该客户在购物时属于哪种心理？

（2）如果你是小王你将如何处理？

五、实训活动

【实训目标】

选定 1 个商品 1 项服务，通过模拟与客户的对话，对客户类型进行准确判断。

【实训要求】

（1）学生个人完成，学生进一步熟悉目标商品及服务的特征。

（2）根据模拟与客户的对话，对客户心理及客户性格类型进行判断。

（3）掌握客户购买的 11 种心理，根据不同的客户心理有针对性地进行客户服务。

【实训内容】

（1）学生对所选定的商品或服务进行深入了解，对客户购买的 11 种心理及客户类型撰写相应的服务对策。

（2）学生任意选取一个客户心理及客户性格类型撰写其特征、表现及常用语。

（3）模拟环节，随机抽取两个同学组队，一个扮演客户，一个扮演客服。对话结束后，由扮演客服的同学对客户类型及客户购买心理进行判断。

【考核】

根据模拟对话准备情况及对客户类型、心理的判断情况综合评分。

任务3　识别客户需求

一、任务目标

知识目标：

（1）掌握客户需求层次相关知识。

（2）掌握不同客户需求沟通话术理论知识。

能力目标：

（1）能够掌握客户需求层次。

（2）能够针对不同类型客户进行相应引导。

素质目标：

（1）培养学生良好的职业素养。

（2）培养学生勇于奋斗、乐观向上的精神。

（3）培养学生良好的团队协作能力。

二、引导案例

销售部陈经理结算了上个月部门的招待费，发现有 1 000 多元没有用完。按照惯例他会用这笔钱请手下员工吃一顿，于是他走到休息室叫员工小马，通知其他人晚上吃饭。

快到休息室时，陈经理听到休息室里有人在交谈。他从门缝看过去，原来是小马和小李两人在里面。

小李对小马说："陈经理对我们都很关心，我们以后都要好好干。"

小马不屑地说："他就知道批评我。那天我与一个客户在谈一笔业务，那个客户是一位画家，我为了能谈成，就给他报了较低的价，但那位画家没有买我们的产品，反而买了别人比较贵的产品。陈经理批评我不懂得了解客户需求。"

"别不高兴了，"小李说，"走，吃饭去吧。"

陈经理满腹委屈地躲进了自己的办公室。

讨论：

（1）在上述事情上小马有没有错？为什么？

（2）假如你是陈经理，你会怎么做？

三、相关知识

（一）客户需求概述

1. 客户需求的定义

客户需求是指客户的目标、需要、愿望以及期望。

2. 客户需求的多样性

客户的需求往往是多方面的、不确定的，需要去分析和引导。挖掘客户需求是指通过买卖双方的长期沟通，对客户购买产品的欲望、用途、功能、款式等进行逐步发掘，将客户心里模糊的认识以精确的方式描述并展示出来的过程。

可以说，只有了解客户需求，才能做到有的放矢，才能准确地对客户的基本信息做出判断，从而确定客户的需求满足情况和需求满足层次，继而形成对客户需求层次的满足策略。

3. 客户需求的产生

使客户需求产生的因素主要有自然驱动力、功能驱动力、人的自身经验总结、人际交往活动、经营活动等。客户由学习而产生需求，为现代推销学引导、影响、教育与创造需求奠定了理论基础。

4. 客户需求的特点

各个层次的客户都有可识别的人口统计特点。企业可以总结归纳出某一层次的消费者最显著的、不同于其他层次消费者的人口统计特点，用以确切地识别客户，帮助企业了解该类客户的需求特点、行为模式与偏好。

不同层次的客户需要不同档次的服务，愿意为不同服务水平和质量支付不同价格。

不同层次客户对开发相同的服务有不同的反应，对企业的利润率有不同影响。较高层次的客户对新服务的反应更强烈，更有可能增加购买量。

不同驱动因素引起不同层次的客户的购买行为并影响他们的购买量，企业可以通过为不同层次的客户提供差异化的服务组合，刺激客户成为更高层次的客户。

（二）客户需求层次

客户的需求是复杂的，即使在一项单一的销售行为中也是如此。客户的需求分为五个层次，即产品需求、服务需求、体验需求、关系需求、成功需求，如图3-1所示。

下面对客户需求层次进行分析。

1. 产品需求

客户的产品需求与人的生理需求一样，是客户的基本需求，与产品有关，包括产品的性能、质量以及产品的价格。一般情况下，客户都希望以较低的价格购买到高性能、高质量的产品，这是客户最基本的要求。很多客户以产品的质量及

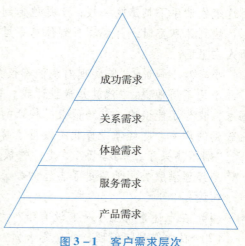

图3-1　客户需求层次

价格作为购买的前提条件。

2. 服务需求

随着产品科技含量和复杂性的增加，产品使用效能和收益的实现不仅取决于良好的产品质量和安装、培训服务，还取决于好的产品应用实施方案，以及及时有效的技术支持。所以，人们在购买产品时除了关注产品、售后服务（包括产品送货上门、安装、调试、培训及维修、退货等）外，还对产品应用实施方案提出了要求（包括精确、及时的技术支持以及优秀的解决方案）。

3. 体验需求

有些客户购买产品时，不愿意被动地接受销售员的广告式宣传，而是希望先对产品做一番"体验"（如试用），对未经"体验"的产品他们会说"不"。即客户已逐渐从单纯被动地采购，转为主动地参与产品的规划、设计，"体验"创意、决策等过程。

与客户互动体验包括很多方面，如一个电话、一封电子邮件、一次技术交流、一次考察等，都是一种体验。体验记忆会长久地保留在客户大脑中。客户愿意为"美好、难得、非我莫属、不可复制、不可转让"的体验付费。

4. 关系需求

客户在购买了满意的产品、享受了舒适的服务、得到了愉快的体验的基础上，若能同时结交朋友、扩大社会关系网，一定会喜出望外。

关系的价值在于获得了他人的信任、尊重、认同，是一种情感上的满足。但关系的建立一般会经历较长时间的接触和交流，需要双方彼此尊重、相互信任、相互关爱、相互理解、相互依赖、信守诺言。如当客户说"我们有固定的供货商"，这说明客户对熟悉的供货商非常信赖，而双方的关系已在这种信赖中建立起来了。同时这意味着该供货商可以把他发展成为忠诚客户。

5. 成功需求

获得成功是每一个客户的目标，是客户的高级需求。客户购买任何产品或服务，都从属于这一需求。销售员不能只看到客户的产品、服务需求，更要识别和把握客户内在的、高层次的需求。

客户购买的目的往往是解决某个问题。谁能帮助客户真正解决问题，谁就能赢得客户。而客户通常并不能清晰地表述自己的问题或需求，因此，在向客户推荐产品或服务前，我们必须确认客户的需求。

拓展资料

客户需求层次的不同表现

A. 对产品的效用要求不高，只要求产品质量高和价格适中即可。比如，客户反复询问产品价格是否存在让步余地，产品质量如何，是否经过质量认证等。

B. 产品售后服务好。比如，客户反复询问免费维修的期限是否可以再延长些。

C. 注重产品体验。比如，客户说"我从来没用过这种产品，我不买"，还有的客户主动询问是否有产品体验中心，要求去体验一下再做决定，这都说明客户非常注重体验。

D. 关注关系网的拓展。有的客户听到电话销售员说起对关系网的拓展有利，就对该产品或服务表现出浓厚的兴趣。比如,"我们这次培训的参加者都是业内知名的企业家,为业内人士的合作提供了很好的机会。"很多企业的负责人愿意参加这类培训,正是看重这项产品和服务有利于打造关系网。

E. 感受成功。很多客户热衷于"砍价",这不一定是他们希望产品价格多么低廉,而是享受"砍价"成功后的感觉。

(三)了解客户需求的途径

1. 利用提问了解客户需求

要了解客户需求,提问是最直接、最简便、最有效的方式。通过提问可以准确有效地了解到客户的真正需求,为客户提供他们所需要的服务。在实践中,主要有以下几种提问方式。

(1)开门见山式问题。单刀直入式的提问能使客户详述你所不知道的情况。例如,"先生,发生了什么情况?"这常常是为客户服务时最先问的问题,提出这个问题可以获得更多的细节。

(2)封闭式问题。封闭式问题只让客户回答"是"或"否",目的是确认某种事实。问这种问题可以更快地发现问题,找出问题的症结所在。例如,"先生,当电脑出现问题时,它是开着的还是关着的?"这个问题让客户回答是"开"还是"关"。如果没有得到答案,还应该继续问一些其他问题,从而确认问题的症结所在。

(3)了解对方身份的问题。在与客户刚开始谈话时,可以问一些了解客户身份的问题,例如客户姓名、电话号码等,目的是获得解决问题所需要的信息。

(4)描述性问题。让客户描述一个情况,或谈谈他的观点,这有助于了解客户的兴趣和问题的症结所在。

(5)澄清性问题。在适当的时候询问客户一些澄清性问题,也可以了解到客户的需求。

(6)有针对性的问题。例如,问客户对所提供的服务是否满意有助于客户再次惠顾。

(7)询问客户的其他要求。与客户交流的最后,你可以问他还需要哪些服务。例如,"先生,还有没有我们能为您做的其他事情?"通过主动询问客户的其他要求,客户会更容易记住你和你的公司。

2. 通过倾听客户谈话了解客户需求

在与客户进行沟通时,必须集中精力,认真倾听客户的谈语,尽量站在对方的角度去思考对方所说的内容,了解对方在想些什么,对方的需求是什么,要尽可能多地了解对方的情况,以便为客户提供满意的服务。

3. 通过观察了解客户需求

要想说服客户,就必须了解他的需求,然后从其需求出发,动之以情,晓之以理。在与客户沟通的过程中,你可以通过观察客户的非语言行为了解他的需求、观点。

总而言之,通过适当地问问题,认真倾听,以及观察他们的非语言行为,可以了解客户的需求和想法,从而更好地为他们服务。

拓展资料

大众汽车：必须更好了解中国客户需求　比如车内卡拉OK

据报道，大众汽车监事会成员、工务委员会主席达妮埃拉·卡瓦洛（Daniela Cavallo）表示，该公司必须做更多工作来了解中国市场，以获得更大的市场份额。2021年，大众未能实现在中国的电动汽车销售目标。

卡瓦洛在一次采访中表示："大众汽车必须在中国采取行动，更好地了解客户的需求，尤其是在软件领域。"

2021年，大众在中国售出了70 625辆ID电动汽车，未达到8万～10万辆的销售目标。

卡瓦洛表示："对于德国司机来说，在中控屏上安装卡拉OK系统可能并不重要，但很多中国客户喜欢这些功能，当大众没有提供这些功能时，他们感到失望。"

2022年1月，美国电动汽车制造商特斯拉专门针对中国用户推出了车载KTV功能，其1 199元的TeslaMic无线话筒也被抢购一空。

摘自《大众汽车：必须更好了解中国客户需求　比如车内卡拉OK》

（新浪财经）作者：王蒙

四、案例分析

一位老太太每天去菜市场买菜、买水果。一天早晨，她提着篮子，来到菜市场。遇到第一个小贩，卖水果的。小贩问："你要不要买一些水果？"老太太说："你有什么水果？"小贩说："我这里有李子、桃子、苹果、香蕉，你要买哪种呢？"老太太说："我正要买李子。"小贩赶忙介绍："我这个李子，又红又甜又大，特好吃。"老太太仔细一看，果然如此。但老太太却摇摇头，没有买，走了。

老太太继续在菜市场转。遇到第二个小贩。这个小贩也像第一个一样，问老太太买什么水果，老太太说买李子。小贩接着问："我这里有很多李子，有大的，有小的，有酸的，有甜的，你要什么样的呢？"老太太说要买酸李子。小贩说："我这堆李子特别酸，你尝尝？"老太太一咬，果然很酸，满口的酸水。老太太受不了了，但越酸越高兴，马上买了一斤李子。

但老太太没有回家，继续在市场转。遇到第三个小贩，同样，小贩问老太太买什么，老太太说买李子。小贩接着问："你买什么李子？"老太太说要买酸李子。但他很好奇，又接着问："别人都买又甜又大的李子，你为什么要买酸李子？"老太太说："我儿媳妇怀孕了，想吃酸的。"小贩马上说："老太太，你对儿媳妇真好！儿媳妇想吃酸的，就说明她想给你生个孙子，所以你要天天给她买酸李子吃，说不定真给你生个大胖小子！"老太太听了很高兴。小贩又问："那你知道不知道这个孕妇最需要什么样的营养？"老太太不懂科学，说："不知道。"小贩说："其实孕妇最需要的是维生素，因为她需要供给这个胎儿维生素。所以光吃酸的还不够，还要多补充维生素。"他接着问："那你知不知道什么水果含维生素最丰富？"老太太还是不知道。小贩说："水果之中，猕猴桃含维生素最丰富，所以你要是经常给儿媳妇买猕猴桃才行！这样的话，确保你儿媳妇生出一个漂亮健康的宝宝。"老太太一听很高兴啊，马上买了一斤猕猴桃。当老太太要离开的时候，小贩说："我天天在这里摆摊，每天进的水果都是最新鲜的，下次来就到我这里来买，还能给你优惠。"从此以后，这个老太太每天在他这里买水果。

问题：（1）三个小贩的不同之处在哪里？

（2）第三个小贩的做法好在哪里？

任务4　售前服务知识准备

一、任务目标

知识目标：

（1）了解售前服务相关知识。

（2）掌握售前服务的相关策略。

能力目标：

（1）能够做好相关售前服务的准备工作。

（2）能够向客户进行要约。

素质目标：

（1）培养学生将售前服务准备妥善的职业素养。

（2）培养学生质量服务的意识。

（3）培养学生遵规守纪、诚实守信的意识。

二、引导案例

下面为销售人员拜访机械制造类客户的场景。

销售人员：刘经理您好，我是××公司的××，上午和您约好的！

刘经理：哦，是你啊，请坐！

销售人员：我这次来您公司的主要目的是向您介绍我公司的3D打印产品。

刘经理：哦，那你们公司的这个产品对我们有什么好处呢？

销售人员：我们查询了贵公司的主营业务，认为我们公司的3D打印产品能很好地为贵公司服务。

刘经理：有什么好处？你介绍一下吧。

销售人员：……，我们的产品是新研发的，具体的性能您看我们的宣传资料吧！

刘经理：好的，我有空看一下吧。谢谢你！

讨论：

（1）请推测本次拜访的结果，并说明原因。

（2）请列举售前服务应该做的准备。

三、相关知识

（一）售前服务相关概念

1. 售前服务的定义

售前服务是企业在客户未接触产品之前所开展的一系列刺激客户购买欲望的服务工作。

2. 售前服务的目的

售前服务的目的是协助客户做好规划和需求分析，使产品能够最大限度地满足用户需要。

3. 售前服务的意义

（1）售前服务是企业经营策略与经营决策之一。

如果没有售前服务，会造成企业市场信息不完全，影响经营决策等。通过售前服务，企业可以了解消费者和竞争对手的情况，设计出符合消费者需求的产品，制定适当的促销策略，刺激消费。

（2）售前服务是决定产品销售与企业效益的最基本因素。

现阶段的市场是买方市场，产品供大于求，消费者有充分的选择余地。企业不能提供高质量的产品，消费者在使用产品时就会麻烦不断，再好的售后服务也不能从根本上解决问题，从而导致人们不会购买该产品。因此，优质的售前服务是产品销售的前提和基础，是提高企业经济效益的关键。

（3）加强售前服务可以扩大产品销路，提高企业的竞争能力。

企业通过开展售前服务，加强与消费者的双向联系，让消费者充分了解产品，为消费者创造购买产品的条件，提升消费者信任度，赢得消费者的支持，从而赢得市场，提高企业的竞争能力。

（二）售前服务客服人员需熟练掌握的内容

1. 商品知识

与客户初次沟通的时候，客户一般最关心产品能给他带来什么利益。所以售前服务客服人员需要了解商品的特点及优势，对客户提出的问题能够迅速回答。

（1）商品的定义。

商品是指能够提供给市场，被人们使用和消费，并能满足人们某种需求的任何东西，包括有形的物品、无形的服务、组织、观念，或它们的组合。

（2）商品的特性。

有形商品特性：指本商品应具有的同类商品最基本的功能外的其他特性，如性能、外观、材质、配件和资质等方面的特点。

无形商品特性：更多地体现在给人的感知和氛围上，如服务性质的商品，一场电影更多地在于电影给人带来的感知上的享受，电影商品的特性体现在它给人的喜怒哀乐等。

2. 销售知识（技巧）

FAB 法则：F 就是 Feature，就是属性；A 就是 Advantage，这里翻译成"作用"；B 就是

Benefit，就是利益。在阐述观点的时候，按这样的顺序来说，对方能够听懂、能够接受。

（1）属性：商品所包含的客观现实，所具有的属性。

（2）作用：产品的优点，能够给客户带来的用处。

（3）益处：给客户带来的利益。

例：美白产品推销。

①使用 FAB 顺序。

我们这款产品是纯天然的——加强肌肤滋润效果，天然美白——您的肤质非常适合。（属性—作用—利益）

②没有用 FAB 顺序。

您的肤质非常适合——纯天然的——加强肌肤滋润效果，天然美白。（一开始直接给客户下定义，让客户觉得你有主观意识，产生抵抗情绪，后面的解释就比较难听进去了）

在导入 FAB 之前，应分析客户需求比重，排序产品的销售重点，然后再展开 FAB。在展开 FAB 时，应简易地说出产品的特点及功能，避免使用艰深的术语，通过引述其优点及客户能接受的一般性利益，以对客户本身有利的优点做总结。在这里，营销人员应记住，客户始终是因你所提供的产品和服务能给他们带来利益，而不是因对你的产品和服务感兴趣而购买。

3. 市场知识

（1）了解市场竞争情况。掌握与产品有关的技术发展，让客户看到公司产品独有的竞争优势。

（2）了解消费意识。消费者对于现有产品接受度较高，对于新生事物往往怀有一种排斥或者观望态度。

（3）了解消费人群。积极寻找潜在客户。

（三）售前服务策略

1. 提供情报，服务决策

提供情报，是售前服务的首要目标。它具有双重性：一方面沟通企业和客户，为企业提供目标市场客户的有关情报，引导企业开发新产品，开拓新市场。另一方面，通过沟通企业和客户，企业可以为目标市场的客户提供有关情报，让客户更好地了解企业的产品或服务，引导其消费。许多企业或企业家正是成功地运用了提供情报的策略，从而使企业做出了准确的经营决策，开拓了新的市场。

2. 突出特点，稳定销售

突出特点，既是售前服务的功能，也是售前服务的有效策略。在同类产品竞争比较激烈的情况下，许多产品只有细微的差别，消费者往往不易察觉。企业通过富有特色的一系列售前服务工作，一方面可以使自己的产品与竞争者的产品区别开来，树立自己产品或劳务的独特形象；另一方面可以使消费者认识到本企业产品带给消费者的特殊利益，吸引更多消费者。这样，企业就能创造经营机会，占领和保持更多的市场。

突出特点常用的一种方法是广告宣传。在广告宣传上要做到互不雷同，表现自己的特色，就要正确地把握和表现产品的不同特点，深入了解并针对消费者的需求心理进行广告策划。公众关系是突出特点的又一种有效方法。企业通过一系列的公关活动，如宣传企业经营宗旨、办社会性赞助活动等，来显示企业某一方面的行为，塑造企业某一方面的特别形象，以求得公众的理解和赞誉，赢得客户。

3. 解答疑问，引发需求

企业想要在激烈竞争中不断开拓新的市场，吸引更多的客户，就要解决客户的后顾之忧。一般的客户在决定购买某一种产品而尚未决定购买某种品牌的产品之前，在很大程度上取决于客户对某种品牌熟悉的程度。因此客户在购买决策之前，就要搜集该品牌产品的性能、结构、技术等情报，甚至要求掌握的操作使用规则或技巧。企业只有满足了客户的这些供其决策之用的情报需要，才能使他们从准客户转化成现实的客户。

（四）售前服务具体准备工作

1. 资料准备

有一个数据显示，客户服务人员在拜访客户时，利用销售工具，可以降低50%的劳动成本，提高10%的成功率。销售工具包括产品说明书、企业宣传资料、合作合同、名片、计算器、笔记本、签字笔、价格表、成功案例等。在任何时候都要做好签单的准备。

2. 态度准备

一个好的销售人员要有一个好的心态，心态准备是售前准备中重要的一环，它包括信心准备、拒绝准备、微笑准备等。

3. 心理准备

事实证明，人员的心理素质是决定成功与否的重要原因之一。突出自己最优越的个性，保持积极乐观的心态，让自己人见人爱。

（五）拜访客户要素

1. 寻找客户

（1）市场调查。根据产品和开发目的，确定调研范围。

（2）筛选客户。牢牢把握80—20法则，选择最合适的客户。

2. 访前准备

（1）客户分析。通过客户档案了解客户的基本情况，如职业、消费习惯、购买记录、使用情况、拜访登记等。

（2）设定拜访目标（SMART）。S—Specific（具体的），M—Measurable（可衡量），A—Achivement（可完成），R—Realistic（现实的），T—Timebond（时间段）。

（3）拜访策略（5W1H）。目标确定以后，就需要确定拜访策略。我们将拜访策略总结为5W1H，即What（干什么）、Who（拜访谁）、Why（为什么）、Where（在哪儿）、When（什么时候）、How（如何拜访）。

（4）资料准备及"selling story"。拜访客户前准备好要给客户呈现的相关资料，并准备一定的"selling story"。这里的"selling story"是指关于企业或说明产品及服务的一系列宣传，也就是说要讲出一系列故事说明该产品或服务如何好，是一种"促销宣传"或"促销造势"的手段。

（5）着装及心理准备。

3. 销售准备

（1）心理准备。

（2）熟悉公司情况，做好全力以赴的准备。

（3）熟悉产品情况，明确目标，做好计划。

（4）了解客户情况，培养高度的进取心。

（5）了解市场情况，培养坚韧不拔的意志。

（6）培养高度的自信心和纪律性。

4. 接触阶段

（1）开场白。开场白应易懂、简洁，有新意，少重复；少说"我"，多说"您""贵公司"。巧妙选择问候语很关键。

（2）接触方式。接触方式主要有开门见山式、赞美式、好奇式、热情式（寒暄）、请求式等。

（3）接触阶段注意事项。

①珍惜最初的 6 秒钟。首次见面一般人 6 秒钟之内会有初步印象，或一见钟情或一见无情。

②目光的应用。了解目光的礼节，注意目光的焦点。

③良好开端。和谐、正面，创造主题，进入需要。

④可能面对的麻烦。避免冗长的说明、沉默场面、负面言辞、目的不明确、时间仓促等问题。

5. 探询阶段

探询是探查询问，向对方提出问题。

（1）探询的目的：收集信息、发现需求、控制拜访、促进参与、改善沟通。

（2）探询问题的种类：

①肯定型问题。限制式提问（YES/NO）：是不是，对不对，好不好，可否。

②公开型问题。开放式提问：5W2H，即 Who（是谁）、What（是什么）、Where（什么地方）、When（什么时候）、Why（什么原因）、How many（多少）、How to（怎么样）。

③疑问型问题。假设式提问：您的意思是……，如果……。

（六）拓展客户的渠道

1. 借助专业人士的帮助开拓客源渠道

刚刚迈入一个新的行业，很多事情你根本无法下手，你需要能够给予你经验的人的帮助，从他们那里获得建议。这对你的价值非常大。多数企业将新手与富有经验的老手组成一组，共同工作，让老手培训新手一段时期。这种企业导师制度在全世界运作良好。通过这种制度，企业老手的知识和经验获得承认，同时有助于培训新手。

当然你还可以委托广告代理企业或者其他企业为你寻找客户，这方面需要企业的支持。代理商多种多样，他们可以提供很多种服务，你要根据你的实力和需要寻求合适的代理商。

2. 利用其他客户关系开拓客源渠道

①你的直接客户。

②你的间接客户。

③直接结交的商家或主顾。

④间接结交的商家或主顾。

我们生活在一个经济社会里，不可避免地会与其他人发生交易关系。这种交易关系在你成为客户经理之前就已经发生了。可能是工作交易，当你从事其他商业活动或者银行业务时，会有一些不同的客户；也可能是生活交易，你作为社会中的一员，因为生活的需要与形形色色的商业机构发生过各种交易，如买菜、购书、添置家电……通过这些活动你成为别人的客户。不管别人是你的客户还是你是别人的客户，这种客户关系一经确立，你就有机会与他们沟通、相识，并进而发展下一步的客户关系。

进入一个行业至少3年的企业应该有完备的客户名单，你要向企业的所有者或经理提出问题：这段时间有多少人进入和离开销售队伍？即使有些销售人员并没有离开，但是现在已经在企业的其他岗位任职，如果有几个这样的人，对他们的客户是怎样处理的？如果他们的客户还没有让别的销售人员来负责，可以要求授权你与他们联系。

3. 阅读报纸寻找客源

寻找潜在客户最有效的工具可能是每天投到你手里的报纸了。学会阅读报纸只需练习几天时间，一旦你开始了，你将惊讶地看到许多有价值的信息。阅读时应注意随手勾画并作记录。

拿来今天的报纸，阅读每条头版新闻，标出对你有一定商业价值的叙述。就如一名优秀的销售人员努力与有关的人员联系，为自己留一份相应的复印件，接着寄出简要的短函："我在新闻中看到您，我在本地做生意，希望与您见面。我认为您可能需要有一份新闻的复印件与朋友和家人共享。"并附上名片。

人们喜欢自己出现在新闻中，而且喜欢把文章的复印件邮给不在本地的亲戚、朋友。通过提供这项小小的服务，你能够得到许多大生意。

4. 查找黄页寻找客源

如果你销售的产品对企业有利，就应该从当地的黄页电话簿开始。愿意投资让自己的企业列入电话簿中，说明他们比较严肃地对待生意。如果你的产品或服务带给他们更多的生意或者让他们更有效，你应该和他们取得联系。如果你希望扩大潜在客户的范围，就应该查找至少800个具有姓名、地址的目录。

5. 网络查找

你还可以在互联网上找到潜在的客户。因互联网上很多的分类项目可以让你在很短的时间内找到有可能成为你的客户的群体。

6. 展示会

展示会是获取潜在客户的重要途径之一，事前你需要安排好专门的人收集客户的资料、客户的兴趣点，以及现场解答客户的问题。即使你的公司没有组织展示会，你的客户群体组织的展示会同样重要，当然你要有办法拿到他们的资料。

7. 其他方式

（1）名片进攻。批量印制名片。名片要体现自己的人生宗旨、个性特点、职业、联系方式等，要有特色，给人留下深刻印象。在与人接触时，先把名片递上，对方自然也会回复一张名片，根据名片与人联系，就会占据主动。作为成功的客户经理，发送名片标志着你的营销活动没有停止，名片的发送量要达到每天10张以上。

（2）调研采访。确定一个主题，以调研者的身份进行采访，可以消除对方的抵触情绪，以零交易的状态进入准客户群。在调研时可以通过主题的选定，深入了解人们的需求，为进一步营销创造条件。

（3）参加公益活动。参加公益活动可以提高自身的形象，给人留下好的印象，为下一步的交往打下良好的基础。同时，公益活动的参与者综合素质较高，通过参与公益活动，客户经理可以结交层次较高的准客户。

（4）组织和参加各类聚会和培训班。经常组织和参加各种家庭聚会、同学聚会、生日聚会、旅游、参观等活动，有目的地参加各类培训班，可以增加与关系人员交流的机会；还可以通过组织丰富多彩的聚会活动，向关系人员展示自己独特的匠心和创新思维，从而加深了解。

拓展资料

学好行业知识对销售及服务的重要性

1. 和客户的交流会更容易

熟悉行业知识以后，客户说的一些行业术语，你都能听明白，这样去和客户沟通客户的需求是很方便的，客户也会更相信你销售的产品和服务能满足他的需求。

2. 丰富的行业知识，能弥补产品功能的不足

可以结合产品的特点，做产品培训及演示，把产品的亮点全部展示出来。而产品功能不足的地方，通过销售的介绍和演示使得这部分功能让客户看起来对他并没有那么重要了。所以说好的行业知识是能够弥补产品功能的不足的。

3. 和行业里的其他供应商合作

深入学习了行业的知识，可以联合其他的供应商一起合作，这样会事半功倍。比如酒店这个行业，对行业知识了解清楚后，可以和其他的供应商像收款机、电子门锁、做床头板的公司一起合作。

4. 建立良好的个人口碑

职场的路会越走越宽，对客户的业务很了解的情况下，客户也很愿意与销售或客服交流。客户一提到某人的时候，客服也说这个人不错，这个人销售很好，因为他很懂我们的业务。这样双方很容易建立起信任。

四、案例分析

2018 年 4 月，李女士的母亲到银行办理存款业务时，银行工作人员小王向她推荐了一款"人寿财富优享两全保险分红型产品"。小王告知李女士母亲该产品是银行自营的理财产品，风险低，收益高，五年还本付息，李女士母亲当即支付 10 万元购买该产品。当得知母亲购买该产品时，李女士怀疑其购买的是保险。随即联系银行工作人员小王，想退款，但该保险 15 天的犹豫期已过，无法进行全额退款，只能等两年后才能进行支取。

经李女士查询，该产品属于银行控股的保险公司，绝对不是银行自营的理财产品。银行工作人员对于产品的描述有问题，属于误导销售，使得其母亲在不了解的情况下购买了该产品。李女士随即向该银行进行投诉。

问题：

（1）业务员小王对产品的描述有何问题？

（2）请推测李女士的投诉是否会成功？

五、实训活动

【实训目标】

通过项目一任务 1 实训活动所选定的商品或服务，对商品或服务进行了解，让学生收集商品知识并向客户进行商品推销，掌握售前服务所需准备的相关知识。

【实训要求】

（1）把学生分成几个小组，一般 5~8 人为一组，学生针对目标商品（服务）制作一份详细的商品推介 PPT，以图文形式展示，并选出 1 名口才好的同学作汇报。

（2）进行商品推广（推销）。

【实训内容】

（1）对项目一任务 1 所选定的商品或服务进行深入了解，做好售前服务准备，制作商品推介 PPT 进行汇报。

（2）模拟售前服务，小组成员试着用 FAB 顺序进行商品的阐述及推销，随机抽取各小组成员模拟商品推销环节。教师点评各组售前服务中出现的问题。

【考核】

根据小组商品推介 PPT 汇报及现场模拟情况综合评价。

客户服务基本技能

任务 1　客户服务语音训练

一、任务目标

知识目标：

（1）了解语音客服的工作内容及知识。

（2）掌握与客户沟通过程中的规范用语。

能力目标：

（1）能够按规范流程完成语音客服工作内容。

（2）能够使用标准普通话、规范用语、标准语调语速与客户进行沟通交流。

素质目标：

（1）培养学生微笑服务的职业素养。

（2）培养学生爱岗敬业，崇德向善的品德。

（3）培养学生良好的身心素质。

二、课堂体验练习

1. 了解语调适中的重要性

①用过高的语调朗读："您好！工号 10086，很高兴为您服务。请问有什么可以帮您？"

②用过低的语调朗读："您好！工号 10086，很高兴为您服务。请问有什么可以帮您？"

③用适中的语调朗读："您好！工号 10086，很高兴为您服务。请问有什么可以帮您？"

想一想：哪种语调听上去舒服一点？

做一做：自己试一试，看哪种语调是最好的。

2. 了解语速适中的重要性

①用过快的语速朗读："首先感谢您一直以来对我们公司的支持。您是我们的老客户，我们为了回馈老客户，特别推出了一个新的活动，即日起开通新套餐，每月额外获得 1G 省内通用流量。我现在向您详细介绍一下我们的活动吧。"

②用过慢的语速朗读："首先感谢您一直以来对我们公司的支持。您是我们的老客户，我们为了回馈老客户，特别推出了一个新的活动，即日起开通新套餐，每月额外获得 1G 省内通用流量。我现在向您详细介绍一下我们的活动吧。"

③用适中的语速朗读："首先感谢您一直以来对我们公司的支持。您是我们的老客户，我们为了回馈老客户，特别推出了一个新的活动，即日起开通新套餐，每月额外获得 1G 省内通用流量。我现在向您详细介绍一下我们的活动吧。"

想一想：哪种语速听上去舒服一点？

做一做：自己试一试，看哪种语速是最好的。

3. 了解微笑的重要性

用一张白纸或一本书把脸遮住，用"微笑""平静""生气"的语调来朗读："先生，不好意思！您刚才说得太快了，我没听清楚。麻烦您再重复一次，好吗？"

想一想：如果你是这个客户，哪句话会令你心甘情愿地重复一次？

做一做：用不同的笑容度去练习某个句子，让你的小伙伴告诉你哪一句听上去是最舒服的，记住这个笑容度。

三、相关知识

（一）优质语音服务的要求

（1）咬字要清晰。发音标准，字正腔圆，没有乡音或杂音。

（2）音量要恰当。说话音量既不能太响，也不能太轻，以客户感知度为准。

（3）音色要甜美。声音要富有磁性和吸引力，让人喜欢听。

（4）语调要柔和。说话时语气语调要柔和，恰当。

（5）语速要适中。应该让客户听清楚你在说什么。

（6）用语要规范。准确使用服务规范用语，"请""谢谢""对不起"不离嘴边。

（7）感情要亲切。态度亲切，多从客户的角度考虑问题，让他感到你是真诚为他服务。

（8）心境要平和。无论客户的态度怎样，客服人员始终要控制好情绪，保持平和的心态。

（二）客服人员的话语特点

（1）语言有逻辑性，层次清楚，表达明白。

（2）突出重点和要点。

（3）真实、准确。

（4）说话文明。

（5）话语因人而异。

（6）调整自己的音量和讲话速度。

（三）客服人员的声音

客服人员的声音应充满温暖，一般应有以下特点。

（1）音量适中。

（2）发音要清晰。

（3）语调抑扬顿挫。

（四）客服人员声音之十忌

（1）忌犹豫。

（2）忌过于温和。

（3）忌声音过高。

（4）忌尾音过低。

（5）忌语调中含有刺耳的成分。

（6）忌咬文嚼字。

（7）忌偶尔的停顿。

（8）忌"连珠炮"。

（9）忌慢条斯理。

（10）忌过多的语气词。

（五）语音训练

研究表明，当人们看不到你时，你的语音、语调变化和表达能力占你说话可信度的85%。

语音训练三要素：呼吸、共鸣和吐字归音。

1. 呼吸

呼吸是发声的基础，一般人根本不会注意，我们常用的是胸式呼吸，发出的声音比较轻飘、窄细。语音训练中科学的呼吸方法应该是胸腹联合呼吸，这种方式吸气量大，增强了呼吸的稳健感，容易产生坚实、浑厚的嗓音，是多种音色变化的基础，适合于长期用嗓者。对话务员来讲，掌握此方法要特别强调坐姿坐态：人坐正，略微挺胸收腹，同时全身肌肉要放松。

吸气要领：吸到肺底—两肋打开—腹壁"站定"。

呼气要领：稳劲—持久—及时补换。

□ 练习一

闻花：远处飘来一股花香，香气四溢，是什么花的味儿呢？你似乎闻到了花的芳香，深深吸进，你会觉得肺的下部及腰部都充满了气息。

□ 练习二

模拟吹灰尘：假如桌面上布满了灰尘，深深吸口气，然后把灰尘均匀地吹净。

□ 练习三

慢吸慢呼的训练：一口气数不完二十四个葫芦四十八块瓢，一个葫芦两块瓢、两个葫芦四块瓢、三个葫芦六块瓢……（注：慢吸慢呼，气吸八成，吐字清楚，不可求快）

□ 练习四

慢吸快呼的训练：吃葡萄不吐葡萄皮儿，不吃葡萄倒吐葡萄皮儿。（注：慢吸快呼，吐字清晰）

2. 共鸣

人的口腔、胸腔等发音器官就像一个音箱，搭配使用得当就能发出具有磁性的嗓音，共鸣训练强调对发音器官的控制练习，以达到理想的音质音色。

□ 练习一：胸腔共鸣练习

暗淡、反叛、散慢、计划、到达、发展。

□ 练习二：口腔共鸣练习

澎湃、碰壁、拍打、喷泉、批判、品牌。

□ 练习三：鼻腔共鸣练习

妈妈、买卖、弥漫、隐瞒、出门、戏迷。

（注：仔细体会发音时胸腔、口腔、鼻腔共鸣的感觉）

3. 吐字归音

吐字归音强调的是对发音动作过程的控制，是一种经过加工的艺术化的发音方法，目的是要做到吐字发音准确清晰。

吐字方法：

双唇：b，p，m。

唇齿：f。

舌尖前：z，c，s。

舌尖中：d，t，l，n。

舌尖后：zh，chi，shi，r。

舌根：g，k，h。

舌面：j，q，x。

□ 练习一

八百标兵奔北坡，北坡炮兵并排跑。

炮兵怕把标兵碰，标兵怕碰炮兵炮。

□ 练习二

老龙恼怒闹老农，老农恼怒闹老龙。

龙怒农恼龙更怒，龙恼农怒龙怕农。

□ 练习三

长扁担，短扁担，

长扁担比短扁担长半扁担，

短扁担比长扁担短半扁担。

长扁担绑在短板凳上，

短扁担绑在长板凳上，

长板凳不能绑比长扁担短半扁担的短扁担，

短板凳也不能绑比短扁担长半扁担的长扁担。

四、实训活动

【实训目标】

通过项目三任务 2 实训活动所选定的商品或服务，模拟与客户的对话，选出"最美"

语音客服。

【实训要求】

（1）把学生分成几个小组，一般 5 ~ 8 人为一组。小组成员依次模拟与客户的对话后，以组为单位评选出一名小组"最美"语音客服。

（2）各小组"最美"语音客服进行现场展示，全班成员投票选出全班"最美"语音客服。

【实训内容】

（1）各组进行自评，推选出小组"最美"语音客服。

（2）现场展示环节，小组"最美"语音客服与客户（学生扮演）进行模拟对话。对话结束后，由班级成员投票，选出全班"最美"语音客服。

【考核】

根据模拟对话语音、语速、表达等综合评分。小组"最美"语音客服及全班"最美"语音客服给予额外加分。

任务 2　设计话术模板

一、任务目标

知识目标：

（1）掌握沟通话术理论知识。

（2）掌握沟通话术设计相关知识。

能力目标：

（1）能够设计及制作话术模板。

（2）能够熟练运用话术模板与客户进行沟通交流。

素质目标：

（1）培养学生爱岗敬业、崇德向善的品德。

（2）培养学生勇于奋斗、乐观向上的工作态度。

二、引导案例

小华在××公司语音客服组已经工作整整一个月了。明明每次都完成了整个流程，解决了客户的问题，但在客户评分中，小华每次都得不到满分。于是，经理摸底质检了小华的电话录音，总结出他常犯的错误：①语言不流畅，口头语多。②业务不熟悉，查询时间长。③推荐产品不匹配。④未按标准话术执行……

根据质检的结果，经理跟小华进行了反馈。对于"语言不流畅，口头语多；业务不熟悉，查询时间长；推荐产品不匹配"这些错误，可以通过经常练习、多熟悉相关产品来解决。但"未按标准话术执行"就必须要学会设计话术模板，并在工作中运用得当才行。

问题：

（1）你认为话术模板是什么？

（2）熟练使用话术模板有何好处？

三、相关知识

（一）话术的定义

话术又称为说话的艺术，客服话术是语音客服工作中的语言规范。

（二）话术模板分析

1. 呼入话术：主要是咨询、投诉

流程包括：礼貌问候、精心聆听、需求判断、技能操作、业务应答、礼貌结束。

2. 呼出话术：主要是营销商品

流程包括：激情问候、主题营销、揣摩判断、刺激需求、信息提炼、结束语。

比起呼入话术，呼出话术比较不受客户的欢迎，因此设计的过程中，一定要简短明了地表达自己的意思，总时长控制在 2 ~ 3 分钟为宜。

四、案例分析

案例 1：呼入话术

语音客服：您好！工号 10086，很高兴为您服务！请问有什么可以帮您？

客户：我明明买了 5 样东西，为什么现在到手的只有 4 样？

语音客服：小姐，您好！请您放心，如果是我们的责任，我们会马上给您补发。请问小姐贵姓？

客户：陈。

语音客服：陈小姐，您好！请问您的订单号是多少？（边询问边作记录）

客户：123456789。

语音客服：陈小姐，根据您的订单显示，您总共购买了 750mL 的海飞丝去屑怡神冰凉薄荷洗发露、维达超韧 130 抽 3 层 6 包家庭特惠装抽纸、舒客红花清火牙膏 120g、滴露健康抑菌洗手液 500g 和金号米菲兔红色纯棉浴巾各一件，对吗？

客户：是的。

语音客服：陈小姐，请问我们仓库给您漏发了什么东西？

客户：纸巾没收到。

语音客服：实在抱歉，陈小姐！可能是仓库的疏忽，给您漏发了。今天内安排仓库给您补发，您看这样可以吗？

客户：行。

语音客服：那我再次跟您核实一下您的地址。请问是寄到广东省深圳市福田区新洲七街宝鸿苑 × 栋 × 05 吗？

客户：是的。

语音客服：请问收件人全名是陈××吗？

客户：嗯。

语音客服：请问联系电话是1369×××966吗？

客户：是的。

语音客服：好的，我马上安排仓库给您补发，请您耐心等候。请问还有其他问题吗？

客户：没有了，谢谢。

语音客服：不用客气！感谢您的来电，再见！

案例2：呼出话术

语音客服：您好！我是现代生活网上超市的客服，工号10086。您是袁×小姐吗？

客户：是的，你有什么事？

语音客服：首先感谢您一直以来对我们现代生活网上超市的支持。您是我们的老客户了，我们将回馈老客户，特别推出了一个买就减的活动。我现在向您介绍一下本次的活动吧。

客户：我现在正忙，改天吧。

语音客服：我不会占用您太多时间，而且这个活动只在本周举行，我想您肯定不愿意错过这次机会。而且这次活动很优惠哦。

客户：那你快点说。

语音客服：我们这次活动是老客户通过电话登记，本周内买满100立减30，不设上限，不限商品，已经打折的商品以原价参加本次活动。

客户：我好像暂时没有东西需要买。

语音客服：此次活动优惠多多，短期内不会再有这种活动了。您可以买些生活用品囤着，以后一样用得着。

客户：好像是哦。

语音客服：我们这次活动是需要电话登记的，不如我先给您登记一下，您有需要的话，这周内都能优惠。

客户：那好吧。

语音客服：请问您的地址是？（开始登记相关资料）

客户：我的地址是……

语音客服：我重复一下您的地址是……请问收件人跟电话就写您本人和现在这个号码吗？

客户：是的。

语音客服：好的，我已经帮您登记了，您有需要的话，本周内上现代生活网上超市购物都能享受买满100立减30的活动。再次感谢您对我们现代生活网上超市的支持，祝您身体健康，生活愉快，再见！

五、实训活动

情景1：客户来电投诉

王栋 4 天前在现代生活网上超市购买了一个 Midea/美的 FD409 智能预约电饭煲 4L，寄往广东省东莞市新风路×栋 2 单元×号（1379××××997），由于台风，现在还没收到货，于是来电投诉。

情景 2：向客户推销产品

商品信息如下：

艾普瑞不锈钢多功能榨汁机，特价促销，多功能榨汁机，可以打果汁、豆浆、奶昔，磨粉、绞肉、搅拌、打冰等。主机是不锈钢材质，搅拌杯为加厚玻璃，完全无味，卫生易清洗，大功率打得更快更细。售后无忧，主机一年保修。机子不带加热功能，渣汁不能分离，榨汁时需要加适当的水一起榨。

玻璃杯功能：搅拌水果、果汁、奶昔、豆浆（黄豆要提前泡好，打好后再另外加热煮开；或者先将黄豆煮熟，然后加温开水一起打。注意水温不能超过 50℃），打好后即可饮用。

干磨杯功能：磨粉，一般的五谷杂粮都可以磨，比如黄豆、绿豆、花生、米、芝麻，另外还有大蒜、姜、辣椒等。

绞肉杯：专门绞肉末。

买一送十二（剥皮器×1、蛋清分离器×1、包饺子器×1、不锈钢过滤网×1、剥橙器×1、百洁布×3、切果器×1、电子挡自制美容面膜大全×1、清洁刷×1、食谱×1）。

售价：150 元（包邮）。

【实训目标】

通过小组话术模板的讨论和制定，让学生熟练制作话术模板。

【实训要求】

（1）把学生分成几个小组，一般 5~8 人为一组。分别挑选情景 1 或情景 2。

（2）经过讨论，制作最终的话术模板。

【实训内容】

小组成员选择相应场景，分析场景特点，讨论、制定话术模板。

【考核】

根据每组话术模板及学生课堂表现来综合评定成绩。

客户服务礼仪

任务1　客户服务与仪表礼仪

一、任务目标

知识目标：

（1）掌握客户服务礼仪理论知识。

（2）掌握客户服务礼仪的重要性与意义。

能力目标：

（1）能够运用客户服务礼仪进行客户接待。

（2）能够熟练运用客户服务礼仪为客户提供服务。

素质目标：

（1）培养学生职业素养。

（2）培养学生树立服务质量的意识。

（3）培养学生良好的身心素质及行为习惯。

（4）培养学生一定的审美和人文素养。

二、引导案例

有一次，林肯总统面试一位新进的人员，后来他并没有录取那位应征者，幕僚问他原因，岂料他竟然说："我不喜欢他的长相！"幕僚非常不服，问道："难道一个人天生长得不好看，也是他的错吗？"林肯回答："一个人四十岁以前的脸是父母决定的，但四十岁以后的脸却是自己决定的，一个人要为自己四十岁以后的长相负责任。"

问题：

（1）林肯总统为什么要这么说？

（2）列举仪容仪表对工作、生活各方面的影响。

三、相关知识

（一）礼仪的含义

礼仪是人们在社会生活中相互交往时的一种行为规范，是个人、组织外在形象与内在素质的集中体现，是用来维护自我形象、对他人表示友好的惯例与形式。

（二）客户服务礼仪的3T原则

礼仪包括仪容仪表、待人接物、礼节等各方面，它贯穿于日常工作及生活交往中的点滴之中，比如打招呼、握手、递名片、入座、打电话，等等。通常所说的客户服务礼仪的3T原则是指：Tact（机智）、Timing（时间的选择）、Tolerance（宽恕）。

1. Tact——机智

"愉快"——在商业行为上是指使人感到愉快之意。在待人接物时尽量欣赏、赞美别人的优点。

"灵敏"——在商业活动中往往会接触到形形色色的人，在谈话、接待及服务时，如果不机灵、不懂察言观色的话，经常会得罪人。

"速度"——守时，及时，这不仅是自己的做事方式，也是尊重别人的态度，是礼貌的表现。

2. Timing——时间的选择

说话不仅要看场合，还要注意选择时机。不同的场合应依据地点、身份的需要，讲恰当的话，做合适的应对。在工作时要少说多听，多听别人说话的内容，以掌握合适的表现时机。孔子曰："侍于君子有三愆：言未及之而言谓之躁，言及之而不言谓之隐，未见颜色而言谓之瞽。"

3. Tolerance——宽恕

指宽恕、包容别人的修养。事实上，礼仪中最难做到的就是这一点。

（三）客户服务礼仪的具体要求

1. 尊重客户

尊重客户，这是对客服最基本的要求。

2. 为他人着想

客户服务是为他人提供服务的行为，因此只有本着帮客户解决问题的想法及态度才能得到客户的尊重。同时这也是服务技巧。从客户的角度来帮客户考虑问题，就容易得到客户的认同，缓解客户的情绪，也就为解决问题做好关键的一步。

3. 相互谅解，具有同理心

客户服务人员接触到的客户多数是对我们的服务有意见或不解的客户，因此要能将心比心，体谅客户的行为，保持耐心和细心。

4. 善于学习，积极向上

客户服务人员经常要跟不同的人打交道，也会碰到不同的问题，因此客户服务人员需要不断学习，总结经验，才能更好地为客户解决各类问题。

（四）仪表礼仪

仪表，即人的外表，包括容貌、举止、姿态、风度等。在政务、商务、事务及社交场合，一个人的仪表不但可以体现他的文化修养，也可以反映他的审美趣味。穿着得体，不仅能赢得他人的信赖，给人留下良好的印象，而且还能够提高与人交往的能力。相反，穿着不当，举止不雅，往往会降低你的身份，损害你的形象。由此可见，仪表是一门艺术，它既要讲究协调、色彩，也要注意场合、身份。

1. 服饰

在美国的一次形象设计调查中，76%的人根据外表判断人，60%的人认为外表和服装反映了一个人的社会地位。在现代社会中，服装是一个人社会地位、经济状况、内在修养及气质的集中体现。人类是视觉动物，客户根据你的衣着风格来决定你的可信度和能力。

①外观整洁。

服务人员着装必须整洁。布满褶皱、出现残破、遍布污渍、沾满脏物或充斥异味，都会使服务对象不愉快，使服务产生障碍。

②讲究文明。

服务人员着装时必须显示出自己文明高雅的气质。服装避免过分裸露、过分透薄、过分瘦小、过分艳丽，以免给人轻薄浮躁的感觉。

③穿着得当。

服务人员不仅要正确选择服装，还必须搞清穿着套装或制服的具体注意事项，按照正确方法着装。

着装的基本礼仪规范是整洁、美观、得体。在不同的场合，服务人员的穿着应有所区别。

职业人员大量的工作时间是在办公室中度过的。办公室工作着装要整齐、稳重、大方。工作人员上班时不能穿短裤、运动服，在办公室不得穿超短裙。

（1）男士着装。

①着装要点。

短发，保持头发清洁整齐；经常整刮胡须；精神饱满，面带微笑；领带紧贴领口，系得美观大方；正确佩戴工作牌；西装平整清洁，大小合身，宽松适度；西装口袋不放物品；领口、袖口无污迹，不卷不挽；短指甲，保持清洁；西裤平整，有裤线；黑色或深色袜子；皮鞋发亮，无灰尘。

男士的着装应注意西装、衬衫、领带、鞋袜的选择和搭配。

西装与其他衣饰的搭配，对于成功地穿着西装是很重要的。因此男士穿着西装时，必须掌握衬衫、领带、鞋袜和公文包与之进行组合搭配的基本常识和技巧。

②衬衫。

与西装搭配的衬衫，应当是正装衬衫。颜色可以选择白色、蓝色、灰色，棕黑色有时亦可加以考虑。

一是衣扣要系上。穿西装的时候，衬衫的所有纽扣都要一一系好。只有在穿西装而不打领带时，才可以解开衬衫的领扣。

二是袖长要适度。穿西装时，衬衫的袖长最好长短适度。最美观的做法，是令衬衫的袖长恰好露出来 1 厘米左右。

三是下摆要放好。穿长袖衬衫时，不论是否穿外衣，均须将其下摆均匀而认真地掖进裤腰之内。

四是大小要合身。除休闲衬衫之外，衬衫既不宜过于短小紧身，也不应当过分地宽松肥大、松松垮垮。选择正装衬衫时，务必要使之大小合身。特别要注意：其衣领与胸围要松紧适度，其下摆不宜过短。

③领带。

领带是男士穿西装时最重要的饰物。在欧美各国，领带与手表和装饰性袖扣并列，称为"成年男子的三大饰品"。蓝色、灰色、棕色、黑色、紫红色等单色领带都是十分理想的选择。

④鞋袜。

穿西装时，男士所穿的鞋子与袜子均应符合统一的要求，与所穿服装配套。

只能选择皮鞋与西装搭配，选择运动鞋、凉鞋、雨鞋等与西装搭配都是不适宜的。

与西装配套的皮鞋，按照惯例应为深色、单色。最适于同西装套装配套的皮鞋，只有黑色一种，棕色等颜色则不太合适。

男士在选择与西装搭配的袜子时，应注意：干净；完整，无破洞、跳丝；成双；合脚，袜子的长度，不应低于自己的踝骨。

（2）女士着装。

①着装要点。

发型文雅庄重，梳理齐整；长发可用发卡等梳好；化淡妆，面带微笑；正规服装，要大方得体；裙子长度适宜；肤色丝袜，无洞；鞋子光亮清洁。

②客户服务人员着装。

女性在进行客户服务场合的着装，以裙装为佳，套裙为首选。

裙装应注意与正在风行时的各种"流行色"特别是过于鲜艳的"流行色"保持一定距离，以体现自己的传统与庄重。一套套裙的全部色彩至多不要超过两种，否则会显得杂乱无章。

③套裙的搭配。

衬衫颜色，除了可以选择白色以外，其他各种色彩，包括流行色在内，只要不是过于鲜艳，同时与所穿套裙颜色不互相排斥，均可用作衬衫的色彩，一般以单色为好。衬衫下摆应掖入裙腰之内，不要任其悬垂于外。除最上端的一粒纽扣按惯例允许不系外，其他纽扣均不得随意解开。衬衫在公共场合一般不宜外穿。

女士所穿的与套裙相配的鞋子，应为皮鞋。所穿的袜子，可以是尼龙丝袜或羊毛袜；袜子不可随意乱穿。不允许将健美裤、九分裤等裤装当成袜子来穿，袜口不可暴露在外。与套裙配套的皮鞋，以黑色最为正统。还可以选择与套裙色彩一致的皮鞋。配套的袜子，可选择肉色、黑色、浅灰、浅棕等几种常规颜色，应为单色。鞋袜应当大小适宜、完好无损。

在穿着套裙时，需要注意以下问题：

a）通常套裙之中的上衣最短可以齐腰，裙子应以窄裙为主，并且裙长应当及膝或过膝，裙子最长可以达到小腿的中部。但是在一般情况下，上衣不宜太短，裙子也不可以过长，上衣的袖长以恰恰盖住着装者的手腕为好。上衣或裙子均不可过于肥大或紧身。

b）协调妆饰。高层次的穿着打扮，讲究的是着装、化妆与佩饰风格统一，相辅相成。就化妆而言，女士在穿套裙时的基本守则是：既不可以不化妆，也不可以化浓妆。

c）在佩戴首饰时，还必须兼顾自己的职业女性这一身份。按照惯例，不允许佩戴与个人身份有关的珠宝首饰，也不允许佩戴造型夸张的耳环、手镯、脚链等首饰。

④注意避免以下问题。

a）裙装，袜筒口露在裙外。

b）穿黑鞋配白色袜子。

c）袜子抽丝、漏洞。

d）穿拖鞋，或当场整理鞋带。

e）浅色衬衣里穿深色内衣。

f）低胸、露脐、无袖上衣，超短裙、紧身装等；

g）扣子不全。

2. 仪容

仪容是指人的相貌、面容。

客服从业人员，一般会与客户有很多接触，因此，必须按照行业的规范，对自己的仪容进行必要的修饰和维护，具体应包括面部修饰、美容化妆、发部修饰和肢体修饰四部分。

（1）面部修饰。

在人际交往的过程中，面部仪容是最容易被他人注意的地方。客户服务人员平时要注意经常修整自己的容貌，注意改善其明显不足之处。同时，还应自觉维护并保持自己经过修整、打扮的容貌状态，自始至终以健康、良好的形象出现在客户的面前。原则是洁净、卫生、自然。

①眉部。

眉部的修饰主要注意以下问题：一是眉形的美观。眉毛应形态正常而优美，无论是过稀还是过浓的眉毛，都应当进行适当的修饰。二是眉部的清洁。在洗脸、化妆和其他可能的情况下，服务人员都要特别留意一下自己的眉部是否清洁。

②眼部。

眼睛是心灵的窗口，眼睛对一个人的仪容起到非常重要的作用。服务人员在进行眼部修饰时，应注意眼部的保洁与防治，要注意眼部卫生，一旦患有传染性眼病，应及时治疗、休息，决不可与服务对象接触；在佩戴眼镜时，应注意眼镜的选择与清洁，经常揩拭眼镜。墨镜只适合在室外活动时佩戴，服务人员在室内工作时佩戴墨镜是不适当的。

③耳部。

耳部的修饰主要是指对耳部的清洁。但一定要注意，清洁耳朵不宜在工作岗位上进行，特别是不能在接待时掏耳朵，这是很不雅观的。

④鼻部。

鼻部修饰要注意保持鼻部的清洁。在鼻部的周围，往往毛孔比较粗大，在清理时，乱挤乱抠容易造成局部感染，因此要认真进行清洗，必要时，还应用专门的"鼻贴"处理；在去除鼻涕时，服务人员应以手帕或纸巾进行辅助，切不可当众以手去擤鼻涕、挖鼻孔。

⑤口部。

口部修饰要注意口部的清洁。如果口腔不够洁净，就会产生异味，并造成蛀牙，因此要认真刷牙。服务人员在工作岗位上，为了防止自己的口中因为饮食方面的原因而产生异味，应暂时避免食用一些气味过于刺鼻的食物，包括葱、蒜、韭菜、腐乳、烈酒及香烟等。服务人员应有意识地呵护自己的嘴唇，注意不使嘴唇开裂。若无特殊的宗教信仰或民族习惯，男性服务人员应定期剃须，切忌胡子拉碴地在工作岗位上出现。

（2）美容化妆。

客户服务人员化妆上岗，有助于体现单位的统一性、纪律性，有助于使其单位形象更为鲜明、更具特色，塑造单位的美好形象。

客户服务人员化妆上岗，也可以向接待对象表示尊重之意。在工作场合化妆与否，不光是个人私事，而是用来判定对接待对象是否尊重的一个尺度。

正确的化妆方法应包括以下几个步骤：

打粉底→画眼线→施眼影→描眉形→上腮红→涂唇彩→喷香水。

服务人员在化妆问题上要注意不要犯以下错误。

①离奇出众。

服务人员在化工作妆中，有意脱离自己的角色定位，专门追求荒诞、怪异、神秘的妆容，或是有意使自己的化妆出格，这样会使人产生不好的印象。

②技法出错。

如果对化妆技法没有基本的了解，在化妆时出错，那么效果反而不如不化妆。

③残妆示人。

当妆容出现残缺后，应适时进行局部的修补。特别是在出汗之后、休息之后、用餐之后，应当及时自察妆容。同时，在补妆时应回避他人。化妆之时，宜选择无人在场的角落，不可当众进行操作。

（3）发部修饰。

发部修饰，是指人们按照自己的工作性质和自身特点，对自己的头发进行清洁、保养、修剪和美化的过程。服务人员在进行发部修饰时，不仅要遵守对于常人的一般性要求，而且还必须遵守本行业、本单位的特殊性要求。

①清洗头发。对头发要进行定期清洗，并且坚持不懈。每周至少应当对自己的头发清洗两三次。如果条件允许，最好是每天都对其进行一次清洗。

②梳理头发。服务人员应保持头发整齐，因此需要经常梳理头发。在出门上班、换装上岗、摘下帽子、下班回家时，都应梳理一下头发。当然，服务人员在梳理自己头发时，还应注意：梳理头发不宜当众进行；梳理头发不宜直接用手，服务人员最好随身携带一把发梳，以便必要时梳理头发之用；断发、头屑不宜随手乱扔，否则是缺乏教养的表现。

③发型。头发的造型，不仅反映着个人的修养和艺术品位，而且还是个人形象的核心组成部分之一。

在服务业，不论是前台服务人员还是客户服务人员，发型仍然有明显的男女之分。对于男性服务人员来说，不可长发披肩，或梳起发辫。男性的发型多为：前发不覆额，侧发不掩耳，后发不触领。对于女性服务人员来说，头发长度可稍长，但长头发应盘起来、束起来或编起来，不可披头散发；为了美观，女性不应该剃光头，否则会显得不伦不类，难以给客户留下好感。

服务行业人员不论选择了哪种发型，在工作岗位上，都不能滥加装饰之物。男士不宜使用任何发饰。女士在有必要使用发卡、发绳、发带或发夹时，应使之朴实无华，其色彩宜为蓝、灰棕、黑，并且不带太多花饰。绝不要在工作岗位上佩戴色彩鲜艳或带有卡通、动物、花卉图案的发饰。

（4）肢体修饰。

①忌披头散发、头屑。

②办公室不戴有色眼镜。

③保持面部整洁，包括鼻、耳、口，不当众整理。

④不发出异响，如打哈欠、吐痰、清嗓、吸鼻、打嗝等不雅的声音。

⑤不当众化妆、不在异性面前化妆，不借他人化妆品。

四、实训活动

【实训目标】

通过客服仪容仪表展示，让学生对自我形象进行管理，打造专业化的客户服务工作人员形象。

【实训要求】

把学生分成几个小组，一般 5~8 人为一组，进行客户服务仪容仪表展示。

【实训内容】

小组成员设计、打造自身形象，拍摄个人及小组客户服务宣传照。

【考核】

根据客户服务宣传照及仪容仪表展示来综合评定成绩。

任务 2　客户服务现场接待礼仪

一、任务目标

知识目标：

（1）熟练掌握客户服务现场服务礼仪理论知识。

（2）熟练掌握客户服务礼仪的重要性与意义。

能力目标：

（1）能够熟练运用客户服务礼仪进行客户接待。

（2）能够现场熟练运用客户服务礼仪为客户提供服务。

素质目标：

（1）培养学生职业素养。

（2）培养学生树立服务质量的意识。

（3）培养学生良好的身心素质及行为习惯。

（4）培养学生一定的审美和人文素养。

二、引导案例

小张毕业参加工作后，从事客户接待工作，他虚心好学，把接待来访的过程认真记在心里。在接待方面，特别注意迎客、待客、送客这三个环节，力求使客户满意。一天，客服中心来了一位客户。刚听到脚步声，小张就赶忙放下手中的工作，说声"您好"，同时起身相迎。客户进屋后，小张并未主动与对方握手，而是热情地招呼对方："请坐，请坐，您有什么事需要我帮忙吗？"小张的热情接待给客户留下了深刻的印象。

讨论： 分析此案例中小张的做法是否符合接待礼仪的要求？

三、相关知识

视频 1　客户服务
礼仪及接待流程

（一）举止礼仪

举止是人际交往过程中的礼仪表现形式，它讲究的是人体动作与表情的礼仪。它是通过人的肢体、器官的动作和面部表情的变化，来表达思想感情的语言符号，也叫人体语言或肢体语言。

优美的举止不是天生就有的。我们既然了解了它，就应当积极主动地参与形体训练，掌握正确的举止姿态，矫正不良习惯。

1. 站姿

站姿是人的一种本能。常言说"站如松"，就是说，站立应像松树那样端正挺拔。站姿是静力造型动作，显现的是静态美。站姿又是训练其他优美体态的基础，是表现不同姿态美的起始点。

（1）规范的站姿。

①头正。两眼平视前方，嘴微闭，收颌梗颈，表情自然，稍带微笑。

②肩平。两肩平正，微微放松，稍向后下沉。

③臂垂。两肩平整，两臂自然下垂，中指对准裤缝。

④躯挺。胸部挺起、腹部往里收，腰部正直，臀部向内向上收紧。

⑤腿并。两腿立直，贴紧，脚跟靠拢，两脚夹角成 60 度。

（2）叉手站姿。

叉手站姿即两手在腹前交叉，右手搭在左手上直立。

这种站姿，男子可以两脚分开，距离不超过 20 厘米。女子可以用小丁字步，即一脚稍微向前，脚跟靠在另一脚内侧。

这种站姿端正中略有自由，郑重中略有放松。在站立中身体重心还可以在两脚间转换，以减轻疲劳。这是一种常用的接待站姿。

（3）背手站姿。

背手站姿即双手在身后交叉，右手贴在左手外面，贴在两臀中间。两脚可分可并。分开时，不超过肩宽，脚尖展开，两脚夹角成 60 度，挺胸立腰，收颌收腹，双目平视。

这种站姿略带威严，易产生距离感，所以常用于门童和保卫人员。如果两脚改为并立，则突出了尊重的意味。

（4）背垂手站姿。

背垂手站姿即一手背在后面，贴在臀部，另一手自然下垂，手自然弯曲，中指对准裤缝，两脚可以并拢也可以分开，也可以成小丁字步。

这种站姿，男士多用，显得大方自然、洒脱。

以上几种站姿密切地联系着岗位工作，在日常生活中适当的运用，会给人们挺拔俊美、庄重大方、舒展优雅、精力充沛的感觉。

2. 走姿

走姿是一种动态美。每个人都是一个流动的造型体，优雅、稳健、敏捷的走姿，会给人以美的感受，产生感染力，反映出积极向上的精神状态。

（1）规范的走姿。

①头正。双目平视，收颌，表情自然平和。

②肩平。两肩平稳，防止上下前后摇摆。双臂前后自然摆动，前后摆幅在 $30° \sim 40°$，两手自然弯曲，在摆动中离开双腿不超过一拳的距离。

③躯挺。上身挺直，收腹立腰，重心稍前倾。

④步位直。两脚尖略开，脚跟先着地，两脚内侧落地，走出的轨迹要在一条直线上。

⑤步幅适当。行走中两脚落地的距离大约为一个脚长，即前脚的脚跟距后脚的脚尖相距一个脚的长度为宜。不过不同的性别，不同的身高，不同的着装，都会有些差异。

⑥步速平稳。行进的速度应当保持均匀、平稳，不要忽快忽慢。在正常情况下，步速应自然舒缓，显得成熟、自信。

行走时要防止八字步，低头驼背；不要摇晃肩膀，双臂大甩手；不要扭腰摆臀，左顾右盼；脚不要擦地面。

（2）变向走姿。

变向走姿是指在行走中，需转身改变方向时，采用合理的方法，体现出规范和优美的步态。

①后退步。

与客人告别时，应当先后退两三步，再转身离去，退步时脚轻擦地面，步幅要小，先转身后转头。

②引导步。

引导步是用于走在前边给宾客带路的步态。引导时要尽可能走在宾客左侧前方，整个身体半转向宾客方向，保持两步的距离，遇到上下楼梯、拐弯、进门时，要伸出左手示意，并提示请客人上楼、进门等。

③前行转身步。

在前行中要拐弯时，要在距所转方向远侧的一脚落地后，立即以该脚掌为轴，转过全身，然后迈出另一脚。即向左拐，要右脚在前时转身，向右拐，要左脚在前时转身。

3. 坐姿端庄

坐是一种静态造型，是非常重要的仪态。在日常工作和生活中，离不开这种举止。对男性而言，更有"坐如钟"一说。端庄优美的坐姿，会给人以文雅、稳重、大方的美感。

（1）女子八种优美坐姿。

①标准式。

轻缓地走到座位前，转身后两脚成小丁字步，左前右后，两膝并拢的同时上身前倾，向下落座。如果穿的是裙装，在落座时要用双手在后边从上往下把裙子拢一下，以防坐出皱折，或因裙子被打折坐住，而使腿部裸露过多。

坐下后，上身挺直，双肩平正，两臂自然弯曲，两手交叉叠放在两腿中部，并靠近小腹。两膝并拢，小腿垂直于地面，两脚保持小丁字步。

②前伸式。

在标准坐姿的基础上，两小腿向前伸出两脚并拢，脚尖不要翘。

③前交叉式。

在前伸式坐姿的基础上，右脚后缩，与左脚交叉，两踝关节重叠，两脚尖着地。

④屈直式。

右脚前伸，左小腿屈回，大腿靠紧，两脚前脚掌着地，并在一条直线上。

⑤后点式。

两小腿后屈，脚尖着地，双膝并拢。

⑥侧点式。

两小腿向左斜出，两膝并拢，右脚跟靠拢左脚内侧，右脚掌着地，左脚尖着地，头和身躯向左斜。注意大腿小腿要成90度，小腿要充分伸直，尽量显示小腿长度。

⑦侧挂式。

在侧点式基础上，左小腿后屈，脚绷直，脚掌内侧着地，右脚提起，用脚面贴住左踝，膝和小腿并拢，上身右转。

⑧重叠式。

重叠式也叫"二郎腿"或"标准式架腿"等。在标准式坐姿的基础上，两腿向前，一条腿提起，腿窝落在另一腿的膝关节上边。要注意上边的腿向里收，贴住另一腿，脚尖向下。

"二郎腿"一般被认为是一种带有不严肃，不庄重的坐姿，尤其是女子不宜采用。不过，注意上边的小腿往回收，脚尖向下这两个要求，这个坐姿也会产生亲近感。

（2）男子六种优美坐姿。

①标准式。

上身正直上挺，双肩正平，两手放在两腿或扶手上，双膝并拢，小腿垂直地落于地面，两脚自然分开成45度。

②前伸式。

在标准式的基础上，两小腿前伸一脚的长度，左脚向前半脚，脚尖不要翘起。

③前交叉式。

小腿前伸，两脚踝部交叉。

④屈直式。

左小腿回屈，前脚掌着地，右脚前伸，双膝并拢。

⑤斜身交叉式。

两小腿交叉向左斜出，上体向右倾，右肘放在扶手上，左手扶把手。

⑥重叠式。

右腿叠在左腿膝上部，右小腿内收、贴向左腿，脚尖自然地向下垂。

（3）不同坐姿的心态。

坐的动作和姿势多种多样。不同的坐姿反映着不同的心理状态，但我们不应当把某种坐姿反映某种心理状态作为固定的模式。坐姿应当从人的生理因素、心理因素、社交因素等多方面出发，做出大致的判断。

4. 蹲姿得体

蹲姿不像站姿、走姿、坐姿那样使用频繁，因而往往被人所忽视。一件东西掉在地上，一般人都会很随便弯下腰，把东西捡起来。但这种姿势会使臀部后撅，上身前倒，显得非常不雅。讲究举止的人，就应当讲究蹲姿。

这里介绍一种优美的蹲姿。左脚在前右脚在后向下蹲去，左小腿垂直于地面，全脚掌着地，大腿靠紧，右脚跟提起，前脚掌着地，左膝高于右膝，臀部向下，上身稍向前倾。以左脚为支撑身体的主要支点。

男子也可以这样做，不过两腿不要靠紧，可以有一定的距离。

5. 手势优雅

手势是人们常用的一种肢体语言，在服务过程中有着重要的作用，它可以加重语气，增强感染力。大方、恰当的手势可以给人以肯定、明确的印象和优美文雅的美感。

（1）规范的手势。

规范的手势应当是手掌自然伸直，掌心向内向上，手指并拢，拇指自然稍稍分开，手腕伸直，使手与小臂成一直线，肘关节自然弯曲，大小臂的弯曲以140°为宜。

在出手势时，要讲究柔美、流畅，做到欲上先下、欲左先右，避免僵硬死板、缺乏韵味，同时配合眼神、表情和其他姿态，使手势更显协调大方。

（2）常用手势。

①横摆式。

在表示"请进""请"时常用横摆式。做法是，五指并拢，手掌自然伸直，手心向上，肘微弯曲，腕低于肘。开始做手势应从腹部之前抬起，以肘为轴轻缓地向一旁摆出，到腰部并与身体正面成45°时停止。头部和上身微向伸出手的一侧倾斜，另一手下垂或背在背后，目视宾客，面带微笑，表现出对宾客的尊重、欢迎。

②前摆式。

如果右手拿着东西或扶着门时，这时要向宾客做向右"请"的手势时，可以用前摆式。五指并拢，手掌伸直，由身体一侧由下向上抬起，以肩关节为轴，手臂稍曲，到腰的高度再由身前右方摆出，摆到距身体15厘米，并不超过躯干的位置时停止。目视来宾，面带笑容。也可双手前摆。

③双臂横摆式。

当来宾较多时，表示"请"可以动作大一些，采用双臂横摆式。两臂从身体两侧向前上方抬起，两肘微曲，向两侧摆出。指向前进方向一侧的臂应抬高一些，伸直一些，另一手稍低一些，曲一些。也可以双臂向一个方面摆出。

④斜摆式。

请客人落座时，手势应摆向座位的地方。手要先从身体的一侧抬起，到高于腰部后，再向下摆去，使大小臂成一斜线。

⑤直臂式。

需要给宾客指方向时，采用直臂式。手指并拢，掌伸直，屈肘从身前抬起，向所指的方向摆去，摆到肩的高度时停止，肘关节基本伸直。注意指引方向，不可用一手指指出，显得不礼貌。

（二）言谈礼仪

1. 称呼

国际惯例：称男性为先生，称未婚女性为小姐，称已婚女性为女士、夫人或太太。

中国特色：同志、大爷、大叔、大妈、大娘、大哥、大姐（内地与北方）。

根据行政职务、技术职称、学位、职业来称呼。如：王总、唐经理、吴局长、李教授、刘工、陈博士、曹律师、龚医生。

称呼随时代而变化。现在大都称先生、小姐。

2. 介绍

（1）介绍自己。

介绍的内容：公司名称、职位、姓名。

（2）介绍他人。

顺序：把职位低者、晚辈、男士、未婚者分别介绍给职位高者、长辈、女士和已婚者。

3. 注意事项

（1）交谈应态度诚恳、亲切。说话本身是用来向人传递思想感情的，所以，说话时的神态、表情都很重要。例如，当你向客人提供服务时，如果嘴上说得十分动听，而表情却是冷冰冰的，那对方一定认为你只是在敷衍而已。所以，说话必须做到态度诚恳和亲切，才能使对方对你产生表里如一的印象。

（2）用语谦逊、文雅。如称呼对方为"您""先生""小姐"等；用"贵姓"代替"你姓什么"，用"不新鲜""有异味"代替"发霉""发臭"。多用敬语、谦语和雅语，能体现出一个人的文化素养以及尊重他人的良好品德。

（3）声音大小要适当，语调应平和沉稳。无论是普通话、外语、方言，咬字要清晰，音量要适度，以对方听清楚为准，切忌大声说话；语调要平稳，尽量不用或少用语气词，使听者感到亲切自然。

（三）服务礼仪

1. 与客户同乘电梯时的礼仪

引导客户乘坐电梯时，服务人员先进入电梯，等客户进入后关闭电梯门，到达时，接待人员按"开"按钮，让客户先走出电梯。

如果只有一个客户，在电梯到达时可以以手压住打开的门，让客户先进，如果人数很多，则应该先进电梯，按住开关，先招呼客户，再让其他的人上电梯。服务人员应站在电梯口处，以便在开关电梯时为客户服务，电梯运行期间应与客户保持一定距离，避免过度挤占客户空间，引起客户不适。电梯到达指定楼层，停稳后应按住开关请客户先出电梯，待客户走出轿厢后，迅速跟上为其指引方向。

其他注意事项：

（1）电梯是公众场合，在遇见不认识的客户时，热情要适度，礼貌地道声"您好"。

（2）出入有人控制的电梯，应后进去后出来，让客户先进先出。

（3）如果是一趟已经非常拥挤的电梯，那么应该与客户共同等待下一趟。

（4）如果不认识的客户先下电梯，应该说一句"慢走"。

2. 楼梯的引导礼仪

引导客户上楼时，应让客户走在前面，服务人员走在后面，若是下楼时，应该由服务人员走在前面，客户在后面。上下楼梯时，应注意客户的安全。

3. 客厅里的引导礼仪

客户走入会客厅（会议室等），服务人员用手指示，请客户坐下；待客户坐下后，服务人员行点头礼后离开。如客户错坐下座，应请客户改坐上座。（一般靠近门的一方为下座）

4. 走廊的引导礼仪

服务人员在客户二三步之前，客户走在内侧。

（四）名片使用礼仪

初次相识，往往要互呈名片。交换名片可在交流前或交流结束、临别之际，可视情况而定。

一般不要伸手向别人讨名片，必须讨名片时应以请求的口气，如"您方便的话，请给我一张名片，以便日后联系"。

（1）初次见到客户，首先要以亲切的态度打招呼，并报上自己的公司名称，然后将名片递给对方，名片夹应放在西装的内袋里，不应从裤子口袋里掏出。

（2）名片的正面应向着对方，自己最好拿名片的下端，让客户易于接受。

（3）如果是事先约好才去的，客户对你有一定了解，或有人介绍，就可以在打招呼后直接面谈，在面谈过程中或临别时，再拿出名片递给对方，以加深印象，并表示保持联络的诚意。

（4）对方递名片时，应该用左手接，同时右手立刻伸出来，两手一起拿着名片。

（5）接过后要点头致谢，不要立即收起来，也不应该随意玩弄和摆放，而是认真地看一遍，以示尊重。

四、实训活动

【实训目标】

通过客户服务情景模拟，让学生掌握现场接待的流程及要领。训练与考核学员的前台接待能力与技巧，在"形象、仪态、表情、招呼、询问、聆听、认同、记录、复述、表述建议、促成、异议化解"等方面符合能力标准，基本符合"亲和力→知人力→表述力→促成力→异议化解力"的沟通程式；这里重点考核"热情的招呼、询问、复述、客房介绍"。

【实训要求】

两人为一组，根据情景进行角色扮演。学员在接待中，展现"形象、仪态、表情，招呼、询问、聆听、认同、记录、复述、表述建议、促成、异议化解"等沟通要素，按沟通程式展开沟通实践。

【实训内容】

根据情景模拟，两名同学分饰不同角色，模拟现场接待。录制视频处理后播放；同学点评；录像分析，师生点评；再一次进行情景实训。

【实训情景】

杭州大华饭店的服务员张小姐在总台值班，此时一位长者走向总台，张小姐应如何接待？

长者的背景：海外华侨，年轻时浙大毕业，有西湖情结。想住在靠窗看西湖、单间、有浴缸、安静的房间，并要酒店代为安排旅游以及购买飞往美国的机票。这些情况张小姐事先不知道。

【考核】

根据模拟展示来综合评定成绩。

任务3　电话服务礼仪

一、任务目标

知识目标：

（1）熟练掌握客户服务电话服务礼仪理论知识。

（2）熟练掌握客户服务电话服务礼仪重要性与意义。

能力目标：

（1）能够熟练运用客服电话服务礼仪进行客户接待。

（2）能够熟练运用客服电话服务礼仪为客户提供服务。

素质目标：

（1）培养学生职业素养。

（2）培养学生树立服务质量的意识。

（3）培养学生良好的身心素质及行为习惯。

（4）培养学生一定的审美和人文素养。

二、引导案例

案例1

客服人员：你是谁？

客户：我找你们王经理。

客服人员：他不在，你待会再打电话过来吧。（挂电话）

案例2

客服人员：您好，××客户服务中心，请问有什么可以帮您的？

客户：你好，我找一下王经理。

客服人员：您好，王经理刚刚离开办公室，请问您有什么事情，我可以帮您转告。

客户：谢谢，我一会再打电话过来。

客服人员：您方便留下您的信息吗？王经理回来，我请他给您回电。

客户：好的，我是××公司经理，我姓张，麻烦你了。

客服人员：好的，我记下了。等王经理回来我告知他。

客户：谢谢你了，再见。

客服人员：再见。

请同学分别扮演两个场景中的两个角色。对比两个场景，请同学谈感受。

三、相关知识

（一）打电话的礼仪

（1）选择适当的时间。避开别人休息的时间。公务电话尽量避免在临近下班的时间拨打。

（2）重要的第一声。

（3）要有良好的心情。

（4）清晰明朗的声音。

（5）不小心切断电话，应主动地立即回拨。

（6）如果对方不在，请留下易于理解的信息。

（7）电话交谈时应注意的内容：少用或不用专业术语，不做夸大不实的介绍，避免涉及隐私问题。杜绝主观性问题，禁用攻击性的语言。

（二）接电话的礼仪

（1）迅速准确地接听。

响完一声接电话。最好不要超过三声。超过四声需要向对方道歉。拿起电话应先自报家门。电话用语应文明、礼貌，态度应热情、谦和、诚恳，语调应平和，音量要适中。

（2）让客户知道你在干什么。

经常性地使用一些提示性的语言，表示正在认真听对方说话。比如"是的""我理解""不错"等。

（3）认真清楚地记录。

电话旁边应准备好备忘录和笔。牢记"5W1H技巧"，即何时、何人、何地、何事、缘由、结果。记录来电的信息一般包含：来电者姓名、公司或机构名称、地址、电话、传真、联系人、公司情况、来电目的、期待的答复、来电时间等各方面有用的信息。在传达一些数字信息时，比如电话号码、日期、时间等，一定要向对方再次进行确认。

（三）电话等待的礼仪

需要对方等候应告知缘由。不确定等候时间，需要一段时间告知对方进展情况。需要转接也应询问并告知对方。

（四）电话转接的礼仪

电话转接时，客户服务人员需要注意以下几点。

（1）向客户解释电话为什么需要转接。

（2）询问客户是否介意电话被转接。

（3）转接电话挂断之前需确定被转接电话处是否有人接听。

（4）被转接电话接听后需告知被转接电话人的姓名。

（5）询问来电者姓名。

（6）询问来电目的。

（7）被转接人接听电话后应感谢客户的等待。

（五）结束电话的礼仪

等对方放下话筒后，再轻轻地放下电话，以示尊重。

四、实训活动

【实训目标】

通过客服电话接待情景模拟，学生熟练掌握电话接待礼仪。

【实训要求】

两人为一组，自行拟定模拟的情景。学员在电话接待中，展现"形象、仪态、表情、招呼、询问、聆听、认同、记录、复述、表述建议"等沟通要素。

【实训内容】

根据情景进行模拟，两名同学分饰不同角色，模拟电话接待。

【考核】

根据模拟展示来综合评定成绩。

客户服务技巧

任务1　客户接待技巧

一、任务目标

知识目标:

(1) 熟练掌握客户接待的理论知识。

(2) 熟练掌握客户接待技巧的重要性与意义。

能力目标:

(1) 能够进行客户接待。

(2) 能够熟练运用接待技巧为客户提供服务。

素质目标:

(1) 培养学生职业素养。

(2) 培养学生爱岗敬业、诚信友善的品德。

(3) 培养学生勇于奋斗、乐观向上的精神。

二、引导案例

课堂讨论:每个零售店,都有自己的口号,比如:"欢迎光临鸿星尔克"等。由于销售商品、品牌等不同,在客户服务时感受是不一样的。请分享你作为客户被接待时的情况以及你的感受。

三、相关知识

服务的质量体现在服务的整个过程中。这个过程是一个服务接触的过程,一般分为四个主要步骤:接待客户、理解客户、满足客户、留住客户。

(一) 接待客户的技巧

客户对于服务的感知,即感觉服务好或不好,很大程度上取决于一开始接待服务的质量。不同的客户，其需求也是不一样的。因此，在接待客户的时候，客户服务人员应该关注他们的不同需求，提供个性化服务。

1. 理解客户对服务的要求

要提供优质的服务，就要了解客户如何评价服务，了解客户对服务的要求。概括起来有五个方面的要求：可靠度、有形度、响应度、同理度、专业度。

2. 克服客户服务中的障碍

在提供优质客户服务的过程中存在着许多障碍，如管理理念、过时的程序等。有些障碍是客户服务人员能控制的，并且通过努力就能克服的，如懒惰、贫乏的沟通技巧、糟糕的时间管理、态度问题、情绪化、缺乏足够的培训、无法应对压力、缺乏控制的权力、自作主张、人员不足等。

3. 分析客户的需求

一般而言，客户需求有以下四种：信息需求、环境需求、情感需求、便利需求。

（1）信息需求。

信息需求的内容主要是有关产品或服务质量、价格、品种等方面的信息，实际上是客户需要使用帮助。比方说你的手机需要维修，这时你的信息需求就是维修人员告诉你手机出了什么毛病，修理需要多长时间，大概会花多少钱，这些是你非常关心的。

（2）环境需求。

作为服务人员，需要考虑客户对环境的要求，为客户提供一个舒适的环境。

（3）情感需求。

这是人的基本需求之一：获得尊重，理解及认同。

（4）便利需求。

这是打动许多人购买的关键因素。

4. 欢迎你的客户

做好了充分的准备以后，服务人员需要欢迎客户。在欢迎技巧中需要做到以下几点。

（1）职业化的第一印象。

（2）个人形象端庄，举止优雅，穿戴得体，处处干净利索、恰到好处。专业的形象更能引起客户的信赖。

（3）微笑、愉快而又有分寸地与客户交流。

5. 提供个性化的服务

服务个性化是针对客户的行为习惯、偏好特点来向客户提供满足其各种个性需求的服务。

（1）运用 CRM 系统进行个性化的需求分析。客户的需求不仅随客户年龄、职业、知识结构等的变化而改变，而且还会随着社会环境的变化而改变，客户会根据社会和自身的发展需要，不断产生新的个性化需求。

（2）掌握不同客户的兴趣、偏好特点。不同的客户的特质是不同的。有的客户对价格情有独钟，有的客户希望自己能获得关注，有的客户则希望客户服务人员能为他提供更多的专业信息。

（3）主动地、有针对地为客户提供个性化服务。

（4）根据不同客户的行为特征，提供相应的信息服务。

不同客户接待需不同技巧。客户服务人员每天要接待各种各样的客户，要想让他们满意而归，关键是采用灵活多样的接待技巧。

6. 接待不同身份、不同爱好的客户

（1）接待新上门的客户要注意礼貌。

（2）对老客户要热情。

（3）对性急的客户要快捷。

（4）对精明的客户要有耐心。

（5）对需要参谋的客户不要推诿。

（6）对有主张的客户不要去打扰他。

7. 接待不同性格的客户

对于不同心理特征的人，要有针对性地采取不同的方法，才能使之心动。

（1）冷淡型。

对待这类客户，客户服务人员一定要热情，无论他们的态度多么令人失望，都不要泄气，要主动地、真诚地和他们打交道。

（2）自高自大型。

自高自大型的人有时故意摆着架子，趾高气扬的。摆架子的目的无非是虚荣心在作怪，要别人承认他的存在和地位。对于这种客户，要顺水推舟、洗耳恭听，然后不失时机地附和几句。对于他提出的意见不要正面冲突，等他讲够了的时候，巧妙地将他变为听众。

（3）沉默型。

沉默型客户金口难开，沉默寡言，性格内向。这类客户往往态度很好，满脸笑容，彬彬有礼，但是不怎么发表自己的意见。客服人员要多观察，找出对方乐意回答的问题，提出对方关心的话题等。和这种人打交道一定要耐心，提出一个问题之后，即使对方不立即回答，客户服务人员也要礼貌地等待，等对方开了口，再说下一个问题。

（4）谨慎型。

谨慎型客户办事谨慎，在决定购买以前，对商品的各个方面都会仔细地询问，等到彻底了解和满意时才下最后的决心。而在他下决心之前，又往往会与亲朋好友商量。对于这样的客户，客户服务人员应该不厌其烦、耐心地解答客户提出的问题。不要高谈阔论，也不能巧舌如簧，而应以忠实见长，直而不曲，话语简单，给人以实在的印象。尽量避免在接触中节外生枝。

（5）博学型。

如果遇到真才实学的人，客户服务人员不妨多与之交流，适时表现自己虚心好学的一面，甚至可以把自己要解决的问题作为一项请求向客户提出，请他指点迷津，把他当作是良师益友，这样就会得到他的支持。

（二）理解客户的技巧

客户服务人员接待客户后，要注意感知客户的需求与期望，以便提供有针对性的服务。

1. 理解期望

每个客户在进入一种已知或未知的环境时，都有一系列的期望。期望在某种程度上依赖于客户的感知。

2. 期望的层次

客户服务人员要意识到客户的期望有不同的层次。期望可以分为首要期望和次要期望。首要期望是客户对购买行为最基本的要求。比如，在餐馆里，我们的首要期望是填饱我们的肚子，让别人去烹饪，然后支付合理的价钱。次要期望是基于以前的经历、比首要期望更高层次的一种期望。以餐馆用餐为例，我们的次要期望是享受好的服务，受到热情的招待，并享用可口的食物。

客户的期望不是一成不变的，且每个客户都有一些自己独特的期望。这就对客户服务提出了挑战。

3. 识别不合理期望

客户期望值首先源于过去的经历，然后还有口碑的传递以及个人的需要。有些期望值通常是很难被满足的，不能满足的个人需求为不合理的期望值。不过有些不合理的期望值在将来也许会变成合理的。

界定期望值是否合理，应该以行业标准来确定。如果整个行业都没有满足客户某种需求的先例，即不是一家企业不能满足，而是整个行业都不可能满足，那么就可以认为客户的这个期望值是不合理的。反之，假如客户的要求仅仅是某家企业不能满足，而别的企业可以满足，就不能认为客户的这个期望值是不合理的。

客户服务人员可以利用沟通技巧或者预测方法，来了解客户期望、区分期望的层次以及界定不合理期望。

4. 找到客户购买的理由

作为客户服务人员，可以从以下几个方面了解客户购买商品的理由。

（1）对商品的整体印象。

（2）成长欲、成功欲。

（3）安全、安心。

（4）人际关系。

（5）系统化。

（6）兴趣、嗜好。

（7）价格。

（8）服务。

探测出客户关心的利益点，只有客户接受你销售的利益点，你与客户的沟通才会有交集。

5. 理解客户的技巧

理解客户的需求与期望是很困难的，客户服务人员要全身心地注意客户在说什么，通过倾听、提问、复述来理解客户的需求与期望。

（1）倾听技巧。

倾听，不但可以帮助客户服务人员了解客户的内心世界、处境情况，而且可以显示其对客户的重视，从而使其对服务产生信赖感。

（2）提问技巧。

客户服务人员通过有针对性地提出一些问题，帮助客户做出相应的判断，这样可以提升理解客户需求的效率。优秀的服务人员可以通过几个问题迅速地找到客户的核心问题在哪里。提问注意开放式问题和封闭式问题相结合。

（3）复述技巧。

复述技巧包括两方面，一方面是复述事实，另一方面是复述情感。这与倾听的内容是相同的，因为复述也就是把所听到的内容重新叙述出来。

复述事实的好处有以下三方面。

①分清责任。服务人员通过复述，向客户进行确认，验证所听到的内容。如果客户没有提出异议，那么一旦出现问题，责任就不在服务人员了。

②起提醒作用。复述事实可以提醒客户是不是漏了什么内容，是不是还有其他问题需要一并解决。有时候客户也不明白自己需要的是什么东西，当你复述完，可以问问客户还有没有什么要补充的。如果客户说没有了，就可以进入解决问题的阶段了。

③体现职业素质。复述事实还可以体现服务人员的职业素养。

对事实的复述不仅体现出服务人员的专业水准，更重要的是让客户感觉受到尊重。

所谓复述情感，就是对于客户的观点不断地给予认同。"您说得有道理。""哦，我理解您的心情。""我知道您很着急。""您说的很对"……所有这些都是情感的复述。在复述技巧当中，以复述情感的技巧最为重要。

总结日常生活、工作中的经验，你就会发现，通过倾听、提问和复述3个技巧能够很快地掌握客户的需求。但是，只有长期锻炼对技巧的运用才有可能达到一定的境界。

（三）满足客户的技巧

了解客户的期望后，就可提供相应的服务了。但是有些期望可以满足，有些期望不能满足，那么客服人员该如何满足或降低客户的期望值，最终与客户达成协议呢？

1. 专业地介绍自己的产品

要使客户购买自己的产品，必须使客户对自己的产品有所了解，这是促成客户购买的前提和关键。所以在客户购买之前，向客户专业化地介绍自己的产品非常重要。

（1）对产品了如指掌并发自内心地喜欢它。

只有对自己的产品非常熟悉，才能在介绍时流利地向客户展示。真心喜欢自己的产品，在讲解时才能让它具有生命力，你的讲解才会更具有说服力和煽动力。

（2）做好产品演示的准备。

在介绍产品之前，自己心里必须要有整个流程的大概演练过程，包括想介绍什么、怎么介绍、以什么顺序介绍、怎样才能给客户留下深刻的印象。只有心里有底，介绍时才能掌控自如，才不会被动。

（3）条理清楚、符合逻辑。

产品介绍的整个过程要有逻辑，条理清楚。操作、使用必须简单易学，能够使客户有兴趣立刻就去操作。简单清晰的介绍，可以让客户感觉易于操作。过于啰唆的介绍，不仅让客户烦，而且会降低客户对产品的兴趣。

（4）有明确的目标。

为了达到让客户购买的目的，必须使客户对产品产生兴趣。所以，产品的介绍要有非常明确的目的性，那就是：使他产生购买欲望。

（5）产品介绍内容烂熟于心。

在介绍的过程中，必须对要介绍的内容非常熟悉，这样介绍起产品才能更生动、准确、更有吸引力。

（6）以客户的兴趣为中心，吸引客户注意。

在产品介绍之前，要对客户想了解什么做基本的分析，这样才能有针对性地介绍产品。产品演示必须能吸引客户的注意力。尽量多演示，少说话。

（7）简单易记。

产品介绍的内容必须让客户记住和理解，否则将难以打动用户。介绍要简明扼要，要有条理。对讲过的事情最好要确认客户是否已经明白并记住。如果可能的话，利用一些能引人注意的辅助资料来充实自己的论证内容。因为大多数的客户都不是专业的，也不太了解企业的产品。通过通俗易懂的比喻、引用，可以更好地让客户了解产品。

（8）调动客户的积极性。

调动客户的积极性是激发客户购买的关键，一个积极性不高的人是不容易采取购买行为的。这就需要在产品介绍时想方设法，从客户的需要出发，调动他的购买积极性。

总之，产品介绍对促成客户购买非常关键。恰当的介绍不仅能使客户更快地掌握产品的性能和使用方法，而且能促使正在犹豫的客户早下决心。但是，如果产品介绍含糊不清或夸大其词，那就会弄巧成拙，收到相反的效果。

2. 提供信息与选择

客户服务人员可以给客户提供更多信息和解决方案，供他选择。就像谈判一样，可以提供一号方案、二号方案，一个不行，还可以用另一个。

（1）客户需要更多的信息和选择。

客户的需求实际上有表面的需求和内在的需求两个层次。比如客户想买一把扇子，他的表面需求是一把扇子，但是从内在需求的角度来看，他实际上是想得到凉爽的风或者说驱散暑气。从前者讲，你只能卖给他一把扇子；而从后者讲，你却可以卖给他电扇或者空调。因此，从内在需求的角度来看，满足客户需求的解决方案可以有很多。

作为客户，人们首先需要得到尊重和认可，不管要求能否满足，客户服务人员只有表现出一种很积极的愿望，给客户一种已经尽力的感觉，才能获得客户的理解。有时候，一些服务人员在这方面没有做好，结果不但不能够给客户一种尽力帮忙的感觉，反而给客户一种误解，就是并非不能办，只是服务人员嫌麻烦。有时，甚至可能惹恼客户。

从这个角度讲，客户需要更多的信息和选择。如果服务人员能有四五套方案供客户选择，就算这四五个方案客户都不喜欢，他也会觉得服务人员已经尽力了，甚至会看在这个人的面子上选择其中的一个方案。

（2）更多信息和选择等于增值服务。

提供更多的信息和选择本身也可以成为一种增值服务。客户不满意，你可以加送一张卡或者其他小物品，他就会有一种得到增值服务的感觉。因为有些客户提出自己的期望值时，他自己非常清楚这个期望值是不现实的，这只是他口头上的期望值，他往往还会在心里给自己设定一个低于口头期望值的底线期望值。服务人员只要能够提供超出甚至等于其底线期望值的服务，客户实际上就会满意了。

比如：一件衣服卖180元，你的心理承受价位是100元，但是你可能会问："80元卖不卖？"而你也知道80元这个期望值不一定能实现，只是想试一下，看看行不行。但是价格你提出来了，服务人员无法满足你，就要降低你的期望值，提供另外一个方案："100 块钱你要吗？"这时你可能勉强能接受。"我再送你一个胸针。"这时你会更易于接受。这就是增值服务。但是如果服务人员所给予的和客户的期望值相差太远，就像谈判一样，势必要破裂的。

因此说，提供更多信息和选择在某些时候就等于提供了增值服务，其前提是客户已经认识到他的期望值本身是不够合理的。

3. 设定客户期望值

（1）设定期望值的目的。

设定客户期望值意味着你要告诉你的客户，哪些是他可以得到的，哪些是不可以得到的。在实际工作中，很多时候服务人员会非常明确地告诉客户，他的问题是否能够按照他提出的期望值解决。那么设定客户期望值的目的是什么呢？由于客户往往抱着比较高的期望值，使服务人员很难完全满足，那么服务人员就要把客户的期望值明确一下，适当降低客户的期望值。而最终的目的是能够与客户达成协议，这种协议应该是建立在双赢的基础上的。在服务工作中，特别是对于客户的期望值的管理和设定的问题上，需要用到一些谈判的技巧。

（2）谈判有四种模式：赢—赢、赢—输、输—赢和输—输。

现在的商务谈判都提倡用赢—赢模式，即双赢的谈判。双赢的谈判是在双方的让步之下达成的，即在讨价还价的过程中达成双方都可以接受的协议。但是有的时候通过讨价还价也很难达成协议，除非你早就准备好了不同的方案使对方有接受的可能。如果你要坚决维持原来的价格而不给予客户任何补偿，这时要想达成协议就会变得很难。因此，服务技巧并不是万能的，不能够解决所有的问题。在实际工作中你会发现，有时候你所设定的期望值和客户的期望值相差太远，就算你有各种技巧，恐怕对方也不会接受，因为你无法满足他最基本的期望值。

（3）降低期望值的方法。

当你无法满足一个客户的期望值时，可以考虑去降低客户的期望值，从而达成协议。要想降低客户的期望值，首先需要通过提问的方式了解客户的期望值。其次，对客户的期望值进行有效的排序。客户对一次服务或者某一个产品都会有不同的期望值，作为服务人员，这时，你需要帮忙客户分析研究哪一个期望值对他来说是最重要的。

4. 超越客户期望的技巧

要想超越客户的期望，可以尝试以下这些方法。

（1）熟悉你的客户。要清楚谁是你的客户以及他们购买的理由，还要了解他们的好恶。

（2）询问客户的期望。识别他们从你处购买的好处，以及他们希望你能做些什么而现在还没有做到的事情。

（3）让客户知道他们能得到什么，即对客户做出承诺。

（4）满足他们的期望，即兑现你的诺言。

（5）保持一致性。不要向客户承诺你做不到的事情，既然承诺了，就一定要做到。客户希望每次的购买体验都是令人愉快的。

超越客户期望的一个关键，就在于记住客户的期望是不断变化的，可能不久前还是高于客户期望的行为突然与竞争对手所做的没有任何区别了。如果我们不能跟上竞争对手的步伐，就有可能无法满足客户现在的期望。

5. 拒绝客户的技巧

当客户提出了过分的要求或者你满足不了客户所要求的服务时，应该予以拒绝。

（1）用肯定的口气拒绝。

在肯定对方观点和意见的基础上，拒绝对方，例如，"好主意，不过恐怕我们一时还不能实行。"用肯定的态度表示拒绝，可以避免陷入与客户讨价还价的拉锯战。

（2）用恭维的口气拒绝。

拒绝的最好做法是先恭维对方。例如，当客户喜欢你的商品又想压价的时候，你可以婉转地对他说："您真有眼光，这是地道的××货，由于进价太高，我很遗憾不能给你让价。"这样就不会让对方觉得不快。

（3）用商量的口气拒绝。

如果有人邀请你聚餐，而你偏偏有事缠身无法接受邀请，你可以这样说："太对不起了，我今天实在太忙了，改天行吗？""不好意思，今天确实没空，改天我请你好吗？""不好意思，确实没办法，要不……"用商量的口气，提出一个备选方案。

（4）用同情的口气拒绝。

有些人会用暗示或唉声叹气来寻求你的帮助。这时你若想拒绝，就不要主动引出话题，只要表示同情即可。

（5）用委婉的口气拒绝。

拒绝客户，有时候不要太直接，最好采用委婉的语气，给对方一个心理准备，避免因为拒绝而引起对方的强烈反应。

6. 捕捉客户成交的信号

在介绍产品、服务的过程中，客户服务人员可以一直采用试探性问题使自己处于有利地位，从而使交易的达成顺理成章，成为一件有计划、有步骤的事，引导客户做出成交的决定。

客户服务人员在与客户初步接触时，除了寒暄问候、进行自我介绍外，还应该在恰当的时机对产品、服务的特质、优点进行介绍和宣传，并不断通过提问了解客户当时的状态：他（她）有没有听到你的介绍，他（她）目前最关心的是什么？价格？产品的技术？产品外观？售后还是品牌？这时，客户服务人员触及的是客户的购买清单，而之后所做出的所有陈述，也是与之紧密相关的。试探性问题可以看作是客户服务人员用来传递购买的信号，客户对这些问题的肯定可以看成是打算成交的信号。客户服务人员必须在第一时间抓住这些信号，并督促或帮助客户完成购买。客户服务人员可以采用封闭式的问题来试探客户，让客户从 A 或 B 中选择一个成交的答案，例如，"您是想通过银行划账，还是想付现金？"让客户沿着你的思路往下想。常见的反映客户同意成交的信号有：①对方有积极反应。眼睛不再东张西望，眯着眼睛或是眨眼的次数减少，进一步提出各种更详细的问题，想了解更多相关信息，以便为是否购买做出判断。②开始认真讲价。说明在客户心中"买"与"不买"已经开始较量。发出抱怨，而且抱怨的是产品、服务与他本人紧密相关的部分。俗话说"嫌货人才是买货人"，真正有购买欲望的人才愿意和你多说话，嫌货只是为了增加买方的议价筹码。

当他与第三者商议时，要马上笼络第三者。交易进行到这一步，要静观其变，而不要继续进行游说等工作。同时，你要表现出自己的风度，让客户感觉自己的购买行为是"安全的""对的"。

7. 达成协议的技巧

在满足客户期望值的技巧中，另外一个技巧就是最终达成协议的技巧。

（1）帮助客户做决定。

因为做决定意味着选择及放弃，所以很多客户在做决定时显得有点犹豫，害怕做决定，尤其害怕做出错误的决定。优秀的客户服务人员要善于为客户做正确的决定，要具体分析客户的实际情况。站在客户的角度为客户做决定。帮客户所做的决定一定要对客户是有利的，要么是为客户省钱，要么是为客户创造利润，要么是为客户带来健康或欢乐。帮客户做决定的秘诀是：站在比较客观的角度为客户分析利弊。

（2）向客户提供保证或是做出承诺。

要清楚客户购买之后的心理或情绪方面的担心，最好的方式就是向客户提供保证。公司必须做的事就是承担自己和客户之间可能的所有风险。如何做到不让客户遭遇任何风险呢？

①如果客户不满意你的服务和产品，你要让客户有额外的补偿。

②如客户要求退费，完全可以，并且给予客户以精神和时间上的赔偿。

③保证产品本身的无风险性。

④告诉客户，即使客户会遇到一些风险都会由公司承担。

一位猫眼石珠宝商，就提供了一个很贴心的保证：任何一个向她购买宝石的人，不管将宝石带到何处，包括给其他一些朋友，如果他们不满意，甚至中途改变主意，没问题，只要在一年之内，她都会将客户的钱悉数退还。而在全国的珠宝商中，从来没有人敢提出这样的诉求，结果她赢得了更多的市场。

有一名知名的糖果制造商，他的糖果棒包装纸上印有"保证满意"的字样，如果你不满意，只要将此五毛钱的糖果棒未吃完的部分及一张解释你为何不满意的卡片寄还，你就可以得到退款。而该公司还会代以另外一支不一样的糖果棒送给你。如果你还是不满意，他们会再送一支，直到你明确表示不需要为止。

还有一家生产美容化妆品的公司给客户的承诺是："如果您使用我们的产品，90天内没有看起来更年轻、更亮丽，皮肤更光滑、更有弹性，我们无条件退款。如果您在使用我们产品90天内，对产品表示不满意，我们就不配拿您的钱，您有权利要求我们在任何您指定的时间内，不问任何问题，将您的钱百分之百退还。您也不需要觉得有任何不对。"

这样一个大胆的承诺是需要足够的品质保证的。事实上，这家美容化妆品公司生产的产品品质是一流的，他们在此之前做过充分的试验，证明产品的效果确实非常棒。如果你的产品或服务是好的，客户的反应也会跟着变好。你的保证越长，你所能制造的特别期望值越高，就会有越多人来买。但是你的保证必须是真诚的，全心全意并毫无漏洞。否则一个有漏洞或不真诚的保证，比没有保证造成的伤害更大。

（3）达成协议。

客户服务人员要迅速帮助客户达成购买协议，但有时候达成协议并不意味着是最终方案。假如客户的要求超出了你的能力或权力的范围，就只能与客户达成一项暂时的协议。比如，客户说："不行，你一定要打折，不打折我就不走了。"这时候你发现这是在你的能力范围内无法解决的问题，你可以向客户表示："我很愿意帮助你，但是我的权力有限。您这个问题比较复杂，我已经把您的意见详细记录下来了，我会把您的要求反映给我们的经理，由他来处理，这两天我们会给您一个答复，您看好吗？"如果客户同意，那这次服务就结束了。

达成协议的方法是什么呢？首先，你需要尽量提出能够让客户接受的建议。如果客户同意就好了，如果不同意就把这个问题搁置起来，但是最终的目的还是要获得客户的承诺，使他同意按照双方商定的办法去进行。

（4）结束服务。

客户服务工作的结尾和开始一样重要。一个失败的结尾可能会导致更多的产品、服务的售后问题，也可能导致退货、换货等负面影响的产生。

调查表明，几乎所有客户在和服务人员结束交往的时候，都有着同样的需求：受关注、受尊重。如果在服务结束时，服务人员能够问一问客户的感受，觉得满意不满意，并征求一下他的意见，客户会觉得受到尊重；有的客户则希望在服务即将结束时，服务人员能够向客户本人表示感谢，因为客户给你的企业带来了利润；客户还可能希望提供服务的企业或服务人员能给他优惠卡、贵宾卡之类的小礼物，建立良好的关系，以期待下次再来享受你的优质服务；在结束服务离开以后，客户还可能希望你能打个电话问问产品使用情况，听一听他的意见，以保持联系并建立长久的服务关系。所以客户服务人员需要很好地结束服务。

（四）留住客户的技巧

1. 加强与客户沟通，定期回访

加强与客户的有效沟通。沟通好了，自然客户想什么我们都比较清楚，但沟通必须是有效沟通，无效的沟通只能招来客户的反感，其结果不言而喻。只有与客户进行无障碍的交流，我们对客户的问题及需求才会有更好的把握，才能让服务更贴心到位。主动与客户联系，定期回访，掌握客户最新动态。

2. 关注客户利益

客户的关切点或者说是利益点，就是你的关切点。初次合作时，客户可能出于某种原因认同你，但随着市场或其他外界因素的变化，认同感可能有所降低。比如你有新的竞争产品、客户有了新的需求点，等等。

3. 与客户成为真正的伙伴

伙伴是高于利益的共同体，与客户有共同的利益，让客户参与到公司文化建设、生产制造、新产品试用等方面来。

4. 不要给客户过高的承诺

客户满意是建立在客户期望之上的。期望值的大小决定了满意度的高低，而且它们之间是呈反比例关系的，期望值越小则越容易满意。

5. 提供超值服务

超值服务对客户而言意味着厂家让利，可以提高客户的满足感。许多企业的发展长盛不衰，很大程度上便是得益于此。

6. 培养客户的忠诚度

培养老客户的忠诚，所需的费用远远低于开发新客户所花费的成本。虚心向客户请教，从老客户向企业反馈的意见中，可以发现客户对每项产品喜爱的程度以及产品不受欢迎的原因，进而可以帮助企业改进服务策略，甚至帮助企业寻求产品改善之方。

7. 树立切实可行的服务目标

一个客户因为某一个问题离开了，不能让其他的客户因为同样的问题而再次离开。当第一个客户离开的时候，就应该警觉起来，不能让悲剧再次重演。制定一个切实可行的服务目标不失为一种良策。尽量使目标量化，越具体越好，并在自己能力控制的范围之内。要使目标被公司的每一个员工所熟知，也要褒奖表现出色的员工，树立典范。

8. 服务瑕疵，有效更正

你是否因为关键部件或设备交货太迟而遭到客户的抱怨甚至导致客户恼羞成怒？其实这种情况是大家都不愿看到的，但如果服务一旦出了问题，就要实施有效的更正策略。道歉、承认错误必不可少，感同身受地去为客户着想，迅速解决问题，设法补偿，这样及时补救的策略会让客户心理平衡一些，最重要的是使客户的经济损失最小化。

拓展资料

某日，某五星级酒店有几位客人在客房里吃西瓜，桌面上、地毯上吐的到处是瓜子。一位客房服务员看到这个情况，就连忙拿了两个盘子，走过去对客人说："真对不起，不知道您几位在吃西瓜，我早应该送两个盘子过来。"

说着就去收拾桌面上和地毯上的瓜子。客人见这位服务员不仅没有指责他们，还这样热情周到地为他们提供服务，都觉得很不好意思，连忙作自我批评："真是对不起，给你添麻烦了！我们自己来收拾吧。"

最后，这位服务员对客人说："请各位不要客气，有什么事，尽管找我！"这位服务员就不是用训斥的方式，而是用"为客人提供服务的方式"教育了客人。

四、案例分析

一位女士推门进来，客户经理小张笑着迎了上去，问道："您好，您准备买车吗？让我给您介绍。"这位女顾客显然是被小张热情的问候感染了，忙说："刚好走过，看到有个店就进来随便看看。"

"没关系，咱们坐下谈吧。"小张顺便指着旁边的贵宾席，做了个邀请动作。女顾客坐下后，小王通过谈话的方式巧妙地开始客户调查。很快他就知道女客户的大致信息：女客户是外省人，在贵阳做生意，拿了驾照一段时间了，看好了本田的一辆车。今天正好在路边看到红旗的4S店，所以走进来看看。

了解到这类情况后，小张心里就有了数，他很快制定了自己的销售策略：第一，让女顾客放弃先前选择的品牌购买自己所销售的品牌；第二，让女顾客马上买车。

策略形成后，小张就开始了攻关，他对女顾客说："您看中的那款车的确不错，操控性能很好。但您的驾照刚拿了1个月，驾驶这样的车不一定合适。对于像我这样驾车已经多年的人来讲，开这样的操控性良好的车可能会体验到驾驶的快感，因为它的设计在欧洲是跑车标准的。但对于一个新手，驾驶的第一要点是舒适、安全，这一点上，我们的车可能更好一些。而且我们是国产民族品牌，支持国货是非常有意义的事情。"

看到女顾客有些动摇，小张马上邀请她试乘试驾。当时的驾驶路线是树木参天的花溪大道，道路两旁全是国旗和庆祝中国共产党成立100周年的标语。在车上，小张一边解释驾车的要点，让女顾客体验，一边指着窗外的风景，大谈国家繁荣昌盛离不开每个中国人的奋斗和努力，红旗也将为中国汽车领跑品牌努力。女顾客深受感染，说："就选这台车了！"回到展厅，女顾客马上决定买车。小张热情的接待，让她又推荐了不少人前来买车。

问题：

请根据本案例，总结客户接待的要点。

五、实训活动

【实训目标】

学生自行选定商品或服务，利用所学的接待技巧对目标客户进行商品推销及服务。

【实训要求】

学生两人一组，模拟客户和销售人员，模拟现场商品推销及服务。

【实训内容】

模拟现场接待推销服务，通过接待技巧的使用，让客户购买推介的商品并体验优质的客户接待服务。

【考核】

根据现场模拟情况综合评价。

任务2　客户拜访与接待技巧

一、任务目标

知识目标：

（1）掌握客户拜访与接待的理论知识。

（2）掌握客户拜访与接待对于企业的重要性及意义。

能力目标：

（1）能够熟练运用相关技巧对客户进行电话拜访。

（2）能够运用相关技巧对客户进行电话接待。

素质目标：

（1）培养学生职业素养。

（2）培养学生树立服务质量的意识。

（3）培养学生爱岗敬业、热爱劳动的品德。

二、引导案例

有一次，某公司销售冠军分享他的成功经验，他并没有说太多冠冕堂皇的话，只是说了他每次面对"销售"这件事的态度。在他上班的第一天，当他拿起电话听筒要给客户打电话的时候，他的经理和他有这样的一段谈话。

经理说："马上就要给客户打电话了，心里紧张吗？害怕吗？"

他说："紧张，也很害怕！"

经理说："你给客户打电话会有两种情况发生：一是你找到了负责人；一是你找不到负责人。找到了负责人，说明你很幸运。如果没找到负责人，那也很正常，因为对方可能工作很忙，就像咱们公司的领导一样，不可能守着电话等着你的来电。如果找到负责人的话还有两种情况：一是你与他进行了沟通交流；一是他没听你说几句就把电话挂了。如果你们进行了沟通交流的话，说明你很幸运。如果他挂你的电话，那也很正常，因为可能他正在开会或者讨论重要的事情。与他交流沟通又分为两种情况：一是你们谈得很愉快；一是你们谈得不是很好。如果你与对方谈得很好，说明你很幸运。如果你们之间谈得不顺利，那也很正常，因为不是每一个客户都愿意去尝试新产品、新事物。沟通顺利也分为两种情况：一是电话沟通后他愿意你去拜访他，跟他当面谈；一是谈得很愉快，可是他说最近很忙没时间见你。如果能够与他面谈，说明你很幸运。如果对方不愿意与你见面的话，那也很正常，因为可能他真的要出差或者需要去思考一下。与客户面谈也分为两种情况：一是谈成了签单；一是没有谈成。如果你谈成了签单的话，说明你很幸运。如果你没谈成的话，那也很正常，因为客户不一定马上就会做决定，我们需要更多努力。"

讨论：你对经理对销售冠军说的话有何感悟？

三、相关知识

（一）把握客户心理

潜在客户有两种：第一种是该客户实际上是企业现有的用户，但目前不是新产品的销售对象；第二种是数据库中还没有购买企业产品的客户。对于这两种不同的客户显然又有不同的应对方法。对于第一种情况，客户和企业之间有着较多的了解，存在着一定的信任程度，因此，做好客户的分析，有的放矢，往往就可以使这个客户成为新产品的客户。对于第二种情况，就要展开所有必要的营销手段，使他最终成为企业的客户。81%的成功销售人员认为："掌握了用户的心理，就掌握了整个交易。"因此，在向潜在客户推销产品的时候，掌握他们的心理十分关键。如何掌握客户的心理？

通过试探性的问题，逐步了解客户对推荐产品的印象和感觉，从而了解客户对该产品的需求程度和购买欲望，进而通过恰当手段向客户营销产品。

（1）调动客户的好奇心。

大多数客户具有好奇的心理，在向客户介绍某个产品的时候，可以采用欲擒故纵的手法：先介绍甲产品性能如何先进，但告知该客户没有使用的必要，故而着力介绍乙产品，并在介绍过程中隐含说明其与甲产品的性能差距，最终促使客户决定购买甲产品。

（2）尽量使客户精力集中。

在与客户沟通的时候，由于客户对销售人员存在着固有的戒心，在开发新客户的过程中，往往由此而造成销售失败，因此，在与新客户交流的时候，要使对方忘掉你是推销人员，以市场专家和应用专家的身份与对方交流，这样才能达到理想的效果。

（二）争取客户的信赖

沟通无处不在，无时不有，特别是对于与人打交道的客户服务人员而言，沟通有时是比技能更为重要的能力。你可能会为你所掌握的专业知识与操作技能而感到自豪，但是，你的业绩并不完全取决于你的技术专长，还在于你的人际交往与沟通能力。你必须成为一名技能型的沟通者，不但能将专业知识融会贯通，更重要的是会运用恰当的语言和行为，与客户进行有效的沟通，唯此才能更好地胜任工作。

1. 选择适当的时机

沟通一定要选好恰当的时机，这样才有助于洽谈的顺利进行，因为良好的开端是成功的一半。根据谈话对象的偏好选择合适的时间、地点，营造良好的气氛，就会让沟通的整个过程显得顺畅而自然。如果客户是属于内向、严谨型的，最好选择一个比较安静的、没有旁人的场合，采取一对一的会谈方式；如果客户属于外向开朗型，他会比较乐意与你交谈，那么在谈话的场合、时间的选择上会相对宽松。此外，怎样开始谈话，也应视客户的不同个性而定，可以直奔主题，也可以先聊一聊家常，在气氛显得轻松一点以后再开始正式的交谈。在向客户提供咨询时，要创造一种彼此信任、和谐的气氛。有效的咨询不仅能解答客户的疑问和解除他们的后顾之忧，而且会加深与客户之间的感情，使工作的开展更为有效。

2. 语言的运用

大部分沟通都是通过语言来进行的。生动、简洁、富有感染力的语言，会给谈话者留下良好的印象。但是对于语言的把握并非一件十分容易的事，需要长期的磨炼与体会，才能不断进步。在沟通中语言的使用有以下几个方面需要注意。

（1）简洁明了，切忌复杂化。以简洁明了的方式传递信息，并为客户所了解，才能使沟通有效，万万不可使你传递的信息过分复杂。

（2）注意说话的语气。你在谈话中使用的语气是你情绪的直接流露。任何急躁、不安或缺乏自信的语气都会对沟通产生负面的影响；反之，平和、亲切又充满自信的语气会让人不自觉地产生安全感与信赖感。

（3）肯定客户的观点。一次成功的沟通，并不意味着你与客户达成绝对的一致，但你必须学会在交流中肯定客户的某些观点。

（4）不要轻易承诺。对于客户服务人员而言，最糟糕的莫过于在客户面前失去信任，究其根源往往是你的承诺经常无法兑现。只承诺而不以行动兑现你的承诺，还不如不承诺，因为这样反而会使客户对你更加不信任。

（5）避免争论。许多服务性行业都将"永远不要与客户产生冲突"作为经典的信条。的确，即使你在与客户的争论中占据完全的优势，但是争论本身带给客户的不快以及给谈话制造的不愉快气氛会让你得不偿失。因为你的目的是争取客户，而争论是不会给予客户良好的印象的。所以，即使你的想法和观点与客户有所不同，或者在某个问题上一时难以与客达成一致，可以用比较委婉的方式向客户表达你的看法，或是从侧面向他说明你的理由，切记不要冲动地与客户产生争执。

（6）学会感激。我们在日常生活中会发现许多人羞于表达自己的感谢，而学会致谢对于沟通而言是很有必要的。礼貌的致谢不仅会融洽你与谈话者的气氛，同时也显示了你良好的修养。尤其应该注意的是，即使客户没有与你达成协议，你也应同样真诚地向他表示感谢。比如，感谢他接听你的电话或是抽出时间与你见面，感谢他听取你的介绍，甚至感谢他让你意识到工作中的不足。这样做会为你们以后的谈话打下良好的基础，也会提升客户的自我肯定度，让他觉得自己很有价值，从而乐意与你再次沟通。

3. 有效反馈

在与客户的交流过程中进行恰当的反馈，往往有助于沟通。沟通的目的是获得信息，知道客户在想什么、要做什么。通过反馈的内容可以获得有价值的信息，同时也可以从客户回答的方式、态度、情绪等其他方面分析客户的反应。研究客户的反馈，不仅可以及时了解客户是否得到并正确接收了公司发出的信息，而且可以及时发现工作中的问题或失误，以及客户的需求变动趋势，以此作为改进服务的有利依据。

（1）电话。掌握打电话的技巧是十分重要的，你的口气和态度，都会对客户产生影响。

（2）信函。对于不同的客户，要采取不同的写信风格，并根据收信人的受教育程度和职业，选择其易于接受的恰当的语言。

（3）演示。演示是一种比较通用的商务形式。由于演示基本上是一种单向交流，所以整个过程要尽可能地引起客户的注意与兴趣，不仅要运用口头语言，还要借助于肢体语言以期达到良好的效果。

（4）互联网络。互联网作为发展最为迅速的通信手段，已经在很大程度上改变了传统的联络方式，特别是对于比较年轻的客户，许多人已经将互联网作为最常用的联系方式之一。互联网的优点是快捷、便利，而且成本很低，所以，它不失为一种比较理想的沟通媒介。可以利用电子邮件与客户建立比较频繁的联系，比如定期的新产品介绍、专业的交流，甚至只是一封简单的问候邮件，都会让客户感到你对他的重视。

（三）电话接待或访问客户

1. 电话接近客户的步骤

打电话前的工作很重要，但是更重要的是电话中与客户沟通的技巧。一般在通过电话试图获取与客户的面谈机会时，要遵循如图 6－1 所示的三个步骤。

图 6－1　电话接近客户的通话过程

（1）说明身份。

以最快的速度说明自己的身份，让客户了解你的姓名、所属的公司，以及能提供的产品或服务。

（2）说明目的及约请面谈。

在说明目的时，一定要明确地讲明两个要点：

①要向客户明确你已充分地了解了客户现在的需求，你有能力满足客户的需求。

②要向客户提出面谈要求，最好主动地提出面谈的时间，这种方式既省时省力，同时又可以避免无用的信息。

（3）克服异议。

打电话时，往往会遇到客户说马上要开会，不方便继续通话的说法，对于客户的此类异议，最好的处理是要求客户给自己一两分钟的时间或要求提问两个问题，在绝大多数情况下，客户都会满足这样的请求。设法提起客户的兴趣，在遇到客户拒绝时，切忌绝望地马上挂掉电话。

电话结束时，如果客户已经接受了你的建议，那么接下来就是与客户达成协议！达成协议是指与客户就下一步双方的行动达成一致意见。达成协议的结果可能是客户下订单，也可能是客户让你三天后再打电话给他，也可能是客户想同你的外部销售代表见面再谈谈。无论哪一种结果，请再回过头去看看你的电话目标，衡量你这个电话的成效，就在于你是否在这个电话结束时达成了你来电的目标。

2. 电话沟通时的注意要点

在电话沟通时，要注意两点：①注意语气变化，态度真诚；②言语要富有条理性，不可语无伦次、前后反复，让对方产生反感或觉得啰唆。

3. 电话获取面谈机会时的失败点

在利用电话获取面谈机会时，目的明确、语言简练准确是十分重要的原则。以下两点往往会导致拜访的失败。

（1）讨论商业细节。商业细节应在与客户面谈时讨论，要避免在电话中与客户讨论细节问题。如果客户提出了比如产品报价之类的细节问题，必须回答的，也要尽量简练。

（2）向关键人物询问琐碎的信息。向关键人物询问琐碎信息往往容易引起对方的反感，导致拜访失败。例如，需要向对方邮寄一些资料时，向关键负责人问一些地址、电话等琐碎信息。如果确实需要此类信息，可以通过其他的方式得到，例如通过客户的前台。

获得与客户面谈的机会是取得客户订单的关键。首先通过打电话与客户建立联系，进而获得面谈的机会是很重要的。在打电话之前，充足的准备工作必不可少。准备工作要达到对客户尽可能详细的了解，了解客户的基本情况、需求，以及负责客户需求和采购的关键人物。

4. 接待客户来电时的注意事项

（1）了解对方身份及来电意图。

（2）企业领导私人号码不能随意透露。

（3）留言等情况及时转告。

四、案例分析

销售：您好，请问××主任在吗？

客服人员：不好意思，他现在在开会，无法接听您电话。

销售：您好。我是××公司的销售代表李莉。

客服人员：您有什么事情找主任呢？方便留言吗？

销售：我想介绍一下我们公司××牌电脑，你可以告诉我主任的电话吗？

客服人员：不好意思，主任私人电话不方便给，你的留言我会告知主任的。

销售：那我可以预约星期三上午 10 点拜访主任吗？

客服人员：不好意思，主任周三要出差，不在单位。

销售：好的，那我一会儿再打过来吧。

客服人员：好的。

问题： 请你按照以上电话接待场景总结通话步骤。

五、实训活动

【实训目标】

通过客户服务情景模拟，让学生掌握电话接待的流程及要领。考核综合沟通能力，考核文字、声音、肢体语言的有效组合运用。

【实训要求】

两人为一组，根据情景进行角色扮演。学生在电话接待中，展现"形象、仪态、表情，招呼、询问、聆听、认同、记录、复述、表述建议、促成、异议化解"等沟通要素，按沟通程式展开沟通实践。

【实训内容】

根据实训情景，学生分饰不同角色，模拟电话接待。

【实训情景】

贵阳苏菲亚大酒店的服务员李小姐在总台值班，李小姐应如何接待？

客人询问"在周末，是否有可举办 1 000 人会议的报告厅，并且须有良好的音响与摄录设备，提供 2 晚住宿、一日三餐，人均费用不超过 120 元"；酒店的实际情况是"有一间大会议厅容纳 600 座，4 个中等会议厅分别可容纳 400 座，若干小型会议室，可以同步播放视频，有摄录设备，现在处于淡季"。

【考核】

根据模拟展示来综合评定成绩。

任务3 客户沟通技巧

一、任务目标

知识目标：

（1）了解客户沟通的含义。

（2）了解沟通的心理过程及沟通的重要性。

能力目标：

（1）能够熟练运用沟通技巧与客户沟通。

（2）能够通过沟通，了解客户心理活动。

素质目标：

（1）培养学生职业素养。

（2）培养学生树立服务质量的意识。

（3）培养学生团队合作精神。

二、引导案例

在纽约市的一家百货公司里，有一位身材娇小的女士正在那里销售自己公司的香水。这位女士不是一位普通的推销员，而是一家化妆品公司的拥有者，她的化妆品公司名叫 La Prairie，她的名字就是米亚·墨菲。

当时百货公司里有各种品牌的香水，其中不乏一些世界知名品牌，但是几乎所有来到 La Prairie 公司柜台前的客户都能从米亚·墨菲制造的热烈气氛中产生一种感觉，那就是整个百货公司只有 La Prairie 香水，甚至全世界只有 La Prairie。因为，米亚·墨菲以及该公司销售人员的热情几乎让客户们没有心思去考虑其他任何品牌的香水。当时，米亚·墨菲的身旁围了一大群人，在整栋大楼的任何一个角落几乎都可以听到 La Prairie 公司的声音，最终利润也源源不断地流进了 La Prairie 公司。

后来，当米亚·墨菲要为米亚·墨菲公司筹措资金时，一位亿万富翁很快就为她提供了全部所需的资金，而这令米亚·墨菲本人都深感惊讶。亿万富翁的回答则迅速使米亚·墨菲由惊讶变为欣慰，并且坚定了她成功的信心。亿万富翁是这样说的："事实上我不是在投资你的公司，而是在投资你这个人。我曾经在一家百货公司见到过你推销 La Prairie 香水的情景，那情景令我至今印象深刻。我看到你将全部热情投入到了你的产品上，而且你的热情对周围的所有人都产生了一种强烈的感染力。这就是我为什么要投资于你的原因。"

讨论：米亚·墨菲成功的秘诀在哪？

三、相关知识

（一）沟通的含义

沟通是一种信息的双向甚至多向的交流，即将信息传送给对方，并期望对方做出相应反应的过程。一般而言，沟通是指人们传递信息、思想和情感的过程。对于这个概念，有两点需要把握：第一，定义中"传递"一词是广义的，其方式可以是口头的，也可以是书面的，还可以通过电子化方式进行；其内容可以是对有关人物或事件的描述，也可以是态度或情感的交流；其目的可以是传达信息或取得对方对某物或某事的看法等。第二，沟通的完整含义不仅指信息被传送出去，而且指信息所包含的意义被接收方正确地接收和理解。

因此，沟通实质上是一种理解的交换。然而，良好的沟通有时被理解为意见一致。其实，意见一致与理解正确并不是一回事，沟通双方能否达成一致协议，别人是否接受自己的观点，并不由沟通良好与否这一因素决定，它还涉及双方的根本利益是否一致、价值观念是否相同等其他关键因素。

在工作中，我们将 50%～80% 的时间用在了沟通上，我们开会、会见、拜访、谈判、面谈、打电话，发传真、信函、通知、文件，批评、表扬……都是在沟通。因此，可以说，作为出色的客户服务人员，沟通是其重要技能之一。

沟通的形式通常包括语言沟通和非语言沟通两种。语言沟通比较容易理解，如面对面的交谈、通过电话进行交谈、互通电子邮件或信函、一点对多点的简报或工作报告以及通过图片、计算机图表、公司标识、徽章等传递信息；非语言沟通则表现形式较多，如表情、座次、办公室大小、车位、等候时间长短等。

（二）与客户沟通的准备

充分的准备工作会给客户带来良好的印象，形成良好的首轮效应，达到或者提升预计的沟通效果。

1. 资料
资料的准备主要分为客户资料的准备和公司资料的收集，具体包括以下几方面。

（1）客户的基本资料，如客户的姓名、客户所从事的行业、客户使用了本公司的什么产品等。

（2）企业新产品介绍。

（3）行业发展状况，以及可能需要询问客户的其他问题。

2. 环境
在与客户沟通之前，需要选择合适的接洽场所。如果见面，就要布置见面的场所，整理自己的装束。如果通过电话进行沟通，则需要选择安静的、不容易被别人打扰的环境，不要因为客观因素影响沟通过程。

3. 态度
无论你的心情如何，在你即将同客户沟通时，都需要保持良好的精神面貌。要随时保持"我能行"的心态，面对问题不要给自己找任何理由逃避。

（三）与客户沟通的心理过程

（1）注意。在与客户的沟通过程中，要观察对方是否"心不在焉"。如果是这样，沟通就是在白白浪费时间。

（2）理解。如果客户根本不了解所传递信息的真实含义，那么沟通效果就会很差。

（3）接受。客户虽然已经听懂，但也可能不赞同这种主张或见解。为此，要注意不要简单地仅叙述这种见解本身，而是要说服对方接受这种见解。

（4）行动。沟通的目的不仅在于说服对方接受自己的见解，更重要的是要将这种接受转化为行动，如此才能达到沟通的最终目的。

（四）与客户沟通的方式

1. 口头沟通
口头沟通是一种直接简单的沟通方式，它是指信息发送者通过说话的方式将信息传递出去，而信息接收者通过听觉接收信息后做出反馈的过程。口头沟通的优点是亲切，可以用表情、语调增加沟通效果，可以马上获得对方的反应，具有双向沟通的好处。但是，口头沟通也受语言种类不同、沟通双方自身条件不同等因素的制约，从而影响沟通效果。

2. 书面沟通

书面沟通是利用文字进行的沟通，例如备忘录、合同、协议、通告等。书面沟通的优点是具有权威性、正确性，不会在传达过程中被歪曲，可长期保留。书面沟通有时可以起到比口头沟通更好的效果。比如，有时沟通者觉得面对面没有办法进行沟通时，就可采用书面沟通的方式。书面沟通的不足之处在于文字冗长，不易随客观情况的变化作及时修改。

3. 非语言沟通

非语言沟通是指除语言沟通以外的各种人际沟通方式，它包括形体语言、表情语言等。非语言沟通涉及人们面对面沟通中的诸多方面，有时候人们有意识地运用非语言沟通技巧，而有时候却是一种无意识的行为。有关研究表明，在人们的实际沟通过程中，非语言信息量占人们所接收的总信息的60%以上。显然，非语言沟通所包含的信息远远超出语言所提供的信息，正所谓"无声胜有声"。

4. 电子媒介沟通

电子媒介沟通是指通过电子设备（如 E – mail、Internet）进行的沟通。其优势主要有：人际关系交往层面得到空前扩大，沟通的地理距离基本消除，心理压力的疏导途径发生了改变，联络成本更加经济等。但是，电子媒介沟通也存在明显的不足。比如，通过电子媒介不能传递或获得相关的提示信息，因此会抑制人们情感内容的沟通；同时，由于电子媒介沟通的非人际性和不能面对面进行，可能会导致人际情感的隔阂和疏远。

（五）针对不同类型客户的沟通策略

俗话说"量体裁衣"，所以对于不同类型的客户应该给他们"定做不同的衣服"，即采用不同的方法进行沟通。所以，在进行客户沟通前应该有一个较为准确的判断，即企业应该在了解各类客户个性特征的基础上，对具体的客户"对症下药"。

1. 冷淡傲慢型客户

此类客户比较不通情理，高傲孤僻，不重感情，不重视别人，主观性强，顽固且心胸狭窄，好猜疑，不相信别人，自以为是。对待冷淡傲慢型客户，服务人员在与其沟通时应该先很礼貌地以低姿态方式介绍自己，以博取对方好感，如仍遭受对方刻薄、恶劣态度拒绝时，则可采用激将法来试一试，但言辞不能太过激烈，以免刺激对方，引起冲突。

2. 刚强型客户

对待该类客户应不卑不亢、规规矩矩，坦诚、细心地向客户介绍产品并与之洽谈，如此才有可能取得良好的沟通效果。

3. 犹豫不决型客户

此类客户多数判断力差，没有主见，优柔寡断，胆小怯懦，性情善变，易受人左右。对待犹豫不决型客户，服务人员应先获得对方信赖，进而把握时机以坚定态度协助客户做出最佳抉择。在与犹豫不决型客户沟通时，服务人员的自信心显得更为重要，沟通者一定不要受客户的影响，要始终对自己的产品充满信心，最好用一些专业数据、专业评论来说服他们。在价格上最好不要做出让步，否则会使他们对产品产生怀疑，从而使你的努力付之东流。对于这类型的客户来说，服务人员端庄严肃的外表与谨慎的态度会增强他们的信任度。

4. 内向型客户

内向型客户生活比较封闭，对外界事物表现冷淡，和陌生人保持一定距离，对自己的小天地之中的变化异常敏感，对待服务人员的反应不是很强烈。内向型客户由于对产品过于挑剔，对服务人员的态度、言行、举止异常敏感，所以在与之沟通时最好不要过分热情，对他们应投其所好，这样容易得到他们的认可，否则会难以接近。一般来说，这类型客户比较重视第一印象，因此服务人员最好在第一次与他们沟通时就能给他们留下一个好的印象。

5. 虚荣型客户

这种客户在与人交往时喜欢表现自己、突出自己，不喜欢听别人劝说，且嫉妒心较重。对待虚荣型客户，应尽量引出他们熟悉并且感兴趣的话题，为他们提供发表意见的机会，而且不要轻易反驳或打断其谈话。

6. 自夸自大型客户

此类客户喜欢自我吹嘘，炫耀自己的财富、才能和成就，凡事均要发表意见，高谈阔论，自以为了不起。对待自夸自大型客户，最好的沟通方法就是先当他们的忠实听众，给予喝彩，附和道好，表现出诚恳、羡慕及钦佩，并提出一些问题请对方指教，让其尽情畅谈，以满足其表现欲。

7. 好斗型客户

这种客户好胜、顽固，同时对事物的判断比较专横，喜欢将自己的想法强加于别人，征服欲强。他们有事必躬亲的习惯，尤其喜欢在细节上与人争个明白。对待好斗型客户，业务人员要做好让步和丢面子的心理准备，不要与其争论，准备好足够的数据资料来"压制"他的气势，此外还要防止这类客户提出额外的要求。

8. 讨价还价型客户

这种客户多半精打细算，爱贪小便宜，小气短视，且不知足，但精明能干。对待讨价还价型客户，应先用一些小礼物等吸引他们。在价格上应先提高一些，让他们有讨价还价的余地，同时不要轻易松口，让他们讨价还价的本领发挥到极致时再做出让步。

（六）接近客户的技巧

"接近客户的30秒，决定了销售的成败"，这是成功销售人共同的体验，那么接近客户到底是什么意思呢？在专业销售技巧上，接近客户为"由接触潜在客户，到切入主题的阶段"。

1. 明确主题

每次接近客户都有不同的主题。例如，如果是想和未曾谋面的准客户约时间见面，那么可以选用电话约见的方法；如果想约客户参观展示，可以采用书信的方法；如果想向客户介绍某种新产品，那么直接拜访客户就比较适合。

2. 选择接近客户的方式

接近客户有三种方式：电话、直接拜访、信函。

主题与选择接近客户的方式有很大的关联。例如，你的主题是约客户见面，电话是很好的接近客户的工具，但要注意最好不要将主题扩散到销售产品的特性或产品的价格上，因为若销售的产品比较复杂，则不适合以电话方式切入该主题。

3. 使用恰当的接近话语

在专业销售技巧中，初次面对客户时的对话称为接近话语。接近话语的内容如下。

（1）称呼对方。叫出对方的姓名及职称，每个人都喜欢自己的名字从别人的口中说出。

（2）自我介绍。清晰地说出自己的名字和企业名称。

（3）感谢对方的接见。诚恳地感谢对方能抽出时间接见你。

（4）寒暄。根据事前对客户的了解，表达对客户的赞美，或配合客户的状况，选一些对方容易谈论及感兴趣的话题。

（5）表达拜访的理由。以自信的态度，清晰地表达出拜访的理由。

（6）赞美及询问。每一个人都希望被赞美。在赞美后，可以询问的方式了解客户的兴趣及需求。

（七）与客户沟通的语言技巧

在与客户的沟通中，语言方面的技巧一定要注意，主要包括：提问的技巧、答辩的技巧、表达的技巧、说服的技巧、示范的技巧等。

1. 提问的技巧

在沟通中，适当适时的提问可以引起客户的注意，并引导客户的思路，从而使企业获得所需要的各种信息。在沟通中常用的提问方式有以下几种。

（1）求索式提问。这种提问旨在了解客户的态度，确认他的需要，如"您的看法呢""您是怎么想的"。通过客户的回答可以较快地了解客户是否有购买意愿以及他们对产品所持的态度。

（2）证明式提问。有时客户可能会不假思索地拒绝购买，这时服务人员应该提出某些问题，促使客户做出相反的回答，比如"你们现有的冷却系统是全自动的吗"等。客户对这些问题的回答如果是否定的，等于承认他有这方面的需求，而这种需求就是企业需要提供的服务。

（3）选择式提问。为了促成销售，服务人员的建议最好有一些技巧性。如"您要两盒还是三盒"这种提问方法帮助客户省去了思考到底要不要购买的困惑，直接进入主题，让他思考简单的问题——要买的数量。

（4）诱导式提问。这是一种引导客户的回答符合服务的预期，并争取客户同意的提问方法。该方法通过提出一系列问题，让客户不断给予肯定回答，从而诱导客户做出决定。

2. 答辩的技巧

沟通洽谈中的答辩主要是消除客户的疑虑，纠正客户的错误看法，即用劝导的方式，说明、解释并引导客户正确对待问题。答辩中需要掌握的技巧有四个。

（1）答辩简明扼要。陈述观点时要简明扼要，并根据客户的理解程度做出相应的补充解释。在向客户介绍相关问题时，应详尽具体，但要避免啰唆，随时注意客户的反应，根据客户的理解程度调整谈话内容，避免长篇大论。

（2）不做最佳辩手。要时刻明白沟通的目的是销售，而不是同客户辩论，所以在沟通中，如果遇到客户有反对意见，切记不要与客户争论，争论会打消客户的购买兴趣。相反，应巧妙地绕开与客户的正面冲突，而且要注意分析隐藏在客户心底的真正动机，有针对性地进行解释说明。

（3）否定也要讲技巧。避免直截了当地反驳客户，断然的否定很容易使客户产生抵触情绪。在服务人员提出自己的看法和观点前，先要对客户的看法表示同意，然后再提出自己的观点。并且在否定时尽量不要采用"您说得很好……但是……"，因为客户的注意点会落在"但是"后面的部分，他会认为服务人员还是在否定他、反驳他。服务人员可以采用这样的句式"我觉得您说得很对，如果……您是不是觉得更好一点"。用这样婉转的语气提出自己的观点，客户就比较容易接受业务员的看法。

（4）保持沉着冷静。在与客户沟通的过程中，一定要使自己的头脑保持冷静。在沟通中，有时客户的观点可能完全错误，甚至还可能非常偏激，有的客户可能态度比较恶劣或情绪比较激动，这时服务人员应该先稳定自己的情绪，不要使自己受客户情绪的影响。只有这样，服务人员才能把握住自己的立场，以沉着冷静的心态与客户交流。这样不但会使客户冷静下来，也会避免与客户发生冲突。

3. 表达的技巧

同一句话由不同的人或用不同的方式表达出来，其效果是截然不同的。同样的问题，提问的方式不同，得到的答案也完全不一样。沟通要想取得较好的效果，不仅要注意说什么，而且要注意怎么说。所以，在沟通中表达技巧是非常重要的。表达得好，可以起到事半功倍的效果，而表达得不好就会给自己的工作带来阻力。服务人员在与客户的沟通中一定要注意运用表达技巧，采用合适的表达技巧才能紧紧地吸引客户的兴趣和注意力，进而说服客户。

（1）语言简洁，通俗易懂。服务人员在与客户沟通时若不注意自己的语言表达，所讲的话没有逻辑，没有鲜明的主题，该简明的地方啰啰唆唆，该详尽的地方却一带而过，前言不搭后语，让客户听了以后根本不知道在讲什么，越听越糊涂，客户甚至都不知道他到底要干什么，就起不到与客户沟通的作用，甚至让客户反感。另外，服务人员在与客户沟通时要尽量避免用客户听不懂的专业语言和专业术语，语言切忌晦涩难懂。

（2）用跳动的数字。在沟通过程中，如果服务人员善于用数字与客户沟通，会起到很好的效果。比如说，"企业的产品可以帮你省很多钱"，这个"很多"是个什么概念，客户不清楚。如果服务人员帮客户算一笔账，把多长时间能帮客户省多少钱具体算出来，让客户清楚地看到如果不用这种产品，每年将有这么多钱被白白浪费掉，客户就比较容易认可企业的产品。

（3）给客户讲个故事。中国人喜欢听故事，所以古人就把一个个深刻的道理用寓言故事的形式表达了出来。这种表达不但会让人感兴趣，而且听完以后还可以明白做人做事的道理。服务人员如果能把产品信息融入故事中，通过讲故事的方式来介绍自己的产品，就不会让客户觉得干巴巴、没意思了，相反他们会听得津津有味，这样就能很好地抓住客户的注意力，引发他们的兴趣，从而打动客户。

（4）富兰克林式表达。富兰克林式表达就是服务人员向客户说明客户买产品能够得到的好处和不买产品所蒙受的损失，将它们分别列出来让客户权衡后做出选择。在销售实践中这是一种有效的表达技巧。这种方式让客户感到自己拥有很大的主动性，没有被强迫的感觉，在这种状况下，客户很容易做出购买决定，因为客户觉得是出于自愿的。

4. 说服的技巧

在沟通中说服客户，使其接受自己的观点，是销售成功的关键。相同的意思有不同的表达方法，好的说服方法可以让企业轻而易举地达到自己的目的，而不好的说服方法则往往使企业难以达到目的，这就是表达技巧的魅力所在。

（1）寻找客户的兴趣。要想说服客户，首先应消除其对抗情绪，即找一个对方比较感兴趣的话题为跳板，在其抵抗情绪解除后，再因势利导地提出建议。所以，有经验的服务人员总是避免讨论一些容易产生分歧的话题，而先从对方的兴趣开始，强调彼此的共同利益，当业务洽谈即将结束时才把有分歧的问题拿出来讨论，这样双方就比较容易达成共识。

（2）耐心细致。在说服客户时不能性急，应耐心细致地为客户讲解。要知道，不可能三言两语就改变一个人对某事物的看法，说服时遇到阻力是很正常的。要想让客户改变原来的观点，服务人员就要把所要表达的意思讲清楚、讲透彻。所以，服务人员要有足够的耐心，在客户不能马上做出购买决定时，应耐心等待；同时，在等待时，不妨用幽默的方式来促使客户达成共识。

（3）给客户开具"保票"。在购买物品或服务时，人们都有担心上当受骗的心理，在沟通洽谈时，客户最关心的问题是：购买是否真能为自己带来利益？这些利益是什么？到底有多大？所以，在说服工作中应该消除客户的疑虑，给客户开一张"保票"，好让客户放心，从而促成购买。

（4）循序渐进说服。在沟通过程中，应遵循由浅入深、从易到难、循序渐进的原则，即开始时先从容易说服的问题入手，打开缺口，逐步扩展。对于一时难以解决的问题可暂时抛开，等待适当时机再予以解决。

5. 示范的技巧

耳听为虚，眼见为实。在销售过程中，在条件允许的情况下，服务人员最好能将产品的用法、功能等示范给客户。示范是介绍产品的一种非常好的方式。据统计，谈话内容在客户脑海中只能留下10%的记忆，而让客户参与面谈、参与示范，所获得的印象则会大大提高。一般常用的示范技巧有：

（1）对比示范。"有比较才有鉴别""不怕不识货，就怕货比货"，把新产品和老产品，把自己的产品和竞争对手的产品放在一起比较一下，客户就知道如何选择了。

（2）体验示范。体验示范就是让客户亲自体验，感受产品的质量、功能等。如果是食物，可以让客户尝一尝；如果是化妆品，可以让客户抹一抹；如果是音响，可以让客户听一听。这些都是体验。客户通过亲身体验可真切感受产品的特点，客户自己的感觉就是让客户信服的有力证据。

（3）表演示范。为了增强示范的表现力，服务人员还可利用一定的表演技巧，为示范活动增添戏剧性。如一个洗涤剂营销人员，可把自己身上穿的衣服搞得脏脏的，然后再脱下来当场清洗，边做边讲演，这样不仅可以吸引客户的注意力，还可以有力地说明洗涤剂的去污功能。

（八）与客户沟通的策略

沟通可以创造需求，客户的想法、意见以及企业的服务理念、服务特色的传递都离不开沟通，通过沟通可以实现客户与服务人员的双向互动。如果在客户服务中不能实现有效沟通，任何服务都会失去意义，因此全方位的沟通与有效服务规划同样重要。全方位的沟通是指与客户沟通时，既要注重语言沟通，也要注重其他方式的沟通。

1. 做一个合格的倾听者

要提高客户服务水平，客户服务人员就必须善于倾听。认真倾听客户的心声可以产生以下结果。

（1）鼓励客户投诉。当客户知道服务人员在以友好的方式听他们讲话时，就会解除一部分或全部的戒心，把事情的所有状况讲出来。如果在客户投诉过程中，服务人员一会儿看看表，一会儿看看窗外，或者对客户的回复与客户的讲话无关，则会使客户更加恼火，甚至拂袖而去。这样，企业就失去了客户及改进工作的机会。

（2）掌握必要的信息。为了解决问题和更有效地做出决策，需要尽可能地获取信息，而仔细倾听有助于获取讲话者的全部信息。仔细倾听常常会促使对方继续讲下去并举出实例，服务人员可以进一步了解客户是如何想的、他们认为什么重要、他们为什么说这些话。当服务人员掌握了尽可能多的信息之后，就可以准确地做出决策了。

（3）改善客户关系。认真倾听可以改善企业和客户的关系，因为倾听给客户提供了说出事实、想法和感情等的机会。倾听的时候，服务人员会更好地理解客户，客户也会因为得到尊重而感到愉快。因此，倾听客户的抱怨可以改善客户关系。

（4）解决问题。倾听是解决客户异议的最好办法。当然，这并不意味着双方必须同意对方的观点，但服务人员需要表明理解客户的观点和意见。

倾听的最好方法是用同理心去倾听。同理心倾听就像是给予他人一个可以发泄情绪，觉得真正被了解而非被批判的开放空间。这必须建立在关心的态度及真心去了解的意图上，注意倾听，同时用语言清楚、真诚地给予同理心回应。例如：公司要求客户在下雨天不要把雨伞带入商场，或者要套上胶套才行，可是李女士不肯这样做。你对她的行为的同理心回应是："李女士，不好意思。我们商场这样规定是因为水滴在地上会很滑，这样客户会摔到的，希望您能谅解，并支持我们的工作，谢谢！"这样问题就迎刃而解了。

2. 主动向客户询问

询问问题时有两种基本问句形态：一是封闭式问句；一是开放式问句。封闭式问句是指特定背景下的特定答复，一般是二选一。如："这件衣服您买回去后穿过吗？"答案只能是"是"或"否"。这种问句简单明确，但有时蕴含一定的威胁性。封闭式问句包括澄清式问句和暗示性问句。如："您刚才说这件衣服你只是试穿了一下，就是说您没有洗过是吗？"就是澄清式问句。澄清式问句是让对方证实或补充原先的发言。暗示性问句本身已强烈暗示预期的答案。如："有修养的人都不会无理取闹，您说对不对？"就是暗示性问句开放式问句是在广泛的领域中寻求答案，如："请问您想如何处理这件事？"

3. 进行有效的语言沟通

语言包括书面语言和口头语言，两者都要求礼貌、简洁。有效的口头表达是声音素质和其他个人素质综合作用的结果。一个人的声音素质——音调、音量、口音、语言的速度、停顿及语调的不同，都会影响沟通效果，而其他个人素质包括讲话清晰、准确、真实等。

要想清晰地表达自己的想法，语言必须简洁，所讲的内容必须条理化，使用的词必须明确。清晰来源于精心的准备，要达到清晰，就要理解和组织语言，并对它进行总结。清晰包括逻辑清晰和表达清晰。简洁追求以较少的文字传递较多的信息。

4. 注重其他沟通方式

人们所做的任何一件事情都是在沟通、交流。如快下班时来了一位客户，服务人员微笑着对他说"欢迎光临，很高兴为您服务"，而在沟通中，则不时地看手表，这种非语言交流表明客户是不受欢迎的。

非语言沟通主要包括身体语言、沉默等。人们在交流时伴随着各种各样的身体语言，如面部表情、身体姿态、动作等，身体语言是非语言交流的主要形式，它往往是人们内心世界的真实表现。与有声语言相比，身体语言更具可靠性和真实性，可以更好地表达情感和态度。比如：客户非常生气地说"我再也不来你们这家店了"，可是他并未移动脚步，其实，他是想解决问题，说的不过是一句气话，如果此时你读懂了他的肢体语言，你就知道该如何做了。在与客户交往时，一方面要注意把握对方的身体语言，另一方面也要恰当地表达自己的身体语言。

服务人员在与客户交流时，要站如松、坐如钟，这表明对客户很专心；当服务人员懒洋洋地坐着或站着时，则会给客户留下较差的印象。

当需要为生气的客户拿某些东西时，服务人员的动作不要太慢。此时客户希望看到服务人员迅速对他们的要求做出答复。这虽然并不意味着一定得全速奔跑，但也不要慢悠悠地不当回事。当服务人员和客户讲话时，耸肩、脚步后退、以手遮口、用手指着对方或双手抱胸等都是不恰当的肢体动作。

拓展资料

与客户沟通的 5 个禁忌

与客户沟通时，服务人员需要有良好的态度和谦虚的心态，沟通时语气要礼貌柔和，让客户感觉到你不但是一位了不起的专家，而且很有修养，这样更容易赢得客户的配合和理解。

服务人员与客户沟通时有以下几点禁忌。

1. 忌据理力争

有些服务人员以自己是专家、技术能手自居，认为自己的见解或做法比客户高明而喜欢和客户辩论或"据理力争"，这是有害无利的。因为我们需要明白，我们的目的是解决问题、把项目做好，而不是和客户比能力、比见识，如果执意据理力争，很可能会让客户反感而影响交易。

忌据理力争不是说不需要向客户表达我们的看法和观点，只是需要注意表达的方式和方法。

2. 忌刻意说服

服务人员常常会遇到客户提出新要求的情况。为了尽量避免项目需求的变更，有些服务人员往往急于从"自身"利益出发，想方设法去说服客户，这种做法实不可取。

对客户提出的需求，当服务人员难以理解或接受时，不妨先换位思考，从客户的角度去体会和分析客户如此期望的理由，这样更容易理解客户提出的需求是否合理。如果分析结果表明客户提出的需求是项目所不需要的，服务人员大可从客户的角度去引导客户并最终让客户放弃；如果客户提出的需求确实是项目所需要的，服务人员则应通过执行需要变更流程满足客户需求。

服务人员真正站在客户角度思考问题，客户是能感觉到的，并能最终赢得客户的认同。

如果为了一己之私不断地去说服客户，必将被客户所疏远，最终得不偿失。

3. 忌当场回绝

经验欠缺的服务人员在与客户沟通时，总会不自觉地当场给客户一个"是"或"否"的结论，其实这种做法是欠妥的，特别是当场回绝客户更不可取。因为这样做，一方面可能会导致回复给客户的结论不当，另一方面也会让客户感觉到你没有用心对待他们的需求。

当客户提出需求变更特别是一些我们认为比较棘手的需求变更时，切不可当场回绝客户，正确的做法是：先把问题记录下来，等待进行变更评估或报告上级批准后再答复客户，甚至可以请自己的上司与客户沟通。这样，既会让此事得到比较妥善的解决，同时也会让客户感觉到你是一个做事稳健的人、一个思维严谨的人、一个对事负责的人，从而为以后的合作打好基础。

4. 忌海阔天空

有些时候，服务人员可能需要和客户沟通一些项目方面的问题或向客户介绍、汇报项目情况，这时只需要主题鲜明、言简意赅把主题讲清楚就可以了，而不要去滔滔不绝谈一些与主题无关的话题。因为这样做一方面浪费自己和客户的时间，另一方面也可能导致应该说的事情没有说清楚。

5. 忌背后议论

在与客户沟通中，难免会出现一些彼此误会甚至产生冲突的情况。如何处理这些问题呢？有些服务人员碍于客户是甲方而不敢或不愿与他们面对面沟通，选择了背后发牢骚或向朋友"倾诉"的方式。实际上，这种方式于事无益甚至会导致误解加深或关系恶化，因为背后议论别人是对别人最大的不尊重，况且你的牢骚很可能会传到客户的耳中。

正确的做法是：在适当的环境下采用适当方式与客户当面坦诚沟通。这样做至少可以让客户清楚你对他的"不满"，并且你很愿意去正面化解彼此之间存在的"不快"。这样会使彼此之间的关系良性发展并最终解决问题。

实践证明，采用以上原则和方法与客户沟通，服务人员付出的代价会更小，而获得的客户满意度更高。

如何认识沟通在冲突管理中的作用

1. 沟通三要素——环境、气氛、情绪

沟通忌钻牛角尖，当冲突已经发生，并向越来越严重的趋势发展时，可以通过"换环境"来缓解尴尬的氛围。例如，从压抑的办公室换到相对舒适的会议室，或从会议室换到开阔的阳台、咖啡厅等。切忌在双方争执不下、情绪激动时做出决定，逼迫对方同意自己的看法。因为这样做往往会使情况更加恶化，使沟通失败的风险性升高。

2. 沟通三关键——表达、倾听、反馈

与人沟通时，如果对方提出的问题超出了自己的能力范围，一时无法给出对方答案，可以直接诚恳地表达自己内心的想法，告诉对方自己欠缺考虑，但会尽快给出答复，让对方有一个期待。切忌答非所问，为了沟通而沟通，生搬硬套，谈论一些与主题无关痛痒的话题。

3. 沟通三法宝——点头、赞美、微笑

与人交谈经常会遇到意见不合的情况，此时需要谨记的是，即便十分反感对方的言谈，也不要轻易打断别人，或者不留情面地反驳对方，这样做只能导致冲突升级；相反，如果自己的观点得不到对方认可也不必焦躁，要心平气和、态度良好地接受别人的批评和意见。

在激烈的市场竞争中，企业应更加端正服务态度，更加注重客户沟通管理。与客户进行有效沟通，需要有很好的沟通技能，形象地说，就是要奏响"三部曲"。首先要弄清楚客户的真实需要；其次要选择好与客户沟通的方式；最后要掌握好与客户沟通的技巧。我们之所以十分重视与客户沟通，是因为事关重大，它直接影响到自己的劳动成果能否被客户接受，大量的心血是否会白费。

四、实训活动

【实训目的】

让学生了解客户沟通技巧，进而更加深刻地认识本项目所学知识。

【实训背景】

上海商贸公司是一家专门出口海滩休闲用品的公司。该公司已成功向美国多家海滨城市的商店推销了多种产品。下面是该公司的外贸业务员吴华起草的两封 E – mail。打算发给波士顿的新客户。

E – mail（1）

尊敬的客户：

希望您能喜欢我们前段时间寄给您的试销产品。夏日已经来临，贵店必将迎来大量的旅游者，也该考虑进货了吧？您是希望自己商店的橱窗和竞争对手一样呢？还是想要在销售旺季中脱颖而出？

此致

北京商贸有限公司
2022 年 12 月

E – mail（2）

尊敬的约翰先生：

上次给您寄去的试销产品太阳帽、沙滩鞋，希望您喜欢。夏日已经来临，贵店必将迎来大量的旅游者，也该考虑进货了吧？您可能还需要订购与上次同类型的产品。我们还发现贵店所在地区的高龄游客比较多，专门为他们设计的产品的销路肯定会特别好。在我随函附上的手册中，第 19 – 24 页就是此类产品的有关介绍。如有疑问，请与我联系。

此致

北京商贸有限公司王海
2022 年 12 月

【实训要求】

请仔细阅读上述两封 E – mail，谈谈哪封更好，并说明理由。

【实训内容】

根据实训情景及要求，学生书面阐述自己对沟通的理解。

【考核】

根据学生的理解综合评定成绩。

客户抱怨与异议处理

任务 1　客户抱怨

一、任务目标

知识目标：

（1）了解客户抱怨的定义。

（2）了解妥善处理客户抱怨的意义。

（3）了解产生抱怨的原因及处理抱怨的原则。

能力目标：

（1）能够通过了解客户的抱怨锁定问题。

（2）能够通过解决客户的抱怨而获得客户的理解。

素质目标：

（1）培养学生职业素养。

（2）培养学生不畏困难、乐观向上的意识。

（3）培养学生良好的身心素质和健康的心理。

二、引导案例

课堂讨论：当你对所提供的服务不满时，你会向服务人员提出抱怨吗？如果你决定提出抱怨，你希望服务人员怎么处理？在什么样的情况下，你才有可能再度成为这个服务人员的客户？

三、相关知识

（一）客户抱怨的定义

客户对产品或服务的不满和责难叫作客户抱怨。客户的抱怨行为是由其对产品或服务的不满而引起的。客户对服务或产品的抱怨意味着服务人员提供的产品或服务没达到他的期望，没满足他的需求；另一方面，也表示客户期待服务人员能改善服务水平。企业可通过对客户抱怨的恰当处理挽回经济损失，维护自我形象。

（二）处理客户抱怨的意义

在一些观念中认为，客户抱怨就是消费者在找企业麻烦，而且认为抱怨给企业带来了负面影响。但从某种角度来看，客户的抱怨实际上为企业提供了改进工作、提高客户满意度的机会。

建立客户忠诚是现代企业维持客户关系的重要手段，对于客户的不满与抱怨，采取积极的态度进行处理，能够帮助企业重新建立信誉，维持和提高客户的满意度和忠诚度。

1. 提高企业美誉度

客户抱怨发生后，尤其是公开的抱怨行为，会对企业的知名度产生一定影响。不同的处理方式会对企业的形象和美誉度的发展趋势产生完全不同的影响。如果态度积极，企业的美誉度经过一段时间下降后会持续提高，有的甚至会直线上升；如果态度消极，听之任之，或予以隐瞒，企业的形象和美誉度则会随着企业知名度的扩大而迅速下降。

2. 提高客户忠诚度

有研究发现，提出抱怨的客户，若问题获得圆满解决，其忠诚度会比没遇到问题的客户高很多。因此，客户的抱怨并不可怕，可怕的是不能有效地化解抱怨，最终导致客户离去。

从处理客户抱怨的结果来看，客户抱怨可能给企业带来的利益是客户对企业就抱怨处理的结果感到满意，从而继续购买企业产品或服务，即因客户忠诚度的提高而获得的利益。

TRAP公司的研究结果表明，对于所购买的产品或服务持不满态度的客户，提出抱怨却对企业处理抱怨的结果感到满意的客户，其忠诚度要比那些感到不满意但未采取任何行动的人好得多。具体来说，研究结果显示，在可能损失的 1~5 美元的低额购买中，提出客户抱怨却对企业的处理结果感到满意的人，其再度购买的比例达到 70%；而那些感到不满意却没采取任何行动的人，其再度购买的比例只有 36.8%。而当可能损失在 100 美元以上时，提出客户抱怨却对企业的处理结果感到满意的人，其再度购买率可达 54.3%；但那些感到不满意却没采取任何行动的人的再度购买率只有 9.5%。这一研究结果一方面反映了对客户抱怨的正确处理可以增加客户的忠诚度，有助于保护乃至增加企业的利益；另一方面也折射出这样一个事实，即要减少客户的不满意，必须妥善地化解客户的抱怨。

有资料显示，一个客户的抱怨代表着 25 个没说出口的客户的心声，对于许多客户来讲，他们认为与其抱怨，不如出走或减少与企业的交易量。这一数字更加显示出了正确、妥善化解客户抱怨的重要意义，即只有尽量化解客户的抱怨，才能维持乃至增加客户的忠诚度，保持和提高客户的满意度。

（三）客户抱怨产生的原因

消费者在购买产品或者服务时，或多或少不能如愿，因而产生抱怨，而造成抱怨的原因则是多方面的。

1. 产品质量问题

良好的产品质量是实现客户满意的直接因素。在调查客户对一些知名品牌的印象时，客户首先想到的就是耐用、质量、结实等。客户对一次购买经历是否满意，取决于他对此次购买的产品或服务是否满意。如一个客户在超市选购商品，一方面，能不能在超市中以合适的价格顺利地买到质量合格的商品是决定客户是否满意的主要判断标准；另一方面，即使商品的质量没有问题，但如果在使用的过程中，客户发现使用该商品得到的效果并不像他想象的那样，他也会对整个超市的服务产生不满，进而产生抱怨。这就像是在理发店里经常发生的情况，刚理完发的客户抱怨理出的发型不好看，虽然这个发型是他自己选择的，但他不会意识到这是自己选择的问题，而是抱怨发型师的技术太差。

2. 服务人员、服务环境、服务制度问题

服务是一种经历，在服务系统中的客户满意与否，往往取决于某一个接触的瞬间。如服务人员对客户的询问不理会或回答语气不耐烦、敷衍、出言不逊及结算错误、让客户等待时间过长，服务环境差，安全管理不当，店内音响声音过大，营业时间、商品退调、售后服务规定不合理等，都是造成客户不满、产生抱怨的原因。

3. 企业对客户期望管理失误

客户的期望在客户对企业的产品或服务的判断中起着关键性作用。客户将他们所要的或期望的东西与他们正在购买或享受的东西进行对比，以此评价购买的价值。在一般情况下，当客户的期望值越大时，其购买的欲望相对就越大。但是当客户的期望值过高时，就会使得客户的满意度变小；而客户的期望值越低时，客户的满意度相对就越大。因此，企业应适度管理客户的期望。当期望管理失误时，就容易使客户产生抱怨。主要体现在以下三个方面。

（1）"海口"承诺与过度销售。例如，有的商场承诺客户包退包换，但是一旦客户提出退换要求时，却总是找理由拒绝。

（2）隐匿信息。在广告中过分宣传产品的某些性能，而故意忽略一些关键信息，以转移客户的注意力。例如，某些商家经常以"打折、买一赠一、抽奖"为由吸引客户前来购物，实际上其中有很多"猫腻"，它并不是真正给消费者实惠，客户购物后经常有上当的感觉，时间长了、次数多了，商家就会失去客户的信赖。这些都会导致客户在消费过程中产生抱怨。

（3）虚假宣传。在宣传产品时，刻意宣传一些产品本身不具备的功能或特性。例如，某手机在广告宣传中声明此手机是双卡双待机，客户在购买后发现，这个手机只能插双卡，而不能同时待机。再如，某保暖内衣在宣传时宣扬采用了太空材料，可以运动生热，保暖效果良好，事实上这款内衣的材料只是普通化纤，至于运动生热，也只不过是人体运动生热而已，并非衣服本身可以生热，保暖效果与普通内衣也相差无几。再逼真的谎言也是谎言，客户迟早都会明白真相，一旦客户意识到自己上当受骗后，企业也就永远地失去了客户。

4. 客户自身原因

这类抱怨行为主要表现在三个方面：①个人习惯性抱怨。有些客户喜欢提意见，久而久之就形成了习惯，而当其意见未受到重视时，就会产生抱怨。②发泄型抱怨。这类客户的抱怨一般是没有根据的，也许最近情绪不好、心情不畅，而此时某种产品或服务正好成为客户发泄负面情绪的导火索。③错误使用产品或错误理解服务而导致的抱怨，如客户未能认真阅读使用说明书，错误使用而导致产品损坏或是未实现产品设计功能等而产生的抱怨。

（四）处理客户抱怨的原则

1. 及时性原则

面对客户的抱怨，有些问题虽然看起来非常严重，但是如果能及时地处理，并引导客户情绪，便不会影响到企业与客户的关系。而且如果处理得当，不仅不会产生负面影响，还能赢得客户的信赖，增加客户的忠诚度。在通常情况下，客户产生抱怨大多是因为情绪上的不满，如果能够及时得到处理，让客户的情绪得以宣泄，便会给客户带来精神上的慰藉，原来激动的情绪、强硬的态度都会得以化解。

2. 专门性原则

企业应当设立一个部门来处理客户抱怨，如设立客户服务部。成立一个专门的部门，一方面可传递企业"客户至上"的经营理念，另一方面也有助于不断提高客户服务人员处理客户抱怨的能力。这一点，在现在大多数企业都已经得到了践行。

3. 鼓励性原则

对客户的抱怨采取一种积极的态度有利于鼓励客户将抱怨讲出来，客户抱怨的存在一定程度上说明了企业在某些方面存在缺陷，有助于企业了解自身存在的不足，并加以改正，对企业的成长大有益处。同时，接受反馈，使客户抱怨的问题得以解决，也有助于提升客户的忠诚度，有利于企业自身的发展。

4. 站在客户角度原则

客户抱怨的产生往往代表着一种负面对立的情绪，此时客户往往是什么解释也听不进去的。此时若能站在客户角度，设身处地地为客户着想，对客户的情绪表示理解，往往能够缓和客户的情绪。这样更容易拉近与客户的距离，使客户在心理上与企业更加靠近。而这时，如果抱怨得以解决，无疑会提升客户的忠诚度。

（五）处理客户抱怨的技巧

1. 处理客户抱怨的一般性方法

（1）诚恳地向客户道歉，坦率承认是由于自己工作失误而造成了客户的不便。

（2）如果产品受到损害，责任又确实属于己方，则应退换。

（3）如果退换仍不能挽回客户的损失，则服务人员应采取适当方式给予一定的补偿和安慰。

（4）员工应多方面掌握产品的各种知识，以便在服务过程中向客户详细介绍。

2. 处理愤怒客户的方法

（1）当客户极度愤怒时，通常不会相信服务人员的解释，所以另外找其他人员来进行调解会比较好，这位调解人员最好是有经验、有人缘、具有处理能力的高一级主管，这会使客户产生受重视的感觉。

（2）如果调解人员依然不能解决问题时，最好换个场所，在一对一的场合商谈，一定要冷静而且诚恳地向客户解释并道歉。

（3）使用上述方法后，若仍无法平息客户的怨气，最好的办法就是取消今天的会谈，并把它延迟到第二天。遇到这种情形时，一定要诚恳地询问客户的地址、电话，然后派人到客户家中拜访、道歉，最终以诚意来赢得客户的谅解。

3. 处理服务态度不佳所产生的客户抱怨的方法

（1）调解人员应仔细听完客户的陈述，然后向客户保证今后一定加强员工教育，不让类似情况再度发生。

（2）向客户道歉，以期得到谅解。

（3）加强员工提供优质服务的教育，并建立相应的监督和奖惩制度。

4. 处理由于客户自身原因而产生的抱怨的方法

（1）尊重体谅客户。

（2）委婉地安慰客户。

（3）尽可能由企业承担损失。

（4）妥善处理被损坏的商品。

5. 以电话或信函方式处理抱怨的方法

在处理抱怨时，最好的方法当然是面对面地与客户沟通，但如果客户住的地方很远，或不方便亲自前往拜访时，也可用信函或电话来处理。

（1）用信函处理时的注意点。

①在写信时一定要注意措词。

②客套话不必太多，最好直接进入主题。

③先向客户致以诚恳的歉意，然后叙述事件的来龙去脉，并且肯定客户的抱怨是一种建议而不是无理取闹。

④把需要说明的内容解释清楚。

⑤要向客户保证，类似的事件不会再度发生。企业也一定会加强职员教育，最好把采取的具体方案以及对事件的处理方法告知客户，使客户重新信赖企业。

⑥信件的署名最好是高级主管或经理。

⑦信件的措词一定要恭敬有理，不可以有错字、漏字，不要让对方产生不被尊重的感觉。

⑧如果原因复杂，调查费时，一定要向客户说明，并约定几日后再联系，务必守约。

（2）用电话处理时的注意点。

①道歉电话是直接会面与信函道歉两者都无法做到时的补充办法。

②电话处理不满最重要的原则是迅速。

③态度一定要亲切有礼，不要对客户的要求信口承诺。

④顺着客户的想法或希望来沟通，绝不打断客户的说话。

⑤和客户进行电话会谈时一定要详细地把重点内容记录下来。

拓展资料

丽思卡尔顿的 2 000 美金法则

早在 20 世纪 80 年代，丽思卡尔顿酒店就提出了著名的 "2 000 美金规则"，即丽思卡尔顿酒店允许每位员工最多可以花费 2 000 美元在每个服务恢复事件上。

规则有两个关键点：①全员参与。"服务恢复" 或者服务补救，不是哪一个员工或部门的职责，而是每一位员工的责任。②充分授权。员工被赋予相当大的权利（在 20 世纪 80 年代，2 000 美金可不是一个小数目），以他们认为合适的方式、灵活处理服务恢复事件。

在这个"2 000 美金规则"下，丽思卡尔顿酒店几乎所有的服务失误或者客户不满都能得到及时而有效的处理。你看，真正的服务不需要所谓的"投诉部"，每一位与客户有接触的员工都可以判断和处理客户的不满，于是绝大多数"投诉"在萌芽阶段就被员工创造性地、灵活地化解。

摘自：《真正的服务不需要"投诉"》，搜狐，2021.9.8

四、案例分析

以下是客户服务热线接听过程中经常会碰到的情景，请大家认真阅读。

A：我的手机才买了三个月，不可能出问题呀。

B：那可不一定，有的杂牌机刚买几天就不行了。

A：我的手机是×××的，不可能有质量问题。

B：那你在哪买的，就去哪看看吧，肯定是手机的问题！

A：不可能！如果是手机有问题，那我用×××的卡怎么就不断线呀？

B：是吗？那我就不清楚了。

A：那我的问题怎么办呀？我的手机天天断线，你给我交费呀！

B：你这叫什么话呀，凭什么我交费呀，你有问题，在哪买的你就去修呗！

A：你这叫什么服务态度呀，我要投诉你！

B：（挂断）

讨论：热线接听过程中有什么错误的地方。

五、实训活动

【实训目标】

通过对实训情景进行分析陈述，学生熟练掌握处理客户抱怨的原则及技巧。

【实训要求】

把学生分成几个小组，5～8 人为一组，根据情景进行分析，撰写实训报告，并选择一名成员进行现场陈述。

【实训内容】

根据情景分析产生客户抱怨的原因是什么，就近几年汽车行业"路虎""奔驰"等知名品牌被客户抱怨、投诉案例进行分析。如果是你作为特斯拉德负责人，请提出解决办法。

【实训情景】

2021 年 1 月，在中国生产的特斯拉 Model3 正式交付。随后频频引发车主抱怨，抱怨的点其实就是减配，主要涉及两个方面：续航里程缩水以及自动驾驶芯片的减配。特斯拉 Model3 由原来的松下电芯换装成了 LG 化学的电芯，两种电芯续航相差 60km。部分 Model3 控制器硬件是 HW2.5 版本芯片，与设备清单上显示的标配 HW3.0 版自动驾驶芯片不同。面对车主抱怨，特斯拉表示后续将免费更换自动驾驶芯片。

【考核】

根据小组实训报告及现场陈述两部分综合评定成绩。

任务2　客户异议

一、任务目标

知识目标：

（1）了解客户异议的类型。

（2）了解客户异议处理的方式方法。

能力目标：

（1）能够进行客户异议类型的区分。

（2）能够通过适当方法进行有针对性的异议处理。

素质目标：

（1）培养学生职业素养。

（2）培养学生不畏困难、乐观向上的意识。

（3）培养学生良好的身心素质和健康的心理。

（4）培养学生团队合作精神。

二、引导案例

一天，刘女士发现家里的"家庭药箱"该补充货源了，于是就拿起笔写了一份采购清单，来到附近的一家药店。值班的店员丽丽笑容可掬地接待了刘女士。

丽丽："您好，想买点什么？"

刘女士："我想充实'家庭药箱'，这张纸上的药品能帮我配齐吗？"刘女士把采购清单递给丽丽。

丽丽："当然可以，等我一一拿给您！"丽丽笑着从货架的一边拿起购物篮，对照清单开始往篮子里装货。

刘女士："稍等！"（刘女士看她拿药的时候，只看药名，不看厂家，就制止了她。）

刘女士："这个复方丹参片，我要A厂的，而不是这种！"

丽丽："不好意思，我们没有卖过A厂的。"

刘女士："那个品种我就不要了！接着选其他品种吧！"（刘女士是一个对品牌依赖感很强的人。）

丽丽没有解释，继续照单取货。后来，刘女士发现有好几样药不是自己指定的规格或厂家，便将产品拿出。

最终，刘女士一共买了八种药，三种都不是她指定的品牌。

刘女士："你们的缺货品种太多，都没法选购了！"

丽丽："不好意思，我也没办法。这是采购部门的事情！"

讨论：
（1）刘女士提出的异议有哪些？
（2）如果你是丽丽，你会怎么做？

三、相关知识

（一）异议的相关概念

1. 异议的定义

异议是不明白的、不认同的、怀疑的和反对的意见。

客户异议是指在服务过程中，客户对服务人员的不赞同、质疑或拒绝。

2. 异议的分类

（1）按照真实性划分，可以分为真实异议、假象异议、隐藏异议。

①真实异议是客户从自身利益出发产生的异议。

②假象异议是客户从主观意识出发而提出的无根据或不合理的意见。

③隐藏异议是客户因为不好意思说而产生的异议

（2）按照原因划分，异议有产生于客户方面的、服务人员方面的、产品本身方面的。

①客户方面。

因拒绝改变或者未发现需求、预算不足、缺乏对产品的认识、希望获得更好的销售条件、已有自己合适的选择（固定品牌）、主观偏见、成见或习惯、其他偶然因素（情绪、借口推托）等因素导致异议。

②服务人员方面。

因服务人员自身素质、形象、夸大事实或不正确描述、没有找到客户的真实需求、服务不能满足需要、等导致的异议。

③产品本身方面。

因产品风格、颜色、款式、大小、功能、质量等导致的异议

（二）常见的异议及解决方法

异议处理

1. 需求异议

需求异议是指客户认为不需要产品而形成的一种反对意见。它往往是在服务人员向客户介绍产品之后，客户当面拒绝的反应。

（1）常见说法："暂时不需要了。""这样吧，我需要的话再给你们电话。""我再考虑考虑。""这东西有什么用？""已经有了，不需要了。"

（2）产生原因：认识不到对产品的需求；意识到有需求，但经济困难不能买；确实不存在对产品的需求。

（3）解决方法：针对法、举例法。

①针对法。

比如对方是政府官员，可以说"这类产品是专门为办公室工作人员开发的，适合于您使用"。

②举例法。

向对方列举已经购买了该产品的其他类似单位和个人，比如上级单位已经买了，下级也可以购买，等等。

2. 货源异议

货源异议是指客户自认为不应该购买某产品而提出的异议。

（1）常见说法："对不起，我们已经有合作商了。""你们这个品牌我没有听说过，怎样啊？""我经常买某某品牌的东西，你们的我考虑下。""我对现在使用的很满意，不需要，谢谢。""用你们的产品对我有什么好处？"

（2）产生原因：客户对销售员委托厂家不了解，缺乏信任；客户对目前的供应商较为满意；客户想得到交易的主动权，从而得到更多的利益。

（3）解决方法：锲而不舍，坦诚相见；强调竞争受益；提供例证。

①锲而不舍，坦诚相见。

通常客户在有比较稳定的供货单位和有过接受服务不如意甚至受骗上当的经历时，对新接触的产品或服务怀有较强的戒备心，由此而产生货源异议。服务人员应不怕遭受冷遇，多与客户接触，联络感情，增进相互了解。在互相了解逐渐加深的情况下，客户也容易对服务人员敞开心扉，说出自己的顾虑和期望，此时服务人员就可以对客户进行具有针对性的解释和劝说，最终促成交易。在与客户的交往中，服务人员应当注意社交礼仪，以诚挚的态度消除客户对公司或者产品的偏见。

②强调竞争受益。

客户常常会提出已有稳定的供货单位或者已经习惯某种产品，并对现状表示出满意，从而拒绝接受新产品和服务。此时服务人员应指出：不论是个人或者公司，在购买产品的时候采用单一来源的方法具有很大的风险性，如果供货单位一时失去供货能力或者破产，将会导致客户因购买不到所需产品而影响生活或者生产。为了抵御风险，客户应当采取多渠道策略解决其购买需要。这跟我们投资理财时会采取多元投资方式以降低风险是一个道理。采取多渠道进货，会增强客户采购中的主动性和灵活性，可以对不同货源的产品质量、价格、服务、交货期等进行多方面比较分析，择优选购，并获得引入竞争所带来的利益。

③提供例证。

在解决货源异议时，服务人员为了说明其推销的产品是质量可靠、渠道合法的产品，可以向客户提供一些第三方的客观证据来消除客户疑虑，如厂家的代理授权证书，企业营业执照，产品生产、销售许可证，质量管理体系认证证书，产品质量鉴定报告，获奖证书，以及知名企业、知名人士的订货合同或者使用记录等资料。由于这些证据客户可以通过其他渠道进行求证，有利于客户消除顾虑，促进购买。

3. 服务人员异议

服务人员异议是指客户因对某些服务人员不信任而提出的异议。

（1）常见说法："不用了，不用了。""谢谢你，你这个我没买过，不用了。"

（2）产生原因：对陌生人产生的恐惧、怀疑和防御较为强烈；服务人员穿着、肢体动作、声音、神态等不当；服务人员说话浮夸，态度过度热情。

（3）解决方法：

①端正心态，注意专业度，表现诚恳，不过分热情。

②销售前做好相关准备。

③避免与客户争辩，适当让步，并正确解答。

4. 企业异议

（1）常见说法："你们公司应该是做家电的吧？怎么也做房地产了？""你们做这个不专业吧？"

（2）产生原因：对企业的固有印象难以改变；了解公司的主营业务，考虑专业度；对企业不了解，受传统的购买习惯约束等。

（3）解决方法：

①增加洽谈次数，增进感情联络。

②弄清客户的真正意图，消除客户疑虑，给予可能的让步或优惠。

③加强对企业及其推销产品的宣传和介绍。

④在弄清客户真实目的的基础上，如果确实存在着竞争者，应在不贬低对手的前提下，说明自己的推销品所具有的比较优势，以及给客户带来的更大利益。

5. 权力异议

权力异议是指客户以缺乏购买决策权为理由而提出的一种反对意见。

（1）常见说法："订货的事我无权决定。""我做不了主。"

（2）产生原因：客户的陈述是事实，他没有购买决策权；推脱或借口。

如果客户确实没有购买决策权，说明服务人员在客户资格审查时出了差错。在寻找目标客户时，就应该对客户的购买人资格和决策权力状况进行认真的分析，找准购买决策人。面对没有购买决策权的客户极力推销商品是准备工作的严重失误，是无效营销，应纠正。

对于第二种产生原因，在决策人以无权作借口拒绝其产品时而选择放弃，是无力营销。要根据具体情况，灵活化解。

（3）解决方法：

①辨别谁是真正的购买权力人。

服务人员可以向客户身边的其他人，如客户的同事、同行、朋友、家人及与其有关的外界人员等，调查、了解谁是购买的真正决策者。

服务人员自始至终都应诚心倾听客户的谈话，注意观察客户的行为，并判断谁是真正的购买权力人。事实上，在询问客户有无购买权力时，客户有时并不愿说实话。一般地，客户越是宣称自己有购买决策权，越是吹嘘自己熟悉业务，就越说明他是虚张声势。其实，真正有购买决策权的客户在提出要求时，反倒心平气和、深藏不露。

通常情况下，只有真正的决策者才有权签合同。如果在服务人员已经尽最大努力满足客户后，客户依然寻找借口迟迟不签合同，则服务人员就应该直接询问客户应该去找谁才能签合同，那人也许才是真正的购买权力人。

②辨别客户有无购买权力。

处理客户权力异议时，应根据客户有无购买权力采取不同的方法。有购买权力的客户迟迟不拍板购买，肯定是有内因的。服务人员应找出问题所在，将客户的需要与产品的使用价值密切地结合起来，进一步刺激客户的购买欲望。或者可以在价格、服务等方面做出一定的让步，或者帮助客户解决困难，达成交易。

对于那些没有权力购买产品的客户，服务人员应做到：摆正心态，以礼相待。即使有的客户没有真正的购买权力，服务人员也应摆正心态、以礼相待。不要藐视他们或意图摆脱他们，因为他们是买方的成员之一，他们的观点和建议有时也能促成一笔买卖，有时也会扼杀一笔买卖。

善待没有购买权力的客户，力争得到他们的帮助。服务人员善待无购买权力的客户，有利于其心理平衡，并与其建立起良好的人际关系。这样，在服务人员请求客户帮助或将自己及产品引荐给购买权力人时，客户才会答应。

除了以上两种处理购买权力异议的技巧外，还有一种非常危险而又不常用的权力异议处理技巧，那就是越级推销。事实上，每位服务人员为了自己的产品，为了自己的公司，最后都必须越过无真正购买权力的客户，而与最终决策者接触。因此，服务人员必须再三权衡利害得失，在不怠慢无真正购买权的客户的情况下，巧妙地越级推销。

6. 产品或服务异议

产品异议是指客户对产品的使用价值、质量、式样、设计、结构、规格、品牌、包装等方面提出的异议。

服务异议是指客户对服务的内容、时间、效果等方面提出的异议。

（1）常见说法："这款电脑配置怎样啊？""我们之前参加过类似的培训，效果不是很理想。""我162cm，120斤，你们均码的我穿不了吧？""我之前用过××品牌，所以我不觉得你们的就很好。"

（2）产生原因：对产品缺乏了解；客户购物习惯和偏见等。

（3）解决方法：现场示范；亲身体验；邀请考察；举证劝诱；试用试销，提供担保；取"长"补"短"；产品知识教育。

7. 价格异议

价格异议是指客户以产品价格过高而拒绝购买的异议。

（1）常见说法："你这个太贵了！比××品牌还要贵！"

（2）产生原因：价格和客户预期之间差距大；超出客户购买能力。

（3）解决方法：先顺后转法、细分法、比较法。

①先顺后转法。

这是最常见的一种推销语言与技巧。当服务人员聆听完客户的关于价格的异议后，先肯定对方的异议，然后再用事实或事例婉言否认或纠正。其基本句型是"是的……但是……"。采用这种方法最大的优点是可以创造出和谐的谈话气氛，建立良好的人际关系。

一位客户光临某家家用电器销售店。当他得知该店的电风扇的价格后，脱口而出："哎呀，你卖的电风扇太贵了！"服务人员听了之后，并没有马上反驳，而是面带笑容委婉地对客户说："您说得对，一般客户开始都有和您一样的看法，即使是我也不例外。但您经过使用就会发现，这个牌子的电风扇质量非常好，您要是买一台质量差的，以后的维修费可能就是个无底洞，相比之下这种电风扇的价格并不贵。"

在这里，服务人员先是表示与客户有相同的看法，使客户感受到自己得到了对方的理解和尊重，这自然也就为下一步亮出自己的观点，说服对方铺平了道路。一般客户都明白"一分钱一分货"的道理。当客户得知电风扇价格高是因为质量好的缘故时，也就不会再争议了。相反，如果客户一提出异议，服务人员就立即反驳："你错了，好货不便宜，你懂吗？"这样的出语犹如利剑，很容易伤害客户的自尊心，甚至激怒客户，引起不快。

②细分法。

产品可以按不同的使用时间、计量单位报价。如果服务人员把产品的价格按产品的使用时间或计量单位分至最小，可以隐藏价格的昂贵性，这实际上是把价格化整为零。这种方法的突出特点是细分之后并没有改变客户的实际支出，但可以使客户陷入"所买不贵"的错觉中。

一位人寿保险公司的服务人员去某机关家属院推销少儿保险，几位年轻的妈妈询问保费怎么缴，这位工作人员未加思索，脱口而出："年缴 36 500 元买 10 份，连续缴到年满 18 周岁……"话音未落，人已散去。试想，那些月收入在 5 000 元左右的工薪族，一听每年要缴 36 500 元，怎么不吓跑呢？

没过几天，这家保险公司又来了一位新的工作人员，他是这样告诉年轻的父母的："只要您每天存上 10 元零花钱，就可以为孩子办上一份保险。"听他这么一说，吸引了不少爸爸妈妈前来咨询。其实，他们推销的是同一险种的保险，保费也一样，但为什么会有截然不同的两种效果呢？原因是他们的报价方式有别。

前者是按买 10 份一年需缴的钱数报的，这样报价容易使人感觉价格比较高，买保险可望而不可及。而后者是按买一份保险一天要拿出多少钱说的，爸爸妈妈们听起来，会觉得一天省下 10 元钱是不难做到的，这样他们就会对投保产生浓厚的兴趣。由于后者把价格进行了细分，更容易被客户接受。

③比较法。

服务人员面对客户提出的价格异议，不要急于答复，而是以自己产品的优势与同行的产品相比较，突出自己产品在设计、性能、声誉、服务等方面的优势，也就是用转移法化解客户的价格异议。

常言道："不怕不识货，就怕货比货。"由于价格在"明处"，客户一目了然，而"优势"在"暗处"，不易被客户识出，而不同生产厂家在同类产品价格上的差异往往与某种"优势"有关，因此，服务人员要把客户的视线转移到"优势"上。

在某家具商场，一位客户欲买一套组合柜，但看到这里的标价比别处贵一些后，有些犹豫不决。这时服务人员主动走上前向这位客户介绍说："我们这里卖的柜子与别人卖的不一样。请您看看这木料、烤漆都是上乘的，做工也很考究，不仅结实，也很光亮。还有，我们的柜子比一般的要深 100 毫米，放物空间大 6%。我们的拉门也比一般的精致、灵活、耐用，不管怎么拉都非常方便自如。另外，我们这里的组合柜还做了两个抽屉，并配有暗锁，可以放一些较贵重的东西。这一比你就知道，我们这里的组合柜与一般的组合柜不能相提并论。您多花上一点钱所得到的好处是一般组合柜的两倍以上。"客户听了介绍后，得知这里的柜子有这么多的优点，也就不再犹豫了。

在生活中人们也碰到这样的情况：当客户说"某某商店比你这里卖得便宜"时，服务人员"回敬"一句"那你就去他那儿买去吧"。在这种情况下，客户找不到做"上帝"的感觉，十有八九会"说走咱就走"，生意告吹。

8. 时间异议

时间异议是指客户自认为购买产品的最好时机还未成熟而提出的异议。

（1）常见说法："我们还要再好好研究一下，然后再把结果告诉你。""我们现在还有存货，等以后再说吧。"

（2）产生原因：

不同阶段提出的购买时间异议，反映了客户不同的异议原因。

①销售活动开始时提出：应视为是一种搪塞的表现，是客户拒绝接近的一种手段。

②在销售活动进行中提出：大多表明客户的其他异议已经很少或不存在了，只是在购买的时间上仍在犹豫，属于有效异议。

③在销售活动即将结束时提出：说明客户只有一点点顾虑，稍加鼓励即可成交。

（3）解决方法：

在销售活动中，在听了详细的产品介绍之后，客户经常会提出购买时间异议拖延成交的时机。实际上，客户借故推托的时间异议多于真实的时间异议，他们主要是为了对所购产品进行更多的比较或者为了争取更大的价格或者服务优惠。针对这种异议，可以采取以下几种策略进行应对。

①货币时间价值法。

一般说来，物价的变化会随着时间的推移而上扬。服务人员可以结合产品的情况告诉客户，未来产品的供求关系很有可能会发生变化，随着物价水平的上升，客户可能要花费更多的金钱来购买同等数量的商品，而且拖延购买不仅费钱，还要费时、费力，增大客户的机会成本和时间成本，不符合现代社会"时间就是金钱，效率就是生命"的观念。

②良机激励法。

在对客户有利的时机激励客户，使其不再犹豫不决，当机立断，拍板成交。例如，可以说："目前正值展销期间，在此期间购买可以有20%的价格优惠。""货已经不多了，如果您再犹豫的话，就可能被别人买去了。"但要注意的是，使用这种方法必须确有其事，不可虚张声势欺诈客户，否则将适得其反，欲速则不达。

③潜在风险法。

利用客户意想不到但又很可能会发生的一些潜在风险对客户进行影响。例如通过厂家调价、原材料涨价、宏观政策调整、市场竞争格局改变等情况对客户进行影响，使客户认识到存在的这些不确定因素可能给自己带来的损失，促使客户尽早做出购买决定。

④竞争诱导法。

服务人员向客户指出购买产品将会使客户在某些方面获益，而且这些好处已经在他的竞争对手那里得到了证实，客户如不尽快购买产品，将会在与同行的竞争中处于不利位置。这种方法可以打破客户心中假定的竞争均衡格局，引起客户对其所处环境的关注，从而促使客户为了改变其所处形势而做出购买决定。

9. 财力异议

财力异议也称为支付能力异议，即客户自认为无钱购买产品而产生的异议。

（1）常见说法："产品不错，可惜无钱购买。""近来资金周转困难，不能进货了。"

（2）产生原因：客户早已决定购买其他产品；客户不愿意动用存款；服务人员说明不够而使客户没有意识到产品的价值。

（3）解决方法：向客户了解新的钱款何时到位，并迅速出击；请客户试购，试用产品；帮助客户发掘潜在资金；提供贷款担保。

10. 政策异议

政策异议是指客户对自己的购买行为是否符合有关政策的规定而有所担忧，进而提出的一种异议，也称为责任异议。

（1）常见说法："政府实施限购，这个房子我们还可以买吗？""我想参加你们的活动，我可以预付定金，但后面如果我不想买了，定金能退吗？"

（2）产生原因：客户对有关政策了解少，不清楚。

（3）解决方法：若客户因不了解有关政策而提出无效的政策异议，则服务人员只需把有关政策说清楚、讲明白，便不难解决客户异议；若属于有关政策明确规定不能购买的情况，则应该立即停止销售活动，切不可欺骗客户。

（三）异议处理技巧

异议处理五步法：

①细心聆听。

②分享感受。

③澄清异议。

④提出方案。

⑤要求行动。

例：在和客户进行沟通，邀请客户参加公司活动时，客户以"我很忙，没时间去"为由推托。按照异议处理五步法怎么处理？

①细心聆听。

不要插嘴，要等客户说完，不许反问客户。

②分享感受。

回复："当然了，张总现在公司这么大，业务这么多，忙是很正常的！"

③澄清异议。

回复："除了时间的关系，还有没有其他原因张总不能参加呢？"

④提出方案。

回复："其实，张总，以前我有很多客户都是因为太忙没有时间去了解培训，但他们听了我们公司的研讨会后，都觉得很感兴趣，而且发现对企业发展有很大的帮助，反正都不会占用太多的时间，所以现在他们反而经常主动打电话给我，要我再给他们最新的培训课程表。"

⑤要求行动。

回复："这样吧，张总，我们本月只有最后两场重量级的研讨会，时间分别是×月×日和×月×日，这是个了解课程的最好机会，您看是预定两张还是三张？"

拓展资料

成功先生与失败先生

在工作过程中，服务人员可能会面对各种各样的拒绝。对于客户的拒绝，有的人积极应对，有的人则消极低落。不同的应对态度，则会产生两种不同的结果。以下这则小故事，给出了更形象的说明。

你的头脑是一个"思想制造工厂"，一个非常繁忙、每日制造无数思想的工厂。工厂由两位工头负责。一位我们称他为"成功先生"，另一位我们称他为"失败先生"。

成功先生负责正面思想的生产，他的专长是生产你会成功的理由。另一位工头失败先生负责生产负面、自贬的思想，他的专长是制造你会失败的理由。成功先生和失败先生都非常听话，你只要稍稍给他们信号，他们就会马上采取行动。如果事情是正面的，成功先生就会出来执行命令。反之，负面的信号，失败先生就会出来完成任务。

想要了解这两位工头对你的影响，你不妨这么做：告诉你自己"今天真倒霉"。失败先生接到这个信号，立刻制造出几个事实证明你是对的。他会让你觉得今天太热或太冷、生意冷清、售货量减少、有人不耐烦、你生病了、你太太心情不好。失败先生非常有效率，不到一会儿工夫，你就感到今天真倒霉。

如果你告诉自己"今天是个好日子"。成功先生接到信号出来执行任务，他告诉你"今天天气好、你仍然快乐地活着、你又可以赶些进程"，那么，今天就真的是个好日子。

同理，失败先生让你相信你无法说服史密斯先生，成功先生则告诉你可以，失败先生说你会失败，成功先生则让你相信你会成功。失败先生找到了冠冕堂皇的理由，叫你不喜欢杰克，成功先生则叫你相信杰克是值得喜欢的。

你给他们的信号愈多，他们就变得愈有权力。如果失败先生的工作增加，也就会增加人员，占据脑部更多的空间，最后他就霸占了整个思想工厂。可想而知，所有生产出来的思想都将是负面的。所以，最聪明的办法就是开除失败先生。你不需要他，你也不想他在你旁边告诉你这不能、那办不到、会失败什么的。既然他无法帮你达到成功的目的，干脆一脚把他踢开。

完全重用成功先生，不论任何思想进入你的脑中，派成功先生去执行任务，他将引你步向成功。

启示：

一个推销员一天拜访 100 个客户，可能遭到拒绝的有 90%，对于意志薄弱的人来说，失败感和挫折感会油然而生，但是你想还有 10% 的客户接受了你的意见，你还是成功的呀。所以，在我们的生活和工作中，难免会有不如意或情绪低落的时候，但我们还有能够成功的因素，我们为什么不乐观一点，派成功先生去执行任务呢？

四、案例分析

以下为同一品牌、同一商品，不同导购员在接待客户、回答客户异议时的完整对话。

1. 场景 A

客户：你们的售后服务怎么样？

导购员 A：您放心，我们的售后服务绝对一流。我们公司多次被评为"消费者信得过企业"，我们的售后服务体系通过了 ISO 9000 的认证，我们公司的服务宗旨是客户至上。

客户：是吗？我的意思是说假如它出现质量问题等情况怎么办？

导购员 A：我知道了，您是担心万一出了问题怎么办？您尽管放心，我们的服务承诺是三天之内无条件退货，一周之内无条件换货，一月之内无偿保修。

客户：是吗？

导购员 A：那当然，我们可是名牌，您放心吧。

客户：那好吧。我知道了，我考虑考虑再说吧。谢谢你，再见。

导购员 A：……再见。

2. 场景 B

客户：你们的售后服务怎么样？

导购员 B：王先生，我很理解您对售后服务的关心，毕竟这可不是一次小的决策。那么，您所指的售后服务是哪些方面呢？

客户：是这样，我以前买过类似的产品，但用了一段时间后就开始漏油，后来拿到厂家去修，修好后过了不到一个月又漏油，再去维修时对方说要收 5 000 元修理费，我跟他们理论，他们还是不愿意承担这部分的费用，我没办法，只好自认倒霉。不知道你们在这方面是怎么做的？

导购员 B：王先生，感谢您的坦诚，除了关心这个您还有其他方面的问题吗？

客户：没有了，主要就是这个。

导购员 B：那好，王先生，我很理解您的心情，确实我们遇到客户也提过同样的问题。我们公司的产品采用的是标准的加强型油路设计，这种设计具有极好的密封性，即使在正负温差 50 度或者润滑系统失灵 20 小时的情况下也不会出现油路损坏的问题，所以漏油的概率极小。当然，任何事情都有万一，如果真的出现了漏油的情况，您也不用担心，我们的售后服务承诺是从您购买之日起 1 年内免费保修，同时提供 24 小时的主动上门服务。您觉得怎么样？

客户：那好，这样我放心了，给我下单吧。

讨论：对比两个场景，请分析导购员 A、B 在面对客户异议时的表现，以及在解答异议过程中带给客户的感受。

五、实训活动

【实训目标】

通过实训情景模拟，让学生准确分析客户异议的类型并掌握处置的要领。

【实训要求】

两人为一组，根据情景进行角色扮演。学生根据客户提出的异议，展开沟通实践。

【实训内容】

根据情景模拟，学生分饰客户、客服角色，模拟现场异议处置的对话。

【实训情景】

异议发生场景及类型由学生自行决定，现场进行演示。

【考核】

根据模拟展示来综合评定成绩。

客户投诉处理

任务1　客户投诉认知

一、任务目标

知识目标：

（1）了解客户投诉的概念。

（2）了解客户投诉的原因。

（3）了解客户投诉的内容、重要性及其对企业的意义。

能力目标：

（1）能够针对投诉快速判断是何种类型的投诉。

（2）能够通过客户描述对投诉原因进行分析。

素质目标：

（1）培养学生职业素养。

（2）培养学生不畏困难、乐观向上的意识。

（3）培养学生良好的身心素质和健康的心理。

（4）培养学生团队合作精神。

二、引导案例

沃尔玛是国际知名零售连锁公司，总部位于美国，经过几十年的不断发展和壮大，现拥有超过1万家门店，业务范围遍及全球27个国家和地区，员工总数超过220万人，2019年年销售额达5 144亿美元，其所销售的产品涉及日常生活的各个方面。在这样的规模下，被客户投诉是在所难免的，关键是如何处理投诉。

讨论：如果你在沃尔玛工作，你将怎样看待这个问题？

三、相关知识

（一）客户投诉概述

客户投诉是指客户在接受和使用产品或服务的过程中，发现或认为其存在问题，自己利益受到侵害，因而向企业提出诉求，其中包括退换产品、补救服务失误、赔偿一定损失等。客户投诉是客户对企业客户服务的一种评判和反应，是客户维护自身权益的具体表现和正当行为。

不同行业、不同企业对于投诉的看法不同。进行投诉处理时，企业应当仔细分析企业的产品、服务、客户群乃至企业的文化导向，制定出最适合企业的准确的投诉定义。下定义的目的是更好地进行管理，对不同类型的投诉适用不同的流程，以便进行统计、分析和监控。对投诉下定义的原则是便于员工理解和操作。

企业在正常运营过程中，总是希望自己的产品或服务能够卖出去，让客户觉得物有所值，满意而归。没有哪个企业希望看到客户投诉，客户代表着订单，代表着收入，关系到企业的生死存亡。但是，在企业的经营过程中，客户投诉始终存在，并且客户投诉一旦发生就不能回避，必须积极面对。

积极看待客户投诉，首先要正视客户投诉。投诉传达的是客户的不满。客户投诉，说明他对企业的部分产品或服务持否定评价。即使企业提供的产品或服务本身没有问题，客户投诉是出于误解，这仍是企业的错——为什么没有让客户正确地理解呢？即便企业已经事先做了大量的宣传和解释，一般客户都已明白，但个别客户还是不理解，这仍是企业的错——为什么没有个性化的服务呢？总之，客户永远是对的。

客户投诉会给企业带来压力和烦恼：客户要求退货、赔偿，企业的销售业绩和收入会受到影响；客户投诉的处理占用了大量的人力，增加了企业的人力成本，耗费了企业的资源；有的投诉客户唯恐事情闹不大，到处散布不满言论甚至诉诸媒体。这些投诉一旦处理不慎，就会给企业带来严重的负面影响。所以，要积极面对客户的投诉，正视投诉对企业的影响。

（二）客户投诉的原因

许多企业都有过这样的经历：一夜之间，突然发现自己陷入了投诉旋涡，成为客户、消协、媒体等的众矢之的。

客户为什么要投诉呢？简单地说，客户是基于不满才投诉的。不满的直接原因在于客户的期望值和实际感知之间的差距。之所以在企业与客户之间出现了差异，绝大多数是企业方面的原因，其次也有消费者等方面的原因。

1. 企业方面的原因

（1）产品质量存在缺陷。

根据《中华人民共和国产品质量法》的定义，产品缺陷是指产品存在危及人身、他人财产安全的不合理的危险；产品有保障人体健康和人身、财产安全的国家标准、行业标准的，是指不符合该标准。存在质量缺陷的产品可分为：假冒伪劣产品、标识不当的产品、质量瑕疵产品。如果产品存在缺陷，消费者可向企业投诉、索赔，国家相关质量监督部门要对企业做出处罚，同时产品生产企业的相关责任人也应承担相应的责任。

（2）服务质量。

国内一些优秀的产品品牌，如联想、海尔，都很重视服务的质量，它们在做好产品的同时，纷纷确立了"服务制胜"的战略，以周到、优质的服务作为自己的竞争优势。

常见的服务问题有：

①应对不得体。具体表现在以下几个方面。

第一，态度方面。一味地推销，不顾客户反应；紧跟客户，像在监视客户；客户不买时，马上板起脸。

第二，言语方面。不打招呼，也不答话；说话过于随便。

第三，销售方式方面。不耐烦地把展示商品拿给客户看；强制客户购买；对所销售的商品一无所知，无法回答客户的咨询。

②给客户付款造成不便。算错了钱，让客户多付了；没有零钱找给客户；不收客户的大额钞票；金额较大时拒收小额钞票。

③运输服务不到位。送大件商品时送错了地方；送货时导致商品污损；送货周期太长，让客户等太久。

④售后维修质量不达标。

⑤客户服务人员工作的失误。

（3）宣传误导。

商家有了好产品，还需要运用各种手段广泛宣传产品，以赢得客户的关注和认可。企业做宣传时都会千方百计地突显产品的优势，但是广告宣传过了头，或者不兑现广告承诺，就变成了误导消费者，甚至变成了欺诈。具体表现在以下几个方面。

①广告承诺不予兑现。

②无限夸大产品效果，广告内容虚假。

③只讲好处、优势、优惠，不讲缺陷。

（4）企业管理不善。

有专家研究客户投诉的原因，结论是8%的客户投诉来自产品质量或价格，40%的客户投诉来自服务和沟通。此外，还有很多因素也会导致客户投诉。但不论何种原因，根源还是企业管理不善。具体表现为：

①企业机制问题。对上级负责，对任期考核负责，而不对市场和客户负责。

②职能部门各行其是，业务流程混乱。

③人力资源危机。

④投诉管理缺失。缺乏投诉管理机制，一线人员没有及时的后台支持，部门沟通、协作不畅；已有投诉难以消除或减少，造成大量重复投诉，造成了企业资源浪费；出现公关危机时不能有效应对，造成了投诉面的扩大和升级。

企业要保住和获得更多的客户，就必须在企业内部建立良好的客户投诉管理体系，并不断研究如何从投诉管理走向投诉经营，这样才能使客户的抱怨得到有效处理，并使之价值实现最大化。

2. 消费者方面的原因

客户投诉最基本的原因是对产品或服务不满。投诉行为与客户的经济承受能力、闲暇时间充裕程度、个性特征、自我保护意识密切相关。

（1）客户的经济承受能力与投诉的关系。

一般来说，客户是根据自身的经济能力来选择相适应的产品或服务的；但有的时候也不尽然，如低端客户可能选用高端产品，高端客户也可能选用低端产品。如果低端客户选用高端产品，他对产品的期望值就会超出高端客户，潜在的投诉率也高。

当一种产品或服务开始由高端市场转向中低端市场时，往往销售量会增加，而且与销售量相比，投诉比率也大增。这不是产品或服务本身质量下滑造成的（当然不排除由于企业销售量增大，质量控制和服务没有及时跟上，造成产品或服务质量确实下滑），而主要是中低端客户的预期值较高。例如，近几年来，手机产品、移动通信服务、汽车等产品或服务的投诉量居高不下。

企业要特别注意这样的问题，原来定位于高端市场的产品，一旦由于经济的发展，人们生活水平的提高，出现了"飞入寻常百姓家"的趋势时，不能沾沾自喜于销售量的大增，而要看到其中的隐忧，即在满足市场需求的同时，要加倍做好服务和投诉管理。

（2）客户的闲暇时间充裕程度与投诉的关系。

投诉是一件辛苦的事情，需要花费客户大量的时间。相当多的客户放弃投诉是权衡了自己的时间价值后做出的选择。有相当一部分"不屈不挠"的投诉客户有大量的闲暇时间，或者工作比较清闲，或者处于无业状态，这部分客户对企业的潜在价值和贡献其实是相对较低的。但他们对企业的伤害可能是很大的，因为他们有足够的时间到处投诉。

此外，在企业处理投诉的基层，被随随便便"打发"的客户，却很可能是企业的高价值客户。同时，企业在处理一些"不屈不挠"的客户的投诉时，要注意防止出现客户投诉升级的情况。

（3）客户的个性特征与投诉的关系。

素质高、修养好的客户，处理问题比较客观、冷静，即使因需求无法得到满足而进行投诉，也会比较理智，一般不会使矛盾升级，但会影响其今后的购买行为。素质低、修养差的客户，往往斤斤计较，稍有不满，就会投诉，若投诉解决得不好，还会使投诉升级。此外，性格温顺的人投诉少，性格怪僻、暴躁的人投诉多。

（4）客户的自我保护意识与投诉的关系。

客户自我保护意识的增强，是客户投诉增多的一个重要原因。特别是《中华人民共和国消费者权益保护法》的出台，对于消费者自身权益的保护起到了积极的促进作用。

3. 其他原因

（1）政府监管不到位。

为帮助消费者维权，工商部门加大了对违法违规企业的查处力度，但仍会出现监管不到位的情况，为此，工商管理部门开通了"12315"热线，鼓励消费者自觉维权。

（2）法制不健全。

法律规定滞后于经济发展，法律存在空白点。例如，法律对精神损害赔偿无明文规定，遇到此问题时商家与消费者协商无据可依；商家与消费者的小额争议缺乏快捷的解决途径，诉讼成本过高；社会公众缺乏基本法律常识，某些民间团体、媒体记者对法律的误读也对公众形成某种误导。

（3）社会信用缺失。

某些不良企业和经营者欺诈消费者，得逞后人去楼空，换个地方继续行骗，造成消费者对商家产生戒备心理，增加了沟通难度；某些消费者恶意投诉，以投诉之名，行敲诈勒索之实，因为没有社会信用记录，有恃无恐，成为企业头疼的"钉子户"。

处理客户投诉是客户管理的重要内容。出现客户投诉并不可怕，问题是如何正确地看待和处理客户的投诉。一个企业要面对各种各样的客户，每天进行着庞大、复杂的经营业务，要想做到每一项业务都能使每一个客户满意是很难的。所以，我们要加强与客户的联系，倾听客户的不满，不断纠正企业在经营过程中出现的失误，补救和挽回给客户带来的损失，维护企业声誉，提高产品形象，做到留住老客户的同时吸引新客户。

（三）客户投诉的内容

企业经营的各个环节均有可能出现问题，所以客户的投诉内容可能涉及产品及服务的各个方面，具体可归纳为如下几个方面。

（1）商品质量投诉：主要指产品在质量上存在缺陷、产品技术规格超出允许误差等。

（2）购销合同投诉：主要包括产品数量、等级、规格、交货时间、交货地点、结算方式、交易条件等与原购销合同约定不符。

（3）货物运输投诉：主要包括货物在运输途中发生损坏、丢失和变质，或因包装或装卸不当造成损失等。

（4）服务提供投诉：主要包括对企业各类人员的服务质量、服务态度、服务方式等提出的批评与抱怨。

拓展资料

品牌发货再召回惹投诉

多个网友在小红书发帖称，联合利华旗下宠物品牌哆力星球淘宝店因优惠券设置错误，原价152元4袋的猫砂券后只需16元，平均每袋4元。

错误的价格导致该款猫砂订单量激增，但商品发货后，商家未经消费者同意便直接将包裹召回，被网友诉称"虚假发货""损害消费者权益"。

该淘宝店发放了"152元立减93元"大额优惠券，每个账号能够领取两张优惠券。原价76元的酵素混合豆腐猫砂2kg×2袋，消费者购买两组（即总价152元共4袋），使用优惠券后最终价格只需16元，平均每袋4元。若不使用优惠券，该款猫砂日常价为每袋22.25元。在该淘宝店可以看到，上述商品共有超过3万人付款，月销量超过7万余件。不少消费者亦在小红书、微博等平台晒出"薅羊毛"低价购买猫砂的付款截图。

随后，不少消费者发现其购买商品发货后，物流状态却显示"您的包裹经商家同意，正在退回"。据消费者反映，在此之前未接到商家通知。

事情发生后，淘宝店运营人员的店员联系消费者称，自己由于赶去医院照料生病的家人，将产品的促销活动设置错误，导致到手价低于成本价，给公司造成严重损失，"一年白干都还不够赔"，并乞求消费者退款。

此前，多品牌同样存在优惠设置错误导致销量暴增的情况，由于出现"赶去医院照顾妻子/家人""出身农村家庭""有孩子、老人需要供养"等高度相似的情节，淘宝店店员被疑在"卖惨""道德绑架"。

虽然另有客服给出不同的解释，称"商品出现漏洞，导致大量钻空子的恶拍行为发生"，但同样未得到消费者的认可。

该淘宝店目前提供两种方案：一是消费者以成本价59元购买4袋猫砂；二是消费者申请退款，每单予以赔偿10元。大多数消费者表示不接受，并将采取投诉等手段。

此前，在类似的"运营事故"中，商家应该按《电子商务法》规定，只要消费者确认了价格，支付了价款，那么此合同就已成立，并且商家不能以任何理由说合同不成立。

摘自：《优惠券误设致"一年白干"？联合利华宠物品牌发货再召回惹投诉》
和讯网　作者：佚名

四、案例分析

某女士在一商业街购物，走到一品牌服装店前，看到一行醒目的大字："店内所有服装一律55元"。该女士喜出望外。因为她平时也留意到这个品牌，质地、款式都比较满意，只是认为价格有点偏高，差不多都在300元以上。突然看到这么好的机会，就走进店内挑了六件衣服并刷了卡，等刷完卡签完名后才发觉她的每件衣服平均都在150元以上。她非常吃惊，明明写的是55元，怎么突然多出了这么多钱，于是问售货员是怎么回事。售货员带她到门前宣传牌处再仔细看，才发现是55元起，只不过"起"的字号比其他字的字号小多了。客户当时非常恼火，认为这是明显的价格欺诈行为，要求退款。而售货员认为是客户自己没有看仔细，且刷卡时金额已有显示，如有疑问客户为什么还要按密码确认支付，坚持不退款。于是双方争执不休，最后客户打电话到工商部门、消费者权益协会投诉。

讨论：根据场景，请分析客户投诉的原因。

五、实训活动

【实训目标】
通过情景模拟，学生准确分析客户投诉的原因。

【实训要求】
根据所提供的案例，进行分析并撰写案例分析报告。

【实训场景】
爱美之心人皆有之，但不少消费者为了追求美而听信虚假广告的宣传，导致身体受伤害。近日，某市工商局就调解了一起花费近万元做美容护理却只受痛不管用的投诉。上一个月，张女士陪朋友到市区某美容会所做皮肤护理，老板娘陈某不失时机地拿出一些宣传册，向张女士进行宣传，称她们引进的设备是最好的，数十项美容项目也是最先进的，美容师是从国外学习回来的医师等。美容会所还承诺，护理18次，每星期3~4次，15天后就会有明显效果。张女士动了心，当即拿出9 000元钱，开始了她的"美丽之旅"。半个月里，张女士先后6次做了面部、经络疏通等护理。15天很快过去了，张女士不但没有感觉到宣传的效果，反而感到疼痛难忍。张女士要求美容会所停止护理，并退还所交款项 9 000 元，但遭到了拒绝。无奈之下，张女士向市工商部门投诉。工商人员调查后发现，该美容会所个别护理项目存在虚假宣传行为。经过工商人员教育和调解，经营者退还了张女士 5 000 元。

【考核】

根据小组提交的案例分析报告评定成绩。

任务2　客户投诉心理分析

一、任务目标

知识目标：

（1）了解客户投诉心理相关内容。

（2）了解客户投诉的对应需求内容。

能力目标：

（1）能够简单分析客户投诉心理过程。

（2）能够快速了解客户实际需求并有针对性地进行处理。

素质目标：

（1）培养学生职业素养。

（2）培养学生爱岗敬业、乐观向上的工作态度。

（3）培养学生良好的身心素质和健康的心理。

二、引导案例

48 岁的李女士最近刚搬到新房，准备配置一批新家电。某日，她在一家家电连锁店门前，看到这样一行醒目的广告：当天购物金额满 10 000 元，就有机会获赠 21 英寸液晶电视机一台。李女士粗略一看，将它理解成了"只要当天购物金额满 10 000 元就可以赠送一台 21 英寸液晶电视机"，觉得很合算，便将家里计划要买的电冰箱、空调、洗衣机等家具全在这家连锁店当天买下了。买完后拿着小票去服务台领电视机，但服务员告诉她并不是购物金额满 10 000 元就送，而是先抽奖看能不能抽得到。李女士一听傻眼了，说"你这不是耍人吗"，于是投诉到客户服务中心。客户服务中心人员过来解释广告语，特别是"有机会"，机会就是抽奖，并不一定就有。可李女士运气差，什么都没抽到。于是客户服务中心人员额外赠送了一台豆浆机送给她作为安慰奖，李女士非常满意，表示以后有什么家电要买的，她还会选择这家连锁店。

讨论：是什么让李女士从原来的不理解、不高兴到后来的满意而归？

三、相关知识

投诉心理

（一）客户投诉分析

客户投诉分析是一项非常重要的工作，是圆满地解决客户投诉问题的关键，通常可以从以下几个方面着手。

1. 投诉客户的性格分析，即"什么人"在投诉

对于客户性格的分类有四个指标：第一是感性；第二是理性；第三是优柔；第四是率直。综合这四个指标可将投诉客户分为完美型客户、力量型客户、活泼型客户、和平型客户。

（1）完美型客户。

完美型客户非常善于做理性分析，他们追求完美，对人、对物、对事往往比较苛刻，他们是天生的批评家，逻辑严密，理由充足，有种咄咄逼人的架势。通常商家没有办法拒绝这类投诉客户的要求。对这类投诉客户，商家首先要表现出切实解决问题的诚意，之后慢慢分析，依据目前的条件，解决问题可以达到什么程度，晓之以理、动之以情，让客户逐步放弃他提出的一些过于苛刻的要求。

（2）力量型客户。

力量型客户说话很率直，不在乎其中的细枝末节、来龙去脉，只要求处理的结果令他满意，而且意志非常坚决。这类客户也很理性，目标意识非常强，为达目的，不太关注别人的情感，也可以说在情感方面感觉比较迟钝。该类客户追求的是工作效率和支配地位，不喜欢被驱动、被强迫，不要让他感觉你在强迫他接受什么处理方案，否则会激怒他。不过，该类客户过于追求办事效率，显得比较缺乏耐心。因此，对力量型客户的投诉处理一定要快，力争在较短的时间内拿出解决问题的方案。

（3）活泼型客户。

活泼型客户对人很感性，说话率直，喜欢先说了再做，而不管是否能够兑现。他们性格随和，比较容易沟通，他们的表现欲望比较强，而且希望得到别人的认同和赞美，另外他们喜欢新鲜、新奇的事物。因此，处理活泼型客户投诉之前，最好先套套近乎，把对方的"心情"处理好，然后再处理投诉的问题。

（4）和平型客户。

和平型客户为人非常感性，这样的客户一般很少跟你说"不"，也比较容易相处，很少会与别人起冲突。处理和平型客户的投诉，气氛相对其他类型的客户来说是比较轻松的，但是不一定能轻易解决。因为和平型客户非常有耐心，他们不喜欢在太短的时间内接受某个处理方案，他们会相互比较各个解决方案。因此，在处理和平型客户投诉时一定要注意站在对方的角度，让客户感觉到"这样处理是为你着想"，必要时可运用"激将法"去推动投诉的处理。

当然，人的性格类型具有多面性，很少有人属于单一类型，因此，在处理客户投诉时，还需依据客户性格的多面性采取一些灵活的处理策略。

2. 客户投诉的原因分析，即"为什么"投诉

做任何事情都需要寻"因"问"果"，客户投诉也不例外。客户为什么会投诉？客户当

初既然与商家打交道，买它的产品或服务，说明他对商家是信任的，相信商家会给他提供满意的产品与服务，但后来发现情况并不是这样的，他就会有抱怨，有不满，就会投诉。很明显，客户其实也不希望投诉，对于客户而言，他们也希望自己的购买是对的，是合理的，是正确的。

（1）产品或服务的质量。

产品或服务的整体概念中最基本、最重要的就是产品或服务的质量，这是客户购买产品或服务考虑的首要因素。如买空调首先希望它的制冷功能好，买消毒柜首先希望它的消毒、杀菌功能强等。如果客户购买的商品存在功能缺陷、性能不全等质量问题，投诉必然会发生。从实践中看，虽然经过多年的努力，但目前我国消费类产品的质量状况仍不容乐观，质量问题依然是困扰消费者的首要问题。

（2）产品或服务的价格。

尽管因价格投诉的比例相对来说不是很多，因为价格再高也是你看了之后才买的，一个愿打一个愿挨，按理不会有什么投诉。那么为什么还会有价格方面的投诉呢？这主要体现在价格欺诈上。价格欺诈是指运用模糊、虚构标价，隐蔽附加条件，用醒目的字眼误导消费者等产生的不诚实的定价行为。

（3）服务的层次。

实物商品是有形的，而服务则是无形的。随着科技的发展，同类产品之间的"质"与"形"上的差距越来越小。因此，企业在做好产品质量的同时，还必须确立"服务制胜"的战略，以周到、优质的服务作为自己的竞争优势。

如何理解服务呢？国外一些老牌企业将服务细分为五个层次：第一，企业希望提供的服务；第二，企业能够提供的服务；第三，企业实际提供的服务；第四，客户感受到的服务；第五，客户期望得到的服务。

这五者之间，任何一个层次没有做好，如服务设施落后或项目欠缺（硬件服务）、服务方式或态度不佳，或者表现出对客户的不信任、不耐烦及其他不当的评价、议论（软件服务）等，客户的投诉都有可能发生。

（4）诚信的缺失。

诚信投诉主要体现在：商家不遵守合同或承诺；通过广告或推销员的口头宣传，夸大产品的价值和功能，不切实际地美化产品；随意承诺兑现不了的服务。

（5）客户自身原因。

客户投诉也不一定全是商家的原因，有时是客户自己操作不当或者理解有误造成的。这类原因造成的投诉，并不能因不是商家的原因，就可以免除商家责任，不处理或不认真处理。而是首先要注意与客户沟通好，帮助他们消除误解，并做好安抚工作，如条件许可不妨送个小礼物什么的。客户自身原因造成的投诉，如果处理得当，令客户满意，很容易培养、提高客户的忠诚度。

（二）客户投诉的心理动机与需求分析

客户投诉心理是客户对所要购买产品（服务）或已经购买的产品（服务）不满意而产生的一种心理活动。了解客户的投诉心理，可以做到知己知彼，有利于化解怨气、解决问题。客户投诉的心理动机与需求一般有以下几种。

1. 求发泄的心理

当客户遭遇不满时，心情绝对是非常糟糕的，这时他的一个最基本的心理需求就是要将不满传递给商家，把自己的怨气、抱怨发泄出来，以取得心理上的暂时平衡。耐心地倾听，使客户不愉快的心情得到释放和缓解是最好的处理方式。切忌打断客户，让他的情绪宣泄中断，郁积怨气。因为客户发泄的目的在于获得心理上的平衡。另外，还要尽可能营造愉快的氛围，感染或引导客户走出低落的情绪。因此，很多公司在招聘客户服务人员时常强调要有开朗、乐观、活泼的个性，因为他们容易营造宽松、愉快的气氛，有利于缓解投诉客户的心情。

2. 求尊重的心理

有些客户情感比较丰富，他们在接受产品或服务后产生了挫折和不愉快进行投诉时，总希望得到同情、尊重和重视，并希望商家能向其道歉并立即采取相应的措施。因此，对待这类投诉客户，只要客户服务人员耐心多一点、态度好一点、诚意多一点、行动快一点，是比较容易处理的。但如果漠然处之，则极易引起客户的不满和反感。如张先生在某家电连锁店购物，因为感冒觉得店内的温度太低，便到客服中心建议能否将空调温度调高点。但接待他的客服人员一边对着电脑一边听他讲，甚至连头都没抬起来。客服人员心不在焉的态度，让他感觉很生气，于是他转向客服经理投诉。

3. 求补偿的心理

客户投诉的目的在于补偿，这是因为客户觉得自己的利益受到了损害。客户期望的补偿并不仅仅是指物质上的，还包括精神上的。这类客户属于就事论事理智型客户，他们在遭遇不满后，基本上不会情绪失控地吵闹，而是理智地提出要求补偿的理由及相应的补偿需求。

4. 求认同的心理

客户在投诉过程中，一般都努力向商家证实他的投诉是对的，是有道理的，并希望获得商家的认同，这也是为什么客服工作总是强调"客户永远是对的"。无论客户提出什么样的投诉都有他的道理，而且在客户看来，商家要有"承认错误"的态度，以及"改正错误"的行动。因此，在处理抱有求认同心理的客户投诉时，首先在态度上要谦虚，要显得有诚意，不要争辩，以免让客户觉得你在抵赖。

5. 求表现的心理

有些好表现、"好为人师"的客户喜欢提一些建议性的投诉，他们希望通过这种方式获得一种成就感。这类客户往往存在潜在的表现心理，"你们怎么可以这样做，你们应该如何如何"等。对抱有求表现心理的投诉客户，应先认可他们提出的建议中的合理部分，满足他的成就感，并且向他表示感谢或尊重之意，维护他的尊严和形象。当然，对于无理性的要求，应委婉地拒绝。

6. 报复心理

自我意识过强、情绪易波动的客户投诉时，一般对于投诉的所失、所得有着粗略但却理性的经济预期。当客户对投诉的得失预期与企业方提供的补偿相差过大时，或者客户在宣泄情绪的过程中受阻或受到"伤害"时，某些客户就会产生报复心理。

抓住客户投诉的心理动机，满足客户的心理需求，帮助客户解决实际难题，才能真正解决客户的投诉。

拓展资料

投诉石沉大海、客户灰心失望

王先生在某 App 上下单买了一批东西，选择的是送货上门。第二天下午，配送员给他打电话到小区门口取货。王先生因有工作走不开所以要求送货上门，但是配送员却以小区人车分流以及东西太重为由不给配送上门。王先生跟对方强调的确是走不开，对方就说等王先生什么时候有时间再给其配送。王先生问其是否确定不送货上门了，对方依旧强调只给送到小区大门。王先生告知配送员将如实向平台反映后，对方直接挂断了电话。

随后王先生在 App 上跟客服反映了。客服只是简单做了记录，一问三不知，最后让王先生自己联系配送员。后来王先生再次给配送员打电话，配送员依旧是不送货上门。王先生又打了客服电话反馈这个问题，客服说会向上面反馈。

一天后，王先生发现在没有任何人告知的情况下，订单被取消并且退款。王先生随即拨打该品牌 400 电话，客服告知会在 24 小时之内给其答复。24 小时后，王先生并没有等来客服的回复。王先生再次拨打电话，客服再次让其把事情说一遍，并没有任何的道歉，后续的沟通中一直也都没有歉意，而是直到王先生说最起码要有个道歉，客服才说了句道歉的话。整个沟通过程中，客服以"订单太多，配送员工资太少，配送员大多是门店的店员，不是专门的配送人员"等来让王先生理解，并未关注客户的诉求。

配送人员及客服人员的表现，让王先生感受到了企业的傲慢，对于投诉的结果表示沮丧及失望。企业也因此失去了一个忠诚客户。

四、案例分析

王先生约几个生意朋友在某酒店用餐，该酒店可能是出于对客户关注的考虑，要求包间的服务员如没什么事要待在包间随时听候客户吩咐，王先生觉得聚会用餐中有很多隐私的话题，在一个陌生的服务员面前谈，非常不方便。于是他向客户经理投诉："你们安排服务员待在包间里让我们怎么说话，你不懂得尊重别人的隐私权吗？"客户经理表示他们的安排确实有考虑不周的地方，感谢王先生的提议，并吩咐王先生包间的服务员到门外守候。

讨论：根据场景，请分析王先生的客户类型及投诉的心理。

五、实训活动

【实训目标】

通过情景模拟，学生准确分析客户投诉的心理。

【实训要求】

根据所提供的情景，进行分析并撰写案例分析报告。

【实训场景】

王女士是一名准妈妈，在宝宝出生前就给宝宝准备好了某知名品牌的纸尿裤。孩子出生后不久，在一次给孩子换纸尿裤的过程中，王女士发现该品牌纸尿裤已经破裂导致里面的晶体流出直接黏在宝宝屁股上面。随即，王女士向购买纸尿裤的商家及厂家进行投诉。

【考核】

根据小组提交的案例分析报告评定成绩。

任务3　处理投诉的流程

一、任务目标

知识目标：

（1）了解客户投诉处理流程相关内容。

（2）了解客户投诉解决方案包含的内容。

能力目标：

（1）能够分析客户投诉心理过程并进行安抚。

（2）能够针对投诉内容结合公司相应处理流程进行投诉处理。

素质目标：

（1）培养学生职业素养。

（2）培养学生不畏困难、乐观向上的意识。

（3）培养学生良好的身心素质和健康的心理。

（4）培养学生团队合作精神。

二、引导案例

一位客户购买了某品牌电视机，他发现在看电视时，电视机经常会发生突然断电的情况，这位客户怀疑是电视机的电源质量不过关。由于这种现象发生时，电视机还在保质期。于是，按产品包装上留下的电话，他找到了该厂家的售后服务部门，请其帮助解决。该部门让其与当地的代理商联系，而代理商则宣称有关产品的售后服务工作由厂方负责。那位客户又一次与厂方取得联系，终于代理商答应过几天就会派人过来处理。结果此事拖了一个星期也毫无音讯。万般无奈之下，那位客户只好拨通了当地消费者协会的电话。后来问题总算得到了解决，但那位客户对该厂家及其经销商已经完全失望了。

讨论：案例中厂家和经销商在处理该客户投诉时，出现了什么问题？你认为处理客户投诉的流程有哪些？

三、相关知识

处理客户投诉有受理投诉、接受投诉、解释澄清、提出解决方案、跟踪回访五个阶段。

（一）受理投诉阶段

（1）控制自己的情绪，保持冷静、平和。

（2）先处理客户的情绪，改变客户心态，然后处理投诉内容。

客户是给企业带来利润的人，是能够使企业失败的人，也是一个像我们一样怀有偏爱和偏见的人。因此，客户来投诉时，我们应热情地招呼对方，真诚地对待每一位前来投诉的客户，并体谅对方的语气——投诉时态度难免激动。

（3）应将客户的投诉行为看成是公事，进行实事求是的判断，不应加个人情绪和喜好。

（4）抱着负责的心态，真正关心客户投诉的问题。

（5）判断投诉是否成立。在了解客户的投诉内容后，要确定客户投诉的理由是否充分，投诉要求是否合理。如果投诉并不成立，就以委婉的方式答复客户，以取得客户的谅解，消除误会。

（二）接受投诉阶段

（1）认真倾听，保持冷静，同情理解并安慰客户。

（2）给予客户足够的重视和关注。

（3）不让客户等待太久，当客户不知道等待多久时，告诉客户明确的等待时间。

（4）注意对事件全过程进行仔细询问，语速不宜过快，要做详细的投诉记录。

要记录的内容有：投诉人、对象、内容、时间，客户购买商品的时间、商品的使用方法，投诉要求、联系方式……

在记录的同时，要判断投诉是否成立，理由是否充分，投诉的要求是否合理。如果不能成立，也要用婉转的方式使客户认清是非曲直，耐心解释，消除误会。如果投诉成立，就应当首先感谢客户，可说"谢谢您对我说这件事"，让客户感到他和他的投诉是受欢迎的，他的意见很宝贵。一旦客户受到鼓励，往往还会提出其他的意见和建议，从而带来更多有益信息。

感谢后要道歉，道歉时注意称谓，尽量用"我"，而不用"我们"，因为"我们很抱歉"听起来无诚意。

（5）立即采取行动，依据客户投诉的内容，确定受理单位和受理负责人。

（三）解释澄清阶段

（1）不得与客户争辩或一味寻找借口。

（2）注意解释语言的语调，不得给客户有受轻视、冷漠或不耐烦的感觉。

（3）换位思维，易地而处，从客户的角度出发，做合理的解释或澄清。

（4）不得试图推卸责任，不得在客户面前评论公司/其他部门/同事的不是。

（5）在没有彻底了解清楚客户所投诉的问题时，不得马上将问题转交其他同事或相关部门。

（6）如果确实是己方原因，必须诚恳道歉，但是不能过分道歉，注意管理客户的期望；限时提出解决问题的方法，查明客户投诉的具体原因及造成客户投诉的具体责任人。

道歉后要着手为客户解决问题，要站在客户立场来寻找解决问题的方案并采取行动，否则就是虚情假意。

（四）提出解决方案阶段

（1）针对客户投诉的问题，主管领导应对投诉的处理方案一一过目，并及时做出批示。根据实际情况，采取一切可能的措施，尽力挽回已经出现的损失。

（2）根据投诉类别和情况，参照客户的投诉要求提出相应的解决问题的具体措施，如退货、换货、维修、折价、赔偿等。

（3）向客户说明解决问题所需要的时间及其原因。

（4）如果客户不认可或拒绝接受解决方法，坦诚向客户表明公司的限制。

如果客户对处理方案不满意，可问他的意见，从根本上说，投诉的客户不仅是要你处理问题，而是要你解决问题。所以，如果客户觉得处理方案不是最好的解决办法时，一定要向客户讨教如何解决。抓紧实施客户认可的解决方案。

（5）按时限及时将需要后台处理的投诉记录传递给相关部门处理。

（五）跟踪回访阶段

（1）根据处理时限的要求，注意跟进投诉处理的进程。

（2）及时将处理结果向投诉的客户通告。

（3）关心询问客户对处理结果的满意程度。

对投诉处理后的情况进行追踪，可以通过打电话或写信，甚至登门拜访的方式，调查客户对投诉处理方案实施后的意见，了解事情的进展是否如客户所愿。如果客户仍然不满意，就要对处理方案再进行修正，重新提出令客户可以接受的方案。跟踪服务体现了企业对客户的诚意，会给客户留下很深、很好的印象，客户会觉得企业很重视他提出的问题，是真心实意地帮他解决问题，从而打动客户。

（4）对直接责任人和部门主管要根据有关规定做出处罚，依照投诉所造成的损失大小，扣罚责任人一定比例的绩效工资或资金。对不及时处理问题而造成延误的责任人也要追究相关责任。将处理结果通知客户，并尽快收集客户的反馈意见。

（5）总结评价。对投诉处理过程进行总结与综合评价，吸取经验教训，并提出改善对策，从而不断完善企业的经营管理和业务运作，提高客户服务质量和水平，降低投诉率。

拓展资料

售卖过期冷冻食品，企业退单并赔偿

深圳的陈先生向某平台投诉，他在今年3月通过肯德基外卖小程序购买的商品为过期产品。陈先生为此多次与该品牌涉事门店经理、区经理协商维权，要求按照《中华人民共和国食品安全法》（以下简称《食品安全法》）规定赔偿，但门店经理坚称该批商品查不到批次，无法断定为该店里售卖的产品，更不会按《食品安全法》给予相应的赔偿。首次协商中，门店经理曾提出给予300元赔偿金的解决方法，但陈先生希望能够查出过期食品的来源，并按相关法律处理。涉事门店经理及区经理第二次与陈先生协商，他们表示，无法证明过期食品为该店出售，且相关产品已上市两年，所有产品均有销售记录并都在市场监管下，

但可以给予相关的礼品卡进行补偿。

　　陈先生表示不能接受这一赔偿方案。陈先生表示，在此后的协商中，品牌商方面以时间间隔过久无法查明商品来源为由再次拒绝了他"依法赔偿"的诉求，区经理一直用查起来要去总部很麻烦之类的理由称查不到。平台也多次致电涉事门店负责人及区经理，但均无人接听。经多次协商后，涉事餐厅提出退还原订单金额并赔偿陈先生1 000元。最终该事件得以解决。

　　　　　　摘自：《配送冷冻食品已过期？肯德基：退单并赔偿一千》（新浪网　澎湃新闻）

四、案例分析

　　可口可乐公司曾进行过一次调查，该调查是在对公司不满的客户中进行的。下面是那次调查的主要发现：超过12%的人向20个或更多的人诉说了可口可乐公司对他们抱怨的反应。对公司的反馈完全满意的人向4~5名其他人转述他们的经历。10%对公司的反馈完全满意的人会增加购买公司的产品。那些认为他们的抱怨没有完全解决好的人向9~10名其他人转述他们的经历。在那些觉得抱怨没有完全解决好的人中，1/3的人完全抵制公司产品，45%的人则减少了购买。

　　讨论：

　　（1）如何看待可口可乐公司客户的这种口头传播所反映的客户关系状况？其中值得总结的经验有哪些？

　　（2）可口可乐公司针对客户抱怨所做的调查，对其改进客服工作有何意义？

　　（3）为了做好客户管理工作，可口可乐公司应当采取哪些措施？

五、实训活动

　　【实训目标】

　　通过情景模拟，学生掌握投诉处理的流程。

　　【实训要求】

　　两人为一组，根据情景进行角色扮演。学生根据实训场景内容，进行投诉处理。

　　【实训内容】

　　根据情景模拟，学生分饰李小姐、客服小华，按照投诉处置的流程来处理客户投诉。

　　【实训情景】

　　小华是某衣服品牌店的售后工作人员，她按照工作流程开始了一天的工作。小华首先处理前一天遗留的投诉问题后，顾客李小姐打来了投诉电话。顾客李小姐买了一条牛仔裤，穿过几次发现裤子掉色，经向客服咨询以后，得知因裤子是纯棉的，会存在掉色的情况，需要用盐水处理过后再穿。李小姐按照客服讲的方法进行处理后发现还有掉色的现象，还把她的包也蹭上了颜色。李小姐要求小华必须给一个说法。

　　【考核】

　　根据模拟展示综合评定成绩。

任务 4　客户投诉处理原则及方法

一、任务目标

知识目标：
（1）了解处理客户投诉的基本原则。
（2）熟悉客户投诉的目的。

能力目标：
（1）掌握处理客户投诉的方法。
（2）能使用适当的方法进行客户投诉处置。

素质目标：
（1）培养学生职业素养。
（2）培养学生精益求精的服务精神。
（3）培养学生的创新精神。

二、引导案例

　　某物业项目业主通过公司投诉专线投诉，认为项目的物业管理真是越来越糟糕，物业服务一直处于下滑的趋势，总是漠视业主的需求：一个车库漏水的问题已经反映到物业好几个月了还没有解决，且漏水的原因非常简单，只是车位上方的水管在滴水，只要工人拿个梯子简单维修就好了，如此简单的事情却一直得不到处理。

　　讨论：导致本次投诉的原因是什么？应该如何处理？

三、相关知识

（一）处理客户投诉的基本原则

1. 树立正确的服务理念

　　需要经常不断地提高全体员工的素质和业务能力，树立全心全意为客户服务的思想、"客户永远是正确的"观念。诉怨处理人员面对愤怒的客户一定要注意克制自己，避免感情用事，始终牢记自己代表的是公司的整体形象。

2. 投诉做到有章可循

　　要有专门的制度和人员来管理客户投诉问题，使各种情况的处理有章可循，保持服务的统一、规范。另外要做好各种预防工作，防患于未然。在处理投诉时，对原则问题应采取委婉的态度与客户沟通，不能无原则地一味迁就客户；否则，问题虽然解决了，却会给今后的工作留下隐患，还会有损公司的形象。

3. 及时处理

　　处理抱怨时切记不要拖延时间、推卸责任，各部门应通力合作，迅速做出反应，向客户

"稳重＋清楚"地说明事件的缘由，并力争在最短的时间里全面解决问题，给客户一个圆满的结果。否则，拖延或推卸责任，会进一步激怒投诉者，使事情进一步复杂化。

能够当场解决的，立即予以处理；客户存在误解，要礼貌耐心地予以解释；不能当场处理的，要答复处理的时间。同时，还要将投诉处理内容反馈到有关职能部门，并组织研究，提出切实可行的解决方案，并将处理结果告知客户。如果客户对处理方案不能接受，要通过磋商予以解决，直到事情最终圆满解决。

4. 不与客户争辩

与客户争辩，是处理投诉的大忌。客户前来投诉，本身已对公司心存不满，若还与其争辩，追究谁是谁非，客户就会觉得没有得到尊重，感情上会受到伤害，延长了不平和的时间，变得愈加愤怒。因此，无论是电话投诉还是来人投诉，接到客户的投诉后，应当认真聆听，理解、重视投诉，即使客户是误解，也不要与其进行无谓的争辩，接待人员所要做的就是耐心倾听。

5. 想方设法平息抱怨，消除怨气

大多数投诉属于发泄性质，所期望的是能得到同情和理解，一旦消除了怨气，心理平衡后，事情就解决了。要诚恳地向投诉的客户道歉，不管是什么样的过错，毕竟还是我们工作的不够完善或者是服务不到位，导致了投诉的发生，给客户带来了麻烦。有时诚恳的道歉，就能使问题得到满意的解决。热情的接待也可以起到良好的作用，如递上一杯热茶、问上一声好。对于不能立即解决的投诉，也应给予详细的记录，并及时向投诉者告之处理结果，使客户满意。

6. 分清责任

在处理客户投诉时，不仅要分清造成客户投诉的责任部门和责任人，而且需要明确处理投诉的各部门、各类人员的具体责任与权限，以及客户投诉得不到及时、圆满解决时相关部门、人员的责任。

7. 留档分析

对每一起客户投诉及其处理都要做详细的记录，包括投诉内容、处理过程、处理结果、客户满意程度等。通过记录，分析原因、吸取教训、总结经验，为日后更好地处理其他客户投诉提供参考。

8. 进行回访

投诉处理完毕后，要通过电话回访或直接访问的方式与客户进行沟通，了解投诉处理效果，同时对客户要表示感谢。其实，这种"额外"的关照并非是多余的，不仅使客户感到企业对其投诉的重视，对企业留下良好的印象，企业还可从中发现是否有新的问题出现，以不断提高经营管理水平。

（二）处理客户投诉的目的

让客户满意是处理客户投诉的最终目的，与此同时，还要考虑企业自身的经营活动。因此，解决客户投诉时，应力争实现以下四个目的。

（1）消除不满，恢复信誉。从保护、重视消费者的立场来看，处理客户投诉是事关企业生死存亡的大事。因此，处理投诉最基本的目的就是要消除客户不满，恢复企业信誉。所以，企业应真诚、及时地对客户投诉进行处理。

（2）确立品质，保证体制。如何利用客户投诉来促进企业的发展是企业的一项很重要的能力。即通过处理客户投诉，改进企业产品质量和服务水平，从而为客户提供更满意的产品和服务。

（3）收集信息，加以利用。客户投诉是客户对产品和服务最真实的检查结果，也是最为可靠的市场调查结果。因此，企业要将客户投诉意见收集起来，然后对其进行深入分析，得出科学的分析结果，并在后续经营中加以利用。

（4）转变视角，发现需求。挖掘市场的潜在需求也是处理客户投诉的一个重要目的。在处理客户投诉的实际工作中，一般都把注意力集中到了追究商品缺陷的发生责任上或对投诉的处理上，忽略了客户的真正需求。由于客户投诉与企业经营密切相关，所以在研发新产品时，如果考虑了客户的投诉建议，那么，新产品的开发成本就会比较低，销量也会较好。

（三）处理客户投诉的方法

在通常的销售情形中，处理客户投诉的方法有许多，常见的方法主要有以下几种。

1. 鼓励客户倾诉

客户倾诉完他们的委屈或发泄完他们的愤怒后，往往会感觉好多了。需要注意的是，客户服务人员要让客户充分地倾诉而不要打断他。打断只会增加愤怒和敌意，并且使问题更难处理。一旦愤怒和敌意存在了，说服劝导更难，甚至难以找到对双方皆公平的解决办法。此外，客户服务人员还必须同样宽容、开诚布公地对待那些很少表明他们的愤怒、较少冲动但也许有着同样不满情绪的客户。

2. 获得和判断事实真相

在处理客户投诉时，客户服务人员必须谨慎地确定相关事实。客户总是强调那些支持他的观点的情况，所以服务人员应在全面、客观了解事实的基础上，找出令双方满意的解决办法。当难以获得事实的真相时，或客户和企业都有错时，需要使客户了解获得一个公平的解决办法的困难，并表明无论如何，都会使客户的投诉得到公平的处理。

3. 提供解决办法

在倾听客户意见并从客户的立场出发考察每一种因素之后，客户服务人员有责任采取行动，并提出公平合理的解决办法。所以，一些企业规定了解决问题是客户服务人员的责任；另一些企业则规定当实际解决方案由总部的理赔部门做出时，客户服务人员应调查问题并提出备选方案。允许客户服务人员做出处理决定的企业认为，服务人员最接近客户，所以他们最适合做出解决方案。运用第二种方法的企业认为，如果解决方案来源于管理层而非服务人员，客户可能更易于接受。但两种方法都需要服务人员提供解决方案。

4. 公平解决索赔

为了帮助企业提出一个公平合理的解决办法，客户服务人员必须获得下列信息：客户索赔的金额、客户索赔的频率、客户账户的规模、客户的重要程度、所采取的行动对此客户和其他客户可能的影响程度、在处理其他索赔时的经验及特定的索赔信息。

在检查了所提供的信息之后，企业可提出以下解决方案。

（1）产品完全免费退换。

（2）产品完全退换，客户只支付人工和运输费用。

（3）产品完全退换，由客户和企业共同承担相关费用。

（4）产品完全退换，由客户按折扣价格支付相关费用。

（5）客户承担维修费用。

（6）产品先送往企业的工厂，然后再做决定。

（7）客户向第三方索赔。

（四）处理客户投诉的技巧

客户投诉的
相关技巧

企业在处理客户投诉时，除了依据处理客户投诉的一般程序外，还需要掌握一些技巧以减少企业与客户之间的隔阂，赢得客户的谅解。

1. 让客户发泄

要知道，客户的愤怒就像充气的气球一样，当你给客户发泄后，他就没有愤怒了。毕竟客户的本意是表达他的感情并把他的问题解决掉。当客户发泄时，你最好的方式是闭口不言、仔细聆听。当然，不要让客户觉得你在敷衍他。要保持情感上的交流。认真听取客户的话，把客户遇到的问题判断清楚。

2. 耐心倾听对方诉说

客户在利益受到损害投诉时，作为客服人员要专心倾听，对客户表示理解，并做好记录。待客户叙述结束后，复述其主要内容并征询客户意见。对于较小的投诉，能解决的应马上答复客户。对于当时无法解答的，要做出时间承诺。在处理过程中无论进展如何，到承诺的时间一定要给客户答复，直至问题解决。

3. 设身处地，换位思考

当接到客户投诉时，要有换位思考的意识。如果是自己的失误，则要代表公司表示歉意，并站在客户的立场上为其设计解决方案，将自己认为最佳的一套方案提供给客户。如果客户提出异议，可再换另一套方案，待客户确认后再实施。当问题解决后，要跟踪客户对所处理问题的反馈意见，争取下一次的合作机会。

4. 询问客户的意见

客户的想法有时和公司想象的差许多。客户服务人员要在提供解决方案后再询问客户的意见。如果客户的要求可以接受，那最好的办法是迅速、愉快地完成。

5. 承受压力，用心去做

当客户的利益受到损害时，投诉是不可避免的，有的还会提出一些过分的要求。此时客户服务人员应具备一定的抗压能力，对客户始终面带微笑，并用专业的知识、积极的态度去解决问题。

6. 有理谦让，处理结果超出客户预期

纠纷出现后要用积极的态度去处理，不应回避。在客户联系企业之前先与客户沟通，让他了解解决的过程，争取圆满解决并使最终结果超出客户的预期，让客户满意。

7. 长期合作，力争双赢

在处理客户投诉时，一定要将长期合作、双方共赢作为前提。以下技巧值得借鉴：

（1）学会识别、分析问题。

（2）要有宽阔的胸怀、敏捷的思维及超前的意识。

（3）善于引导客户，共同寻求解决问题的方法。

（4）具有本行业丰富的专业知识，随时为客户提供支持。

（5）具有财务核算意识，始终以财务杠杆来协调收放的力度。

（6）处理问题时留有回旋的余地，任何时候都不要将自己置于险境。

（7）处理问题的同时，要学会把握商机。

总之，在处理客户投诉时，客户服务人员要明白自己的职责，首先解决客户最想解决的问题，努力提升自己在客户心目中的地位及信任度，通过专业知识的正确运用和对公司政策在不同情况下的准确应用，最终实现公司与客户都满意。

拓展资料

客户投诉处理的"七点"

1. 耐心多一点

在实际处理中，要耐心地倾听客户的抱怨，不要轻易打断客户的叙述，也不要批评客户的不足，而是鼓励客户倾诉下去，让他们尽情宣泄心中的不满。当他们得到了发泄的满足之后，就能够比较自然地听得进服务人员的解释和道歉了。

2. 态度好一点

客户有抱怨或投诉就是表现出客户对企业的产品及服务不满意，从心理上来说，会觉得企业亏待了他，因此，如果在处理过程中态度不友好，会让他们心理感受及情绪很差，会恶化与客户之间关系。反之若服务人员态度诚恳、礼貌热情，会降低客户的抵触情绪。俗话说，"怒者不打笑脸人"，态度谦和友好，会促使客户平解心绪，理智地与服务人员协商解决问题。

3. 动作快一点

处理投诉和抱怨的动作快，一来可让客户感觉到尊重，二来表示企业解决问题的诚意，三来可以及时防止客户的负面污染对企业造成更大的伤害，四来可以将损失减至最少，如停车费、停机费等。一般接到客户投诉或抱怨的信息时，应立即利用电话或传真等方式向客户了解具体内容，然后在企业内部协商好处理方案，最好当天给客户答复。

4. 语言得体一点

客户对企业不满，在发泄不满的言语陈述中有可能会言语过激，如果服务人员与之针锋相对，势必恶化彼此关系。在解释问题过程中，措辞要十分注意，要合情合理、得体大方，不要一开口就说"你怎么用也不会""你懂不懂最基本的技巧"等伤人自尊的语言，尽量用婉转的语言与客户沟通，即使是客户存在不合理的地方，也不要过于冲动；否则，只会使客户失望并很快离去。

5. 补偿多一点

客户抱怨或投诉，很大程度是因为他们采用该企业的产品后，他们的利益受损，因此，客户抱怨或投诉之后，往往希望得到补偿。这种补偿有可能是物质上的，如更换产品、退货，或赔偿等；也可能是精神上的，如道歉等。在补偿时，应尽量在企业允许的范围内多补偿一点，客户得到额外的收获，他们会理解企业的诚意而对企业再建信心。

6. 层次高一点

客户提出投诉和抱怨之后都希望自己的问题受到重视，往往处理这些问题的人员的层次会影响客户期待解决问题的情绪。如果高层次的领导能够亲自到客户处处理或亲自给电话慰问，会化解许多客户的怨气和不满，比较易配合服务人员进行问题处理。因此处理投诉和抱怨时，如果条件许可，应尽可能提高处理问题的服务人员的级别。

　　7. 办法多一点

　　很多企业处理客户投诉和抱怨的结果，就是给他们慰问、道歉或赠小礼品等。其实解决问题的办法有许多种，除上所述手段外，可邀请客户参观企业，或邀请他们参加企业内部讨论会，或者给他们奖励，等等。

四、案例分析

案例1

　　张女士在某家电专卖店购买冰箱时，导购员向她推荐了一款冰箱。导购员说："这款冰箱采用了新技术，静音且省电。"可是用了一个星期之后，张女士感觉冰箱的制冷效果不太好，主要是制冷速度慢。于是，张女士找到商家要求换货。商家不同意，说："又想马儿好，又想马儿不吃草，怎么可能呢？这就如同鱼和熊掌不能兼得一样，既然省电环保，当然不能快速制冷。"但是，张女士认为，导购员在她选购冰箱时存在故意突出冰箱优点、隐藏冰箱不足的误导。因为导购员当时除了向张女士大力宣传节能环保，并没有提醒她制冷效果较慢等不足之处。现在张女士知道了这一不足，认为这款冰箱不适合自己家使用，要求商家给她换一款其他制冷速度快、制冷效果好一点的冰箱。可是商家不同意，认为张女士既然选择了这款冰箱，而冰箱又不存在质量问题，没有理由要求换货。双方争执不休。最后，张女士一气之下，提出"现在我不想换了，要求退货"，商家更不愿意退货了。于是，张女士向消费者协会和工商部门进行了投诉，并表示如果商家不能满足其要求，她就准备向当地法院起诉。

案例2

　　某孕妇到一家超市购物。因当天下雨，超市的地板很滑，她一不小心闪了腰，不过还好没什么大问题，只是虚惊一场。但是，该孕妇考虑到如果地面还是那么湿滑，其他孕妇也有可能滑倒。于是，她向客户服务中心建议，超市能否在下雨天在地板上撒一些防滑粉末等。可是客户服务人员爱答不理地扔出一句话："我没有权力决定这件事情。"受到冷落之后，该孕妇一气之下，向经理进行了投诉：因为超市地板很滑，导致她闪了腰，现在肚子有点痛，要求超市赔偿或支付检查费，看看是否动了胎气。

案例3

　　李先生是一家酒店的常客，他每次入住后，酒店的公关部经理都要前去问候。大家知道，李先生好面子，总爱当着他朋友的面批评饭店，以自显尊贵。果然，这次当公关经理登门拜访时，李先生和他的几位朋友正在聊天。而李先生一见公关部经理就说："我早就说过了，我不喜欢房间里放什么水果之类的东西，可这次又放上了。还有，我已经是第12次住你们酒店了，前台居然还不让我在房间里办理入住。我知道，你们现在生意好了，有没有我这个穷客人都无所谓了。"

　　针对以上3个情景中的客户投诉，判断客户投诉的类型，分析客户投诉产生的原因，将圆满解决客户投诉的方法填入表8-1。

表 8-1　案例分析

序号	情景	客户投诉类型	客户投诉原因	解决方法
1	情景1			
2	情景2			
3	情景3			

五、实训活动

【实训目标】

通过情景模拟，学生掌握投诉处理的流程。

【实训要求】

两人为一组，根据情景进行角色扮演。学生根据实训场景内容，进行投诉处理。

【实训内容】

根据情景模拟，学生分饰何先生、客服，按照投诉处置的流程来处理客户投诉。

【实训情景】

某项目业主何先生到客服中心反映：楼上业主高空抛物把自家阳台搭建的玻璃打碎了。前期投诉多次，经常有牛奶盒、麻将等物品从上空坠下。每次反映问题后，工作人员没有核查就到家中对老人说找不到责任人，无法处理。何先生对此十分不满且情绪极为激动，强调如坠物砸到人谁负责，为何某某小区的物业能安装高空抛物摄像头，而小区的摄像头就起不了作用，强烈要求物业重视并给予此事解决的方法。

【考核】

根据模拟展示综合评定成绩。

客户满意度管理

任务1　客户满意度分析

一、任务目标

知识目标：

（1）了解客户满意度基本内容。

（2）掌握影响客户满意度的因素。

（3）熟悉客户满意度测试的对象。

能力目标：

（1）能够建立客户满意度测评体系。

（2）能对客户满意度指标进行评价。

素质目标：

（1）培养学生职业素养。

（2）培养学生不畏困难、乐观向上的意识。

（3）培养学生团队合作精神。

二、引导案例

大年三十到了，有户人家买了个电饭煲，不料烧年夜饭的时候，电饭煲起火了，引起了火灾。好端端的年夜饭吃不成了，那户人家非常生气，打电话投诉电饭煲生产厂家。接到电话后，电饭煲生产厂家的客户服务经理在大年初一捧着一个新的电饭煲赶到了那户人家。敲开门，说明来意后，那户人家气愤地说："都是你们害的，连个年夜饭都吃不好。""对，对，您说的对，这里有个新的电饭煲，请您收下。"那位客户服务经理一脸诚恳。那户人家的脸色稍微有所缓和，接过了电饭煲。"能让我看看昨晚起火的地方吗？"客户服务经理问。"不行。"那户人家坚决地拒绝，而且把他给推到了门外。这位客户服务经理不再坚持，并在附近找了家宾馆住了下来。

大年初二，他再次敲开了那户人家的大门。那户人家很奇怪地看到他又回来了。"不好意思，能麻烦您让我看一眼那天起火的地方吗？"他再次诚恳地要求。这一次，那户人家再也不好意思拒绝。他看了起火的地方，一下就明白了，原来那户人家用的插线板是粗制滥造的地摊货，而且上面插满了各种插座。这才是起火的真正原因。他和那户人家的主人说："谢谢你们让我看了一下。有一个提议，下次您使用电饭煲的时候，请不要和其他很多电器同时使用。"那户人家的主人很不好意思，也很感动，把他送到门口的时候，说出了"对不起，谢谢您"。

讨论： 如果你去商店购物，面对凶巴巴或者冷若冰霜的售货员，你的感受如何？如果你在网上买东西，看到某家店主在线，跟他说了半天话却没有回应，你是不是会一直等他呢？我想，你一定会去找第二家店。如果你是商家，你会怎么做？

三、相关知识

（一）客户满意度

客户满意度（Consumer Satisfactional Research，CSR）也叫客户满意指数，是对服务性行业客户满意度调查系统的简称，是一个相对的概念，是指客户期望值与客户体验的匹配程度。换言之，就是客户对一种产品可感知的效果与其期望值相比较后得出的指数。作为企业，在为客户提供服务时，也在不断地了解客户对于服务的期望值是什么，而后根据对客户期望值的理解去为客户提供服务。

客户满意度是测量客户满意水平的量化指标，是一个人通过对一种产品可感知的效果或结果与他的期望值相比较，所形成的一种失望或愉悦的感受。满意度是一种心理状态，是客户对服务的事前期望与所得到的实际感受之间的相对关系。客户满意是客户对企业忠诚的基本条件。

"满意水平"是指可感知效果和期望值相匹配的程度，相匹配客户就会满意；如果可感知效果低于期望，客户就会不满意；如果可感知效果超过期望，客户就会高度满意或欣喜。用数学公式可以表示为：

$$客户满意度 = f（可感知效果 - 期望值）$$

期望值是客户根据自身的经历、产品的口碑及个人的需求所定下的一个基本目标。

（二）客户满意层次

客户满意包括三个纵向层次，如图 9 - 1 所示。

（1）物质满意层次：客户在对企业提供的产品核心层的消费过程中所产生的满意。

（2）精神满意层次：客户在对企业提供的产品形式和外延层的消费过程中所产生的满意。

（3）社会满意层次：客户在对企业提供的产品的消费过程中所体验到的社会利益维护程度。

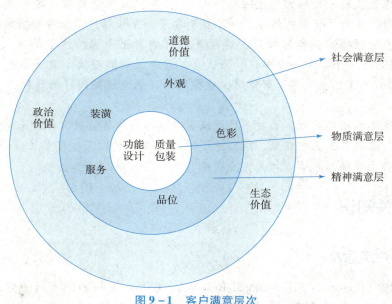

图 9 - 1　客户满意层次

满意的服务，迎来了回头客

2020 年 10 月 2 日，某分行营业部大堂经理梁吉斌接到一位老客户的电话，她说她的到期存款是在西镇邮政储蓄所存的，有 10 万元，金额较大，询问能否派车接她（这位老客户是一位 77 岁的老大娘，2020 年 5 月 20 日，老人称她有 5 万元钱，要来该行买理财产品，自己坐车拿着钱不敢来，正好该分行营业部总经理在大堂值班接到电话，马上开车将老人接到行里，购买了理财产品，老人很高兴）。这时大堂经理得知是邮政储蓄存款后，就建议道："我们银行附近 50 米内有一家邮政储蓄的网点，取款可以通存通兑，我今天先给您预约上，明天您来了以后，我陪您一起去取款。"老大娘欣然接受。

第二天，理财经理陪同老大娘到邮政储蓄网点取出现金，来行里购买了 10 万元理财套餐。老大娘说，11 月她还有一笔到期的存款，到时有理财产品让工作人员通知她，另外在其他银行的存款，一旦到期也全部转到该银行。

客户满意度不是一个绝对值，而是一个相对值。它是"客户的期望"与"客户的体验"相对比的结果。

客户满意度也不是一个瞬间值，而是一项需要长期进行的管理工作，它只会在踏踏实实的工作中不断提升。

客户满意不仅体现在对一件产品、一项服务、一种思想、一种机会的满意，还体现为对一种系统、一种体系的满意。在整个消费过程中，客户不仅追求经济收益的满意，而且追求社会性和精神性的满足。因此，客户满意分为物质满意、精神满意和社会满意三个层次。同时这三个层次一般具有递进关系，即人们首先寻求的是产品的物质满意，只有这一层次基本满意后，才会推及精神满意；而精神满意基本达到后，才会考虑社会满意。由此可见，产品和服务的满意度与客户的价值判断相关，即每个客户以及同一客户不同阶段的价值标准是不同的，这也增加了企业为客户服务的难度。

（三）影响客户满意度的因素

客户满意度是客户建立在期望与现实基础上的对产品与服务的主观评价，一切影响期望与现实服务的因素都可能影响客户满意度。

1. 企业因素

企业是产品与服务的提供者，其规模、效益、形象、品牌、公众舆论等内在或外部的表现都会影响消费者的判断。如果企业给消费者展示的是一个很不好的形象，很难想象消费者会选择其产品。

2. 产品因素

产品因素包含以下四个层次的内容。

（1）产品与竞争者同类产品在功能、质量、价格方面的比较。产品与竞争者同类产品相比，如果有明显优势或个性化较强，则容易获得客户认可。

（2）产品的消费属性。客户对高价值、耐用消费品要求比较苛刻，因此这类产品一旦得到客户认可，客户的忠诚度就会很高。而客户对价格低廉、一次性使用的产品要求相对较低。

（3）产品包含服务的多少。如果产品包含的服务较多，销售人员做得不够，就难以让客户满意；而不含服务的产品只要主要指标符合要求，客户就会满意。

（4）产品的外观因素。如果产品在外观上设计得细致，有利于客户使用并且体现其品位，就会得到客户认可。

3. 服务因素

企业的营销与服务体系是否一致，能否为客户带来方便，售后服务时间的长短，服务人员的态度、响应时间，投诉与咨询的便捷性等都会影响客户的满意度。

4. 沟通因素

客户通常期望能很方便地与供应商沟通。例如，国外供应商希望采用电子通信手段来下订单和进行时间安排。商品销售的发展趋势是所有的交易都将走向电子化，包括付款方式等。客户希望在货品不能按期发运，或者已经发运后发现其中有误时，能得到及时的通知。需要特别注意的是，在获得客户的要求后，在随后的发运中就必须改进，并按客户的要求和期望通知所有相关的部门。客户满意度数据必须统计并公布，必要时通知所有管理人员，对于负面数据也必须这样处理。

5. 情感因素

从客户调查中获得的很多证据表明，某些影响客户满意度的因素与核心产品或者服务的质量并没有关系。实际上，客户可能对服务提供商及其员工中的大多数人员都感到满意，只是因为一位员工的某些话或者其他一些小事情没有做好而使该客户的情感受到了影响，从而使企业失去了这个客户，而员工们则忽略了这些事情。

6. 环境因素

在某种环境下令客户满意的东西在另一种环境下客户可能就不满意了。客户的期望和容忍范围会随着环境的变化而变化。对于员工来说，认识到这一点，有助于其为客户提供高质量的服务。

（四）客户满意度测试的对象

不同的客户对企业的期待是不同的，有的客户容易满意，有的客户却不容易满意。因此，在测试客户满意度时，仅调查少数人的意见是不够的，必须以多数人为对象，然后再将结果平均化。

1. 现实客户

客户满意度测试的对象一般是现实客户，即已经体验过本企业商品和服务的现实（既有）客户。实际上，大多数企业不是因为吸引客户过少而失败，而是由于未能提供客户满意的商品或服务而使客户流失和业绩减退。因此，测试并提高现实客户满意度非常重要。它投入少，但效果很明显，因为它是以特定客户为对象的，目标固定。

2. 使用者和购买者

客户满意度测试是以商品或服务的最终使用者还是以实际购买者为对象，需要事先明确。由于商品或服务的性质不同，这两者经常存在差异。

通常情况下，购买者与最终使用者是合二为一的。而以购买者为测试对象，则是通常的做法。但例外的情况也不少。例如，不直接面向最终消费市场，以企业使用为主的生产资料，其使用者多是制造部门，而购买者则是供应部门。再比如儿童消费者，虽然他们是最终使用者，但购买者通常多为父母。也就是说，以谁为测试对象呢？当然理想的情况是使这二者都满意，此时可将两者都列为测试对象。

3. 中间商客户

企业把商品或服务提供给客户的方式是不一样的。有些企业并不与消费者直接见面，而是需要经过一定的中间环节。这时，客户对产品或服务的满意度，与批发商、零售商这类中间商就有很大关系，因此测试中也不可忽略对中间商的测试。

4. 内部客户

客户满意度测试不仅包括传统的外部客户的调查，还包括企业内部客户的调查。实际上，企业作为对外提供商品和服务的整体，内部各部门彼此之间也应以对待外部客户那样的方式相待。只有整个流程中的各部门都能为其他部门提供满意的商品或服务，才有可能最终为客户（消费者）提供满意的商品或服务。

（五）客户满意度的衡量指标

客户满意度是衡量客户满意程度的量化指标，通过该指标可直接了解企业或产品在客户心目中的满意度。客户满意度的衡量指标通常包括以下几种。

1. 美誉度

美誉度是客户对企业的褒扬程度。对企业持褒扬态度者，肯定对企业提供的产品或服务满意，即使他本人不曾直接消费该企业提供的产品或服务，也一定直接或间接地接触过该产品或服务，因此他的意见具有代表性。借助对美誉度的了解，可以知道企业提供的产品或服务在客户中的满意状况。

2. 指名度

指名度是指指名消费某企业产品或服务的程度。如果客户对某种产品或服务非常满意，他们就会在消费过程中放弃其他选择而指名购买该企业的产品或服务。

3. 回头率

回头率是指客户消费了该企业的产品或服务之后再次消费，或介绍他人消费的比例。当一个客户消费了某种产品或服务后，如果他心里十分满意，那么，他将会再次重复消费，或者向别人推荐，引导他们加入消费队伍。

4. 抱怨率

抱怨率是指客户消费企业的产品或服务之后产生抱怨的比率。客户的抱怨是不满意的具体表现，通过了解客户抱怨率可以知道客户的不满意状况。

5. 销售力

销售力是产品或服务的销售能力。一般来说，客户满意的产品或服务都有良好的销售力，而客户不满意的产品或服务就没有良好的销售力，所以销售力是衡量客户满意度的重要指标。

客户满意度衡量指标是衡量客户满意度的项目因子或属性，找出这些项目因子或属性，不仅可以用来分析客户满意状况，还可以由此入手改进产品或服务质量，提升客户满意度，使企业永远立于不败之地。

（六）提高客户满意度的途径

提高客户满意度是企业销售管理与服务的重要目标。要提高客户满意度，首先要做好客户满意度的测评，并通过统计分析，找到导致客户不满意的关键因素和关键指标；其次是行动，即找到提高客户满意度的策略和方法，制订并实施客户满意度提高计划；最后是改进，即对提高客户满意度计划的执行进行监控与改进。

1. 做好客户满意度的测评

测评客户满意度时，要注意做好以下工作。

（1）细分客户。按照一定的标准，对企业的客户进行细分。

（2）确定衡量客户满意度的关键指标。指标的确定可以通过内部员工访谈及外部客户调查得出。

（3）根据关键指标，设计出客户满意度调查表和客户需求程度调查表。

（4）采用多种调研方法，实施客户满意度调研和客户需求程度调研。

（5）收集调查表，整理调查结果。

（6）对调查结果进行描述性分析和量化统计分析。

（7）总结调查结果，撰写评估报告。

2. 采取积极行动，提高客户满意度

客户满意度评估工作结束后，接着要做的是采取积极的行动。

（1）根据评估分析结果，找到问题的症结所在。

（2）对需要改进的关键指标进行优先排序。

（3）制订提高客户满意度的分步实施计划。

（4）实施提高客户满意度计划。

3. 改进服务，提高客户满意度

实施了提高客户满意度计划后，要做好计划实施监控和改进服务工作。

（1）监督客户满意度提升计划的实施。

（2）找到影响计划实施的因素。

（3）提出改进计划的建议。

（4）进一步完善和实施计划。

（5）为下一步客户满意度的评估做好准备。

4. 提供满意的产品

产品是指企业向市场提供的、能满足消费者某种需求的有形物品和无形服务。它既包括能够向消费者提供某种基本用途或利益的有形物，又包括能够满足消费者心理、情感和审美等需求的无形内容。产品的整体概念包括核心产品、期望产品、增值产品和潜在产品 4 个层次，如图 9-2 所示。

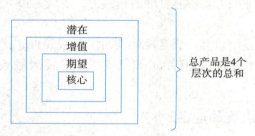

图 9-2　产品的整体概念

与产品的整体概念相关的是产品的大质量观念，大质量观念包含三个层次（如图 9-3 所示）：第一层是内在质量，即"产品的核心"；第二层是外在质量，即"产品的外形"；第三层是服务质量，即"产品的服务"。

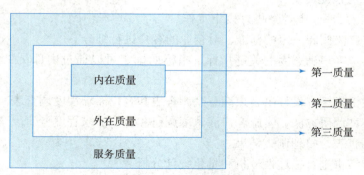

图 9-3　产品的整体概念

了解客户需求与适应客户需求的最终目的，是为客户提供满意的产品，从而实现客户满意。产品满意的内容包括以下两个方面。

（1）产品功能满意。

产品功能也就是产品的使用价值，这是客户花钱购买的核心。客户对产品的功能需求有两种形式：一是显性功能需求，客户可以明显意识到，能够通过调查报告反映出来；二是潜在功能需求，客户没有明显意识到，不能通过调查完全反映出来，但如果企业能向客户提供，他们一定会满意。因此，研究产品的功能需求，一方面可以通过消费者调查实现，另一方面可以借助创新推论让客户确认。

客户对产品功能的需求包括以下几个方面。

①物理功能需求。物理功能是产品最核心的功能，也是最原始的功能，是产品存在的基础。失去了物理功能，产品也就失去了存在的价值。物理功能需求是客户对产品的主要需求。客户之所以愿意购买，首先是消费它的物理功能。但由于消费需求的层次不同，即使是同一物理功能，不同客户的需求也不尽一致。

②生理功能需求。生理功能需求是客户希望产品能尽量多地节省体力付出，方便使用。生理功能需求与物理功能需求相比，处于次要位置，只有物理功能需求得以满足后，人们才会更多地考虑生理功能需求。

③心理功能需求。心理功能需求是客户为满足其精神需求而提出的。在产品同质化、需求多样化、文化差异突出的消费时代，心理功能需求及其满足是企业营销的重点。客户在心理功能需求上主要包括审美心理功能需求、优越心理功能需求、偏好心理功能需求、习俗心理功能需求和求异心理功能需求。

（2）产品品位满意。

产品品位满意是产品在表现个人价值上的满意状态。产品除了使用功能外，还有表现个人价值的功能。产品在多大程度上能满足客户的个人价值需求，不仅决定着产品的市场卖点，还决定着客户在产品消费过程中的满意程度，并进一步决定着消费忠诚。因此，根据客户对产品品位的要求来设计产品是实现产品品位满意的前提。

产品品位包括价格品位、艺术品位、文化品位。

①价格品位。价格品位是产品价格水平的高低。理论上讲，消费者购买产品时寻求功能与价格间的合理度，但事实上不同客户对功能的要求与判断是不同的，因而对价格的反映也不同。有人追求低价格，有人追求高价格，同一客户在不同产品上的感知不同。

②艺术品位。艺术品位是产品及其包装的艺术含量。艺术含量高，则产品的艺术品位高，否则艺术品位就低。一般而言，客户都欣赏艺术品位高的商品：一方面，艺术品位高的商品给人以艺术享受；另一方面，消费艺术品位高的商品不仅是消费者自我感受，而且可向他人展示自身的艺术涵养与艺术修养，产品成为个人艺术品位的代表。

③文化品位。文化品位是产品及其包装的文化含量，是产品的文化附加值。一个看似十分平凡的产品，一旦富含了丰富的文化，那么它就有可能身价百倍。产品的文化品位是其艺术品位的延伸，不同消费者群有不同的文化。如今，消费的文化特征也越来越突出地体现出来，有时，你无法从功能或价格的角度解释某一层面的消费现象或某一具体消费行为，说到底，这就是产品消费的文化底蕴。

拓展资料

商业的根基，是基于对理性的尊重和对风险的掌控。要让企业能够长久经营、基业长青，那是一定有秘诀的。

企业要做到长久经营、基业长青，首先一点是产品或服务必须为市场所接受。产品必须要有使用价值，商业模式必须让市场接受，让客户满意，性价比高。

客户满意包括经销商满意、终端消费者满意两个层次，让经销商赚到钱，让终端消费者能够感觉到物超所值，这才是企业产品能够在市场立足的根本！

随着时间的推移，消费习惯和市场需求都会发生变化。产品更新换代很快，市场上随时都可能有新的产品替代旧产品，企业在产品开发上要做到与时俱进，必须具有超前意识，只有这样才能让客户对企业的产品和服务持续满意。

这是一个日新月异大浪淘沙的时代，方便面被外卖打败了，谷歌颠覆了雅虎，京东战胜了淘宝，拼多多短短几年就异军突起，弯道超车。"长江后浪推前浪，前浪死在沙滩上"，如果企业的产品和服务不能让客户满意，企业就很有可能成为这个大时代背景下被最新淘汰出局的背锅侠。

客户满意是客户得到满足后的一种心理反应，是客户对产品和服务的特征或产品和服务本身满足自己需要的程度的一种判断，判断的标准是看这种产品或服务满足客户需求的程度。换句话说，客户满意是客户对所接受的产品或服务过程进行评估，以判断是否能达到他们所期望的程度。

菲利普·科特勒认为：满意是指个人通过对产品的可感知效果与他的期望值相比较后所形成的愉悦或失望的感觉状态。

总的来说，客户满意是一种心理活动，是客户的需求被满足后形成的愉悦感或状态，是客户的主观感受。当客户的感知没有达到期望时，客户就会不满、失望；当感知与期望一致时，客户是满意的；当感知超出期望时，客户就感到"物超所值"，就会很满意。

四、案例分析

某公司正四处寻找物美价廉的劳保用品，这时来了一位上门推销劳保用品的小伙子，自称是市供销商场的。他说自己的产品比市场价平均低15%，而且质量绝对有保证，出了问题供销商场按产品原价10倍赔偿。经理听了他的介绍后，十分满意，示意他坐下细谈。小伙子坐下来之后，觉得胸有成竹了，得意地跷起二郎腿，还摇晃了起来。接着又"弹"出一根烟，旁若无人地吸起来。经理办公室是个无烟办公室，因此也没烟灰缸，经理见状眉头微皱了一下，又迅速归于平静。小伙子开始滔滔不绝地讲起来，边讲边打开样品袋。袋内的东西很杂乱：洗衣粉袋和白糖袋挤在一起，在袋底还撒着一些白色粉末，分不清是白糖还是洗衣粉；毛巾与劳保手套揉在一起；香皂掉了外包装。要不是他递上了名片，准把他当成劣质商品的商贩。经理的眉头又皱了起来，不动声色地盯着小伙子的一举一动。最要命的是当他讲到精彩之处时，那条腿晃得更厉害了，而且还把烟灰弹了一地。

当小伙子结束他滔滔不绝的讲话时，屋里的人都沉默不语。经理看看他，和颜悦色地说："你的产品不错，价格也合理，如果我们要的话，日后与你联系，好不好？"小伙子脸上露出无法置信的表情，木木地站在那里。凭经验可以断定，这个小伙子肯定是从公司内部得到了准确消息，自以为一定能成功，出人意料的"日后联系"让小伙子感到莫名其妙。

讨论：小伙子失败是因为哪个影响满意度的因素导致的？他的失败原因有哪些？

任务 2　实施客户满意度管理

一、任务目标

知识目标：

（1）了解客户满意度分析包含的内容。

（2）掌握客户满意度管理的内容。

（3）熟悉客户满意度的衡量方式。

（4）掌握提高客户满意度的途径。

能力目标：

（1）能够收集客户满意度数据。

（2）能够进行客户满意度分析。

素质目标：

（1）培养学生职业素养。

（2）培养学生不畏困难、乐观向上的意识。

（3）培养学生良好的身心素质和健康的心理。

（4）培养学生团队合作精神。

二、引导案例

一位超级市场的老板，总看见一位女士经常来购物，就问她为什么。她说，14 年前，有一次她拎着满满一篮食品到付款台时发现自己没有带钱包，就与收银员商量，她把东西先存一下，取了钱马上就回来。没想到收银员却笑着对她说："您哪儿也不用存。把您买的东西先拿回去吧，下次来时再付钱。"这位女士感到的不仅仅是满意，更多的是惊喜。以后只要买东西，她都到这个超级市场。

讨论：客户满意度会为企业带来哪些好处？

三、相关知识

（一）客户满意度管理

客户满意度管理是指企业通过调查、分析、研究，在了解企业目前客户满意度的基础上，找出影响客户满意度的因素，通过在企业内部导入客户满意观念，进行持续改进，以不断提高客户满意度的行为。

（二）客户满意策略

客户对企业的经营理念、行为是否满意，是通过企业的具体产品、服务、人员、形象和所营造的消费环境来体验的。因此，企业的理念满意、行为满意应具体体现在客户消费过程中的产品属性满意、服务满意、人员满意、形象满意和环境满意中，而不是阅读或欣赏关于企业的经营、管理理念和行为规范的策划文案。由此可见，为了保证客户满意理念的落实，企业需要建立与之相对应的管理体系。以期实现企业满意、营销系统满意、产品与服务满意、人员满意、形象与环境满意等。

同时，企业在制定客户满意策略时，必须从客户的消费过程出发，通过客户的购前满意、购中满意、使用满意和用后满意来制定营销策略，即对影响客户各消费阶段满意度的产品（包括产品性能、质量、价格以及产品信息等）、服务（包括售前、售中和售后服务，以及促销、渠道等与客户整个消费活动有关的一切服务）、人员、形象和环境等因素进行整体策划。在具体的经营管理中，又可以分别从产品、服务、人员、形象和环境等方面，使其能够保证目标客户在各消费过程中的满意。

（三）客户满意度的衡量方式

客户满意是企业制胜的法宝之一。满意度高的客户往往会变成忠实的客户。影响客户对企业产品或服务满意度的因素有很多，同时也就产生了一系列衡量客户满意度的方式。一般可以通过以下三种方式对客户满意度进行衡量。

1. 直接衡量法

直接衡量法是指通过直接询问的方式进行衡量，一般是通过一个 5 级满意度量表，采用"请按下面的量度说出你对某项产品或服务的满意程度（非常不满意、不满意、一般、满意和非常满意；100 分表示非常满意，0 分表示非常不满意）"的提问方式，了解客户对影响满意度因素的看法；同时还要求受访者评价他们期望得到什么样的产品或服务。实际上，这是从客户目前得到的产品或服务中引申出客户对现有产品或服务的不满意之处。

2. 间接衡量法

间接衡量法就是要求受访者罗列出在接受产品或服务时出现的问题和希望改进的措施，并且要求受访者按重要性的不同进行排列。在此要对每个要素的表现做出评价，以帮助企业了解它是否在一些重要的方面表现不佳，或在一些相对不重要的方面投入过多。

3. 综合法

综合法就是通过直接衡量法得出客户对某项指标的满意程度后，结合通过间接衡量法得到的各因素重要程度，采用国际上通用的重要性推导模型，利用象限分析法了解客户目前的满意情况，进而指导企业采取一定的措施来改进。

（四）如何收集客户满意度数据

调查法是应用最普遍的数据收集方法，大多数客户满意度衡量工作都是通过调查进行的。调查可以是书面或口头的问卷、电话或面对面的访谈，以及专题小组和拦截式访问。

1. 问卷调查法

问卷调查法通常包含很多问题的陈述，需要被调查者根据预设的表格选择相应答案。但有些则允许被调查者以开放的方式回答，从而更详细地了解他们的想法。这两种方法都很有效，都能够提供关于客户满意水平的有价值的信息。问卷调查法有助于客户从自身利益出发来评估企业的服务质量、客户服务工作和客户满意水平。

（1）调查方案的设计。可以设计多种方案进行调查，其中的关键是使接受调查的人觉得"轻松友好"，问题容易理解和容易回答。同时，不要把调查做得太长，因为人们在宽泛的调查中会失去兴趣，尤其是当你"拦截"他们获取答复时。如果你采用邮寄式调查，那么这将比拦截式访问更有机会使被调查者填完篇幅较长的问卷。因为人们发现在家或在办公室里有较多的时间，如果他们对你的企业感兴趣，就会花时间协助你完成调查。

（2）调查问题的设计。调查成功的关键之一是问题设计做到了问所必问。另外，问题应该只包含一个观点或属性。在设计问题时，你要考虑的最重要的因素是保证问题简单，每个问题只限于一个主题；然后问足够多的问题，以获得你希望从客户那里得到的信息。

（3）调查问题的回答。对于问题的回答可以是开放式的，也可以是封闭式的。封闭式问答往往具有量化的特征。对每一个答案都要规定一个权重，并且无论何时何地，在同一个调查中只能使用同样的权重。

2. 电话调查

成功地进行电话调查，需要遵循以下五点基本原则。

（1）问题简洁明了。在电话调查中，被调查者都是在听你的问题或陈述，因此一定要保证问题和答案的通俗性。

（2）准备一个范本。向所有电话调查员提供同一个范本。这个范本包括的内容有：调查员在客户拿起电话后应该如何自我介绍，如何提出问题，如何响应客户的回答，当客户跑题时应该如何将客户引回正题，如何使客户不挂断电话以完成调查，以及如何感谢客户提供的帮助。必须确保该范本为所有调查员所遵循，唯有如此，才能确保数据的客观性。

（3）易操作性。调查员必须能够迅速记下客户对问题的回答，并能够紧接着进入下一个问题。调查员必须准确记录客户的回答，避免把答案放错位置，当作另一个问题的答案。

（4）培训调查员。让他们学会善于接触客户，并能得到客户如实的回答。

（5）感谢客户。调查之初，当客户同意接受调查时，你就应该表示感谢；调查进行之中，当询问了几个问题之后，你也应该表示感谢；调查结束之时，你更应该表示感谢。

3. 专题小组

专题小组式的市场调查在实践中有广泛的应用，但其价值受制于特定小组的特定参加者。因此，为了使专题小组获得的资料更有效、信息更充分，专题小组应欢迎从全国各地不同区域选出的各种不同的客户参与。因为不同的客户有不同的购买习惯，对服务质量的看法和满意水平也不尽相同。

4. 面访

面访包括入户访问和拦截式访问。入户访问的要求比较高，要求知道客户的住址，另外，访问成本也是最高的。拦截式访问是指当客户进入或离开一个商业区域时，调查者拦住客户，并询问客户问题。拦截法可以是书面调查，也可以是口头访谈，或两者兼而有之。拦截式访问成本较低，且可以控制。

5. 其他方法

其他方法包括座谈会、客户投诉文件分析等定性分析法。

（五）建立客户满意度测评体系

客户满意度测评体系是客户满意度测评的核心部分，在很大程度上决定了测评结果的有效性、可靠性。客户满意度测评指标中的客户期望、客户对质量的感知、客户对价值的感知、客户抱怨和客户忠诚变量等均不可以直接测评，需要逐级展开，直到形成一系列可以直接测评的指标，这些逐级展开的测评指标的有机组合就构成了客户满意度测评体系。

1. 客户满意度测评体系的结构

客户满意度测评体系是一个多指标的结构，运用层次化结构设定测评指标，能够由表及里、深入清晰地表述客户满意度测评体系的内涵。

测评体系一般可划分为四个层次，每一层次的测评指标都是由上一层的测评指标展开的，而上一层次的测评指标则是通过下一层的测评指标的测评结果反映出来的。

（1）客户满意度指数。这是总的测评目标，为一级指标，即第一层次。

（2）客户期望、客户对质量的感知、客户对价值的感知、客户满意度、客户抱怨和客户忠诚六大要素是二级指标，即第二层次。

（3）根据不同的产品、服务、企业或行业的特点，可将六大要素展开为具体的三级指标，即第三层次。如将客户对质量的感知指标分为客户对产品（服务）质量的总体评价、客户对产品（服务）质量满足需求程度的评价和客户对产品（服务）质量可靠性的评价三级指标。

（4）三级指标可以具体化为调查问卷上的问题，以作为测评体系的四级指标，即第四层次。

2. 客户满意度测评问卷的设计

问卷是根据客户满意度测评体系中的三级测评指标设计的。在设计测评问卷时，不仅要符合问卷设计的原则和要求，还要考虑被测评的产品或服务的本质特征，以及客户的消费心理和行为特征，以将相关测评指标转化为问卷上的问题。但要注意，问卷上的问题必须易于回答，而且不宜太长，20～30个问题最为适合。

下面列举一些常见的具体问题。

（1）开发票是否准确迅速？

（2）供货时间是否准确？

（3）客户记录是否准确？

（4）销售人员的专业知识和技能如何？

（5）技术支持人员和后勤保障人员的服务意愿和技能如何？

（6）企业服务电话是否容易接通？

（7）客户等候服务的时间是否过长？

（8）营业时间和地点的安排是否方便？

（9）销售人员或开发票、送货的有关人员的举止仪表是否符合职业规范？

（10）企业员工有无不礼貌的言行举止？

（11）有关人员对企业服务项目的介绍是否准确及时？

（12）有关人员对企业的销售政策的传达是否及时？

（13）企业是否满足了客户的特殊要求？

（14）企业员工是否给客户以充分的关注？

（15）销售人员或开票人员对经常光顾的客户熟悉吗？

（16）客户有被企业人员欺骗的情形吗？

（17）客户的档案资料有泄密的情况吗？

（18）购买产品多长时间后出现了故障？

（19）产品维修的频率是多少？

（20）客户多长时间光顾一次本企业？

拓展资料

　　每个人都置身于社会的服务链中，不管是服务的提供者还是接受者，不管是在工作岗位上还是日常生活中，对于各种服务都会有很多切身经历，也因此有着不同的感受和理解。

　　为什么企业要重视评价率管理？李先生在武汉的高铁站排队取票时，售票人员和取票的乘客发生争执，互相对骂，对于其他等候取票的乘客置之不理。争吵一段时间后问题没有解决，乘客气急败坏地走了。李先生到售票窗口后问："武汉—××的车票。"售票员说："没有。"李先生说："能不能帮我想想办法，我很着急！"售票员说："没办法。"李先生又说："什么车都行，我真的着急！"售票员说，"我真的没办法，你还有没有其他业务办理啊，没有的话去旁边，不要耽误后面的人办理业务。"这番对话让李先生很窝火。售票员的态度让人失望至极。该售票员损害的不只是自己的形象，更是铁路服务人员的形象。

　　小王在寄快件，拨通客服电话预约寄件，电话里面客服问："您寄什么物品？"小王回答："单反。""多重？"小王认为应该给个确切的答案，很实在地说："稍等，我去称下。"慌慌张张地称完了，告诉客服，客服不高兴了，此后语气一直很生硬，小王再问任何问题回答都很敷衍，明显是冷暴力。

　　这两个案例说明服务人员代表的不是自己、不是部门，而是企业的形象。如果企业对于服务管理重视度较低，员工重视度自然不会高，那么就会大大地增加服务人员和用户对骂、冷暴力等恶性服务的发生率，而提升用户满意度、重视评价率对于企业管理来说尤为重要。

四、案例分析

　　格兰仕立足于"为了群众的一切利益"所制定的"三大纪律，八项注意"的售后服务规范，以一种平实却真挚的语言，有力地折射出了格兰仕严谨的服务作风和严格的服务纪律。三大纪律：第一，努力让客户感动；第二，真诚服务讲质量；第三，将心比心去工作。八项注意：第一，服务之前先致歉，随后报上厂名；第二，事先联系记录好，态度热情有礼貌；第三，有问有答不厌烦，服务价格要公开；第四，自备工具鞋布卡，清洁完好最重要；第五，干净利落动作巧，穿戴整洁不紊乱；第六，若把东西损坏了，照价赔偿不打折；第七，不许吸烟不喝水，不收礼品不吃饭；第八，严禁争吵与粗暴，临走再次道歉别。

　　中国消费者协会曾这样评价格兰仕的"三大纪律，八项注意"：格兰仕的"三大纪律，八项注意"是一种军纪般的服务体系，目的是维护消费者的正当权益。

　　格兰仕的"三大纪律，八项注意"将一般的承诺更高层次地演化成一种内涵、一种精神、一种信念，让我们看到了格兰仕富有个性、富有魅力的经营哲学。在提出"三大纪律，八项注意"之后，格兰仕再次向社会提出其"四心"服务理念，即诚心、精心、细心、安心。在现代营销中，服务已不再是一种规范和制度，而是一种发自内心的对客户负责的真情实意，它是企业经营理念的一种内在延伸和升华。"将心比心，以心换心"，如果企业的每一个人都将此作为工作信条，都能在工作时将自己转换为产品用户的角色，那就不怕做不出好产品，做不出好服务。格兰仕"四心"服务很好地证明了这一点。

摘自：《格兰仕集团简介》，搜狐财经，公司新闻

问题：你从格兰仕的"心级"服务中得到了什么启示？

五、实训活动

【实训目标】

通过调查问卷的设计，了解权重在计算客户满意度指数中的重要性，掌握运用加权平均法计算客户满意度指数；通过对客户满意度指数的分析，不断改进企业客户服务工作，从而不断提高客户满意度。

【实训要求】

（1）分组（8~10人一组）讨论影响客户对商场经营满意度的因素有哪些。

（2）各组汇报，看看各组之间考虑的因素是否全面、合理。

（3）教师点评、归纳影响商场客户满意度的因素，每一组以此为依据设计该商场的客户满意度调查表。

【实训内容】

设计问卷。客户满意度按5级设计，即很满意、满意、一般满意、不满意、极不满意，分值由小组自行设定。

例如：你对该商场的服务态度满意吗？

A. 很满意

B. 满意

C. 一般满意

D. 不满意

E. 极不满意

【考核】

（1）问卷设计、小组汇报成绩。

（2）思考讨论：客户对商场哪些方面的需求比较大？需求越大，满意度的权重是否就越大？客户对商场哪些方面的满意度较高？假如你是商场的经理，你准备从哪些方面加强管理，进一步提高客户的满意度？

任务3　客户体验式营销服务

一、任务目标

知识目标：

（1）了解客户体验内容。

（2）掌握客户体验设计方式方法。

（3）熟悉客户调研设计流程。

能力目标：

（1）能够根据客户数据分析客户体验要求。

（2）能够进行客户调研问卷设计。

（3）能够设计客户体验方案。

素质目标：

（1）培养学生职业素养。

（2）培养学生的劳动精神、工匠精神。

（3）培养学生不畏困难、乐观向上的意识。

（4）培养学生创新精神。

二、引导案例

理查特（Richart）公司制作的巧克力被英国版《时尚》（Vogue）杂志称为"世界上最漂亮的巧克力"。理查特首先定位自己是一家设计公司，然后才是巧克力公司。其商标是以艺术装饰字体完成的，还特别将"A"做成斜体，用来区隔 rich（富有）与 art（艺术）这两个字。理查特巧克力在一个精致的类似珠宝商展示厅内销售，巧克力装在一个玻璃盒子中，陈列于一个广阔、明亮的销售店。产品打光拍摄，在其产品的宣传资料中就像是件精致的艺术品或是珠宝。促销品用的是光滑、厚实的纸张，它的包装非常优雅。巧克力盒子是有光泽的白色，附着金色与银色的浮雕字。红色丝带封着包装盒。盒子衬里分割成格，所以每个巧克力艺术品是摆设于自己的间隔中。对视觉感而言，巧克力本身就是个盛宴。它们有漂亮的形状，并且以不同的花样与彩饰装饰（其中的个别特殊产品系列展示着一组迷人的儿童绘画），可以根据客户的要求制造特别的巧克力徽章。这些巧克力是如此贵重，因此理查特甚至还销售附有温度与湿度表的薄板巧克力储藏柜。

希尔顿连锁饭店的一个小做法是在浴室内放置一只造型极可爱的小鸭子，客人大多爱不释手，并带回家给家人作纪念，于是这个不在市面销售的赠品便成了客户特别喜爱希尔顿饭店的动力。当然希尔顿饭店设施、服务等方面也是一流的。这样便造成了很好的口碑，这就是"体验式营销"的应用（视觉和触觉上）。在超级市场中购物经常会闻到烘焙面包的香味，这也是一种感官体验方式（嗅觉）。

讨论：请根据某企业的产品或服务提出能给客户带来的感官体验。

三、相关知识

（一）提升客户体验的方法

让产品成为演员，使客户成为群众演员，挖掘和提炼产品的核心内涵和所处社会的背景，通过服务人员的销售和"导游"，在引导中使客户置身其中，从而使客户获得切身的美好体验。

譬如，在阿迪达斯推出的"街头篮球挑战赛"上，阿迪达斯把篮球架放低，在街头鼓励他们参与成为"灌篮高手"。当他们用一个潇洒的乔丹姿势把篮球扣进篮筐时，引来一阵喝彩……参与者和旁观者们此时的感受可想而知。试想，时尚青年和篮球迷们谁不想有机会亲身体验当一把 NBA "飞人"的感觉？

这就说明，使客户切实获得美好体验才能推动销售和客户管理。

客户体验是要站在消费者的感官、情感、思考、行动、关联等五个方面，重新定义、设计营销的思考方式。客户体验一般分为五种类型，但在实际情况下企业很少进行单一体验的营销活动，一般是把几种体验结合使用。

1. 客户的感官体验

感官体验的诉求目标是创造知觉体验的感觉，它经由视觉、听觉、触觉、味觉与嗅觉进行体验。

2. 客户的情感体验

可以通过提升客户的情感体验，来提升客户满意度。客户情感体验的范围可以是一个温和、柔情的正面心情，也可以是欢乐、自豪，甚至是激情的强烈的激动情绪。情感体验的运作需要真正了解什么刺激可以引起某种情绪，以及能使消费者自然地受到感染，并融入这种情景中来。

最为经典的是南方黑芝麻糊。按照一般套路，芝麻作为一种保健食品，都是在黑芝麻中医药滋补作用上做文章。但策划者大胆跳出了这个圈子，而改用了情感体验的营销诉求，将"芝麻"与"情感"挂起钩来：黄昏，麻石小巷，挑着货担的母女走进了幽深的陋巷，小油灯悬在担子上，晃晃悠悠。小男孩挤出深宅，吸着飘出的香气，伴着木屐声、叫卖声和民谣般的音乐声，走到担子边。画外音："小时候，一听见芝麻糊的叫卖声，我就再也坐不住了……"小男孩一口气吃完了一大碗芝麻糊，并将碗底舔得精光。大嫂爱怜地又给他添了一勺，轻轻地抹去他脸上的残糊。小男孩笑了，脸上露出感激和满意。画外音："一股浓香，一缕温暖。"至此，"南方黑芝麻糊，抹不去的记忆"这个"情感体验"主题就在一个独特的意境中充分地体现出来。

制造情感体验，常用的联系纽带有友情、亲情、爱情。

以亲情来说，缘于血统关系的亲情，如父爱、母爱、孝心等可以说是任何情感都无法替代的，也是人类极其深刻的生活方式。一句"孔府家酒让人想家"，引起在外游子对父母、对家乡无限的思念之情，使得客户在消费中也感受了"想家"的体验（亲情）。

俗话说，朋友多了路好走，友谊地久天长。"喝杯青酒，交个朋友"，陈酿贵州青酒的这句广告语，让你在宴请宾朋的时候多一份"友情"的体验（友情）。

一位清纯、可爱、脸上写满幸福的女孩子，偎依着男朋友的肩膀，品尝着他送给她的"水晶之恋"果冻，就连旁观者也会感受到那种"美好爱情"的体验（爱情）。

3. 客户的思考体验

思考体验是以创意的方式引起客户的惊奇、兴趣、对问题集中或分散的思考，为客户创造认知和解决问题的体验。对于高科技产品而言，思考活动的方案是被普遍使用的。在许多其他产业中，思考营销也已经使用于产品的设计、促销、与客户的沟通。

4. 客户的行动体验

行动体验的目标是影响客户的有形体验、生活形态与互动。行动体验简单说就是"互动"。

以报纸为例，由于报纸与社会的广泛联系，一般互动已不稀奇。文化产业的核心是改变生活方式，通俗说就是"换个活法"，不管你读书、看碟、听 MP3、旅游、健身、卡拉 OK，都是改变生活方式，都是换个活法。而报纸与读者互动，促成行动参与，其实质也是改变生活方式，哪怕是非常简单的打热线求助或报名参赛，都是短暂的"换个活法"。抓住这个关键点，报纸就可以与相关文化产业结成广泛联盟，创新行动体验。

例如，耐克每年销售逾一亿六千万双鞋，在美国，几乎每销售两双鞋中就有一双是耐克。该公司成功的主要原因之一，是有出色的"尽管去做（Just Do It）"广告。经常地描述运动中的著名篮球运动员迈克尔·乔丹，升华运动的体验，是行动营销的经典案例。

（二）客户体验的实际应用

1. 关注客户的体验

体验的产生是一个人在遭遇、经历或是生活过一些处境的结果。企业应注重与客户之间的沟通，发掘他们内心的渴望，站在客户体验的角度，去审视自己的产品和服务。

2. 以体验为导向设计、制作和销售你的产品

当咖啡被当成"货物"贩卖时，一磅可卖 300 元；当咖啡被包装为"商品"时，一杯就可以卖十几元钱；当其加入了"服务"，在咖啡店中出售，一杯最少要几十元；但如能让咖啡成为一种香醇与美好的"体验"，一杯甚至可以卖几百元。增加产品的"体验"含量，能为企业带来可观的经济效益。

3. 检验消费情境

不要孤立地去思考一个产品（质量、包装、功能等），要通过各种手段和途径（娱乐、店面、人员等）来创造一种综合的效应以增加消费体验；不仅如此，还要跟随社会文化消费导向，思考消费所表达的内在的价值观念、消费文化和生活的意义。在营销的思考方式上，通过综合考虑各个方面来扩展其外延，并在较广泛的社会文化背景中提升其内涵。客户购物前、中、后的体验已成为增加客户满意度和品牌忠诚度的关键决定因素。

4. 客户既是理性的又是感性的

一般来说，客户在消费时经常会进行理性的选择，但也会有对狂想、感情、欢乐的追求。企业不仅要从客户理性的角度去开展营销活动，也要考虑消费者情感的需要。

5. 体验要有一个"主题"

体验要先设定一个主题，也可以说：体验式营销乃是从一个主题出发并且所有服务都围绕这个主题，或者其至少应设有主题道具（如一些主题博物馆、主题公园、游乐区或以主题设计为导向的一场活动等）。而且，这些"体验"和"主题"并非随意出现，而是体验式营销人员所精心设计出来的。

6. 方法和工具有多种来源

体验是五花八门的，体验式营销的方法和工具可谓种类繁多，企业要善于寻找和开发适合自己的营销方法和工具，并且不断地推陈出新。

（三）客户主题体验设计

所谓主题体验设计，就是根据客户的兴趣、态度、嗜好、情绪、知识和教育，通过市场

营销工作，把商品作为"道具"、服务作为"舞台"、环境作为"布景"，使客户在商业活动过程中感觉美好的体验，甚至当过程结束时，体验价值仍长期逗留在其脑海中，即创造一项客户拥有美好的回忆、值得纪念的产品及其商业娱乐活动过程的设计。主题体验设计的一般步骤如下。

1. 确定主题

看到星际好莱坞、硬石餐厅、雨林咖啡厅这些主题餐厅的名字，就会联想到进入餐厅的感受，因为它们都点出了明确的主题。制定明确的主题可以说是经营体验的第一步。来看拉斯维加斯一购物中心如何成功展示主题。它以古罗马集市为主题，购物中心铺着大理石地板，有白色罗马柱、仿露天咖啡座、绿树、喷泉，天花板是个大银幕，其中蓝天白云的画面栩栩如生，偶尔还有打雷闪电、模拟暴风雨的情形。在集市大门和各入口处，每小时有古罗马士兵行军通过，甚至还有恺撒大帝，使人感觉仿佛回到了古罗马的街市。古罗马主题甚至还扩展到各个区域。

2. 以正面线索塑造印象

主题是体验的基础，它还需要塑造令人难忘的印象，就必须制造强调体验的线索，而且每个线索都必须支持主题，与主题相一致。当餐厅的接待人员说"我为您带位"，就不是特别的线索。但是，雨林咖啡厅的接待人员带位时说"您的冒险即将开始"，就构成开启特殊体验的线索。芝加哥欧海尔国际机场的停车场则是设计的成功例子。欧海尔机场的每一层停车场，都以一个芝加哥职业球队为装饰主题，而且每一层都有独特的标志音乐，让消费者绝对不会忘记自己的车停在哪一层。

3. 塑造完整的体验

要塑造完整的体验，不仅需要设计一层层的正面线索，还必须减除削弱、违反、转移主题的负面线索。快餐店垃圾箱盖子上有"谢谢您"三个字，它提醒消费者自行清理餐盘，但这也同样透露着"我们不提供服务"的负面信息。一些专家建议将垃圾箱变成会发声的吃垃圾机，当消费者打开盖子清理餐盘时，就会发出感谢的话。这就消除了负面线索，将自助变为餐饮中的正面线索。

4. 充分利用纪念品

纪念品的价格虽然比不具纪念价值的相同产品高出很多，但因为具有回忆体验的价值，所以消费者还是愿意购买。度假的明信片使人想起美丽的景色；绣着标志的运动帽让人回忆起某一场球赛；印着时间和地点的热门演唱会运动衫，让人回味起演唱会的盛况。

5. 整合多种感官刺激

体验中的感官刺激应该支持、增强主题，而且体验所涉及的感官越多，就越容易成功、越令人难忘。例如，聪明的擦鞋匠会用布拍打皮鞋，发出清脆的声音，散发出鞋油的气味。虽然声音和气味不会使鞋子更亮，但会使擦鞋的体验更吸引人。

（四）客户体验模式推荐

1. 情感模式

台湾有一则水饺广告："北京最为人所称道的，除了天坛、圆明园外，就该是那操一口标准京片子的人情味，还有那热腾腾、皮薄馅多味鲜的象征团圆的水饺儿了。今天，在宝岛台湾，怀念老北京风味，只有'北方水饺'最能令人回味十足，十足回味！"这则广告比较生动形象地勾勒出"北方水饺"皮薄馅多味美的特征，还将水饺和人情味水乳交融般联结在一起，更使人感到，品尝了水饺就如同"品尝"了那令人陶醉的人情味一样，寓意着"美的水饺和美的人情一样，都是最美的美味"。这就使消费者在求美心理上和浓郁的人情味上得到了一种满足和体验，那就不能不引发消费的欲望了。

2. 节日模式

每个民族都有自己的传统，传统的观念对人们的消费行为起着无形的影响。北京一家电脑专卖店，在母亲节当天举行一项电脑贺卡表心意活动，免费提供电脑、打印机与可将各种图案、文字组合的软件，参加者自行发挥创意，绘出各式各样的母亲卡，以表达对母亲的敬爱心意。

3. 文化模式

可口可乐公司推出的新春广告片，可谓"中国味儿"十足。泥娃娃、春联、四合院、红灯笼、鞭炮……一切充满传统节日色彩的元素以木偶动画片的形象表现出来，极具观赏性。片中的大塑料瓶装可口可乐自然融入其中，恰到好处。对联、红包、泥娃娃抱大鱼都是春节的吉祥物，因此泥娃娃阿福成为新春广告片的主角，而泥娃娃手中的大鱼被可口可乐所取代。由此可见，可口可乐对于中国市场的重视已经从内到外全方位展现，它充分运用本土文化，使它的产品印象深深地扎根于中国的消费者心中。因此，可口可乐在中国的传统节日——春节里成为深受人们欢迎的饮料产品，有力地促进了其产品在中国的销售。

4. 美化模式

消费行为中求美的动机主要有两种表现：一是因为商品本身存在客观的美的价值，如商品外包装漂亮精美、商品造型与质感具有美感等。二是商品或服务能为消费者创造出美和美感来。

5. 个性模式

为了满足个性化需求，富有创意的销售者开辟出一条双向沟通的销售渠道，在掌握消费者忠诚度之余，满足了消费大众参与的成就感，也同时增进了产品的销售。"心情故事"就是最成功的例子之一。统一公司将产品的消费群定位在 13 ~ 18 岁的青少年，并进一步采用直接而个性化的诉求——心情饮料。"心情故事"灵活地预留了一块征文园地，鼓励消费者勾勒自己的心情故事，一反常态地使消费者成为包装上以及广告影片中真正的主角。

6. 多角化经营模式

许多新建的大型零售企业，吃的、用的、穿的、行的商品齐备，有的设餐馆、卡拉 OK、歌舞厅、冷热饮厅、录像厅、电影馆、儿童乐园等，使消费者在购物过程中也可娱乐休息。这种多角化经营战略符合"开放经营"政策，显然有利于延长消费者在商店内的滞留时间，创造更多的销售机会，同时也使消费者自然而然地进行心理调节，投入更多时间到店消费，提升消费量。

（五）体验式营销适用的范围

1. 全新型产品的上市

对于企业刚刚上市的全新型产品，顾客是十分陌生的，并没有过相似的消费体验。而他们又很少有人愿意成为第一个吃螃蟹的，因此企业做的广告宣传活动再多，也无法大范围地提高消费者的参与性。此时就需要体验营销的参与，以最直接的方法使顾客了解产品的作用与性能，消除顾客的疑虑。全新类型的产品在普遍引入市场之前，企业可以采用"免费试用"等优惠活动吸引消费者的注意，从而让他们全方位地了解产品，使他们主动参与到营销活动中，为产品全面推向市场奠定基础。

2. 具有"鲜明卖点"的改良新产品

市场上出现的新产品往往是企业在原有市场的基础上，对它们的款式及性能等方面进行改良所得出的，这类产品也不为顾客完全熟悉。在产品推向市场的初期，就应采取体验营销，向顾客着重突出这类"改良"产品的卖点，使顾客在短期内感知产品的性能。

3. 容易转变和培养消费习惯的老产品

在市场中，对于一些老品牌的产品而言，如果体验活动能够培养、转变消费者对此的消费习惯，并可以获得一些竞争对手的顾客，或使对该品牌不忠诚的消费者忠诚，仍可以采取体验式营销策略。但在采取体验式营销时，企业首先要了解顾客对品牌的忠诚度。若顾客对竞争对手的品牌的忠诚度较低，容易转变和培养顾客的消费习惯，则体验活动可行；反之，采取体验式营销会使企业得不偿失。

（六）设计品牌体验步骤

以实施电信客户体验为例，分析客户体验与业务特色结合的策略。企业要想通过创新为客户带来特殊的心理体验，应着重注意以下几个方面的设计。

（1）新业务的命名要适应客户的心理要求，激发客户联想，使其产生良好的感受。例如，中国网通在全国范围内推出"中国网，宽天下"宽带接入业务的统一品牌，为互联网用户提供丰富多彩的教育、娱乐、咨询等各项服务；其命名使客户联想翩翩，产生强烈的需求愿望。

（2）品牌业务要通过恰当的定位，以显示其独特的个性；更要赋予它特定的文化内涵，使客户产生特殊的体验。

（3）广告包装要和业务定位相适应，并能引起客户的消费欲望。例如，中国移动推出"动感地带"品牌业务，其广告包装宣传效果的最大卖点在于"短信套餐"业务，定位在青少年客户市场细分群体。

（4）关注售前服务。对于潜在客户，可以建立社区服务档案，把握客户心理需要，然后每逢这些潜在客户过生日或喜庆之日，送上小礼品或打电话祝贺，让他们产生一种意外惊喜的感觉，从而促使其产生购买欲望。

（5）做好售中服务。售中服务在整个服务过程中只占20%的时间，但80%的客户对这一环节的期望值要求较高。因此，企业营销服务部门要拿出80%的精力和费用，为客户提供周到的售中服务。

（6）完善售后服务。业务办理之后，要继续和客户保持联系。例如，在业务办理后几日内打电话致谢，询问业务使用情况、对业务服务的意见，寄上感谢函等。这样可以进一步加深客户的印象，提高客户的满意度。

（七）体验式营销的实施步骤

体验式营销的运作流程是一个系统的过程，它是对顾客的心理进行分析，从而了解顾客的心理属性，以此找到适合顾客体验的产品定位，并根据定位来制定顾客体验的主题，围绕主题进行体验式营销。

1. 设定体验目标

在策划体验活动之前，要对体验活动做一个粗略的规划和预算，明确企业在体验营销上预先设定的目标是什么，要达到何种预期的效果，以此为基础展开体验活动。体验目标的设定对于体验活动能否达到预期的效果十分重要。

2. 目标顾客的定位

企业在进行体验活动时，要深入分析顾客的体验世界，明确公司与品牌的目标顾客，并从不同的层面分析顾客的体验世界，沿着品牌的接触点追踪顾客的体验，以此为基础对目标顾客定位。

体验营销人员在营销活动之前应该通过市场调查来了解目标顾客的需求与顾虑，以此为基础有针对性地为顾客提供相应的体验。企业在对目标顾客进行细分时，要以顾客的理性消费为主，感性消费次之。

3. 确定体验的环境

企业从目标顾客的角度出发，为其提供一种独特难忘的消费体验，帮助消费者找出潜在的心理需求，激发消费者的购买欲望。这就要求营销人员要确定产品的卖点在哪里，使顾客体验后能够直接对产品进行判断。

4. 让目标顾客进行体验

在这个阶段，企业应该预先准备好让顾客体验的产品或设计好让顾客体验的服务，确定达到目标对象的渠道，进行体验活动。与此同时，在体验过程中营销人员要积极地引导顾客向体验的目标靠拢，使体验活动顺利进行。

5. 进行体验效果评估与控制

企业在进行体验式营销活动以后，还要对活动前期、中期及后期的体验效果进行评估。通过对活动期间的审查和判断，企业可以了解到体验活动的执行情况，并根据评估结果重新修正运作的方式与流程，对体验式的营销活动进行更好的控制，使其更好地进入下一轮的运作。

另外，还要注意在体验营销活动中要突出以顾客为中心的基本思想，充分体现出顾客至上的原则；做到体验传播的内容与体验的主题相一致，使每一个传播的内容都支持体验主题；企业在风险转移前要有完善的解决方案，避免出现因风险而导致的企业亏损；要注意加强对营销活动成本的控制，要将成本控制在企业能够接受的合理范围之内，以免得不偿失。

（八）建立深度品牌体验

产生深度体验要求策划人员和创意人员运用好以下四个要素。

（1）让客户愿意在你这里花时间。

卖东西和提供体验的基本不同是客户是否想在你的服务上花时间。面临的挑战是：不仅仅提供便利。提供便利是必不可少的，而挑战在于要将那些便利变成更有价值的时间。

（2）确定品牌真实性。

品牌基本上是通过广告向消费者做承诺。下一步是要决定你的项目是独一无二的，这关系到你的组织构成以及你们的服务是否可以持续。

（3）设计让消费者创造他们自己的深度体验。

（4）切实关注客户。

拓展资料

体验式营销重塑品牌

一、品牌墓志铭

生活当中充斥着"一流的概念，二流的销售，三流的产品，不入流的品牌"这样的企业的墓志铭。品牌的经念歪了，概念本来应该将复杂的专业术语翻译成老百姓喜闻乐见的话，以便更好地与顾客沟通，概念对于品牌只是一种沟通的方式，而不是品牌的本质。

品牌其实没那么复杂，消费者的认知与购买行为的结果就是品牌，品牌是消费者的，从消费者中来，到消费者中去，消费者说了算。

二、不要概念要体验

中国市场进入从花钱买产品到花钱买感觉时代，消费革命颠覆了传统的品牌法则，一套新的法则呼之欲出——体验成就品牌体验营销已经广泛地出现在街头巷尾，踏入经济社会中。体验营销以商品为道具，以消费者为中心，创造能够使消费者参与、值得回味的节点，使消费者在快乐中完成消费过程。产生愉悦的体验只有两点：一是产品；二是服务。

三、好产品才有好体验

产品是营销的基本要素，产品不仅仅是满足顾客需求的物质载体，更是企业理念与文化的诠释，顾客价值的传递。没有强大的产品，就没有托起顾客情感与期望的基石，品牌也就无从谈起。

世界上没有全感性的顾客，也没有纯理性的消费者，大家都是理性＋情感的复合体。在商业活动过程中，产品作为"道具"，环境作为"布景"，要使消费者感受到产品的美好，体验营销必须回归根本，打造真正优质的产品。这样才能实现顾客"美好体验"，企业也才能得以持续性发展。用高品质的产品为消费者送去快乐，这才是体验的王道。

体验营销的基本逻辑是，要从消费者的情感需要入手，但要从顾客理性的角度去开展活动。将消费者的参与融入主产品设计中，让消费者与产品进行亲密接触，让顾客的情感在精品中升华，体会到品牌魅力，深入感受品牌核心价值带给他的真实情感利益。

从产品出发找到新的消费价值与情感空间，这是体验的起点，大体有几条路可走：①科技人性化；②操作傻瓜化；③品牌视觉化；④懒人化；⑤产品个性化；⑥情境化；⑦细节强大化；⑧模块化与定制化；⑨产品透明化。让消费者直接接触并深入了解产品，才能更加直接地展现出产品的实力。

四、服务是企业的第二产品

体验营销两条腿，一条腿是产品，另一条腿就是服务。

相对于静态的产品，动态的服务更具个性化、情境化，在顾客购买前、中、后各个节点，增加话题性、参与性，这样个人与品牌互动更强，更能激发顾客满意度，比简单的商业交易拥有更高的价值，更容易建立顾客忠诚度。

服务是中国市场用得最多、曲解最深的一个词。海尔走进千家万户后，服务作为一种商业模式被广泛接受。由于海尔太成功了，中国市场出现了一股学习海尔好榜样的热情，于是千人千面的服务就变成了千人一面，模板化了，也僵化了。主要表现为：①服务就是售后维修服务；②服务是免费的；③服务标准化，顾客没法选择。

体验是服务的升级版，服务经济，服务附属于产品，帮助产品实现价值，是将服务升级为企业战略，将服务提升到与产品同等重要地位。体验的本质不是态度而是承诺，服务也不是建立在解决问题的方案上，服务是建立一两个核心要素，以情服务、用心做事，用细致入微的服务打动人。

四、案例分析

来自瑞典的宜家家居，主张并引导消费者进行随意全面的体验，以至于刚进中国市场没多久，就吸引了众多消费者的眼球，其体验营销的操作方法，给企业提供了精彩的范例。

1. 通过销售现场的精心设置刺激消费者感官

宜家强烈鼓励消费者在卖场进行全面的亲身体验，比如拉开抽屉、打开柜门、在地毯上走走、试一试床和沙发是否坚固等。宜家出售的一些沙发、餐椅的展示处还特意提示顾客："请坐上去！感觉一下它是多么的舒服！"宜家的店员不会像其他家具店的店员一样你一进门就对你喋喋不休，你到哪里她们跟到哪里，而是非常安静地站在另一边，除非你主动要求店员帮助，否则店员不会轻易打扰你，以便让你静心浏览，在一种轻松、自由的气氛中做出购物的决定。

点评：宜家所实施的现场体验方式，其实是通过对人们的感官刺激，从而改变人们行为过程的方式。因为在人们日常的购物行为中，很多消费者都会被现场的感性信息所吸引，因此现场的体验就会影响到人们的购物决策。

2. 从用户的角度出发做产品，体现对消费者的呵护

仅仅有好的场景设置，没有好的产品，那么带来的体验也不会是好的，宜家的工作也不仅仅把工夫花在现场的体验氛围之上，在产品的设计方面也费了很多努力。宜家的产品设计充分考虑了消费者日常使用的习惯，一个产品是否适合消费者使用，宜家的开发人员、设计人员都和供应商之间进行非常深入的交流，做过非常深入的市场调查。宜家通过卖场深入了解消费者需求，并及时将信息反馈给产品设计人员，设计人员会结合消费者的需求对产品进行改进和设计。

点评：在这个以消费者为导向的时代，谁为消费者想得多，谁就能够成为市场的赢家。因此，按照消费者的使用需要和习惯来设计人性化的产品，是体验营销的前奏和有力的保障。

3. 通过产品体现消费者的生活方式和价值追求

宜家的出现为喜欢变革的中产阶级们提供了一个温暖的支撑。在自己的私人空间里，宜家的家具是为生活中的不断变动而设计的，一个新公寓，一段新恋情，一个新家，即使仅仅随意地逛逛宜家的商场都会让许多人振奋起来。宜家的许多空间都被隔成小块，每一处都展现一个家庭的不同角落，而且都拥有自己的照明系统，向人充分展示那可能的未来温馨的家。几年的运作，宜家成了一个文化符号，让长久以来渴望自由消费主义的中国新兴中产阶级趋之若鹜。

点评：当消费者将自己的人生主张、价值观、生活态度借由某种商品传达时，就表明他对该品牌的感官享受超过了临界点，开始形成对这一品牌的价值主张，这是品牌体验的最高境界。这给我们带来的启示是，挖掘出吻合目标消费阶层的文化符号，并创造出品牌体验的氛围，是建立强势品牌的重要工作。就像星巴克咖啡一样，你无论置身在任何一家星巴克咖啡馆，都会体验到一种新的生活形态，这就是体验营销发挥了真正的作用。

4. 全程体验加深顾客印象

消费者购买家居还会有一些疑虑，那就是害怕不同的产品组合买到家之后不协调，到时候后悔莫及。宜家在这一点上也给予了充分的考虑。它把各种配套产品进行家居组合，设立了不同风格的样板间，充分展现每种产品的现场效果，甚至连灯光都展示出来，这样让消费者可以体验出这些家居组合的感觉以及体现出的格调。而且，宜家的大部分产品都是可以拆分的，消费者可以将部件带回家自己组装，宜家还配备有安装的指导手册宣传片和安装工具等。

点评：随着消费者消费意识的成熟，消费者对于消费的过程体验需求越来越强烈，宜家提供的正是一套全程体验参与的流程，让消费者不仅仅在现场体验，而且回到家后可以自己动手安装体验，加深了消费者对产品和品牌的印象。

总评：

从宜家可以看出，客户体验是一切都围绕着消费者这个中心点来进行设计，关键是在产品设计一直到营销推广整个过程的每一个环节，企业都必须始终站在消费者的体验角度来构思，不能像过去一样仅仅满足于怎样把它做好，而是要考虑消费者在看到它、使用它时，会产生什么样的感受，通过对消费者购买前、中、后的信息掌控，产品和场景设计，品牌传播，与消费者建立长久的顾客关系，如何提高目标消费群体的忠诚度。

摘自：《用体验来重塑品牌》，法制视点

问题：

请结合宜家的经验，讨论建立一个系统的客户体验营销需要开展哪些工作。

客户忠诚度管理

任务1　客户忠诚度分析

一、任务目标

知识目标：

(1) 了解客户忠诚度的概念、层次。

(2) 掌握增加客户黏性的方式方法。

(3) 理解客户满意度与忠诚度的关系。

能力目标：

(1) 能够根据各种指标测评客户的忠诚度。

(2) 能够运用相关方式方法增加客户黏性。

素质目标：

(1) 培养学生职业素养。

(2) 培养学生的劳动精神、工匠精神。

(3) 培养学生不畏困难、乐观向上的意识。

(4) 培养学生创新精神。

二、引导案例

德国商业巨头麦德龙以现购、自运著称，主要特点是进销价位较低、现金结算、勤进快出、客户自备运输工具。麦德龙准备进入中国开拓市场时，考虑到中国的市场情况，将其服务对象定位于中小型零售商、酒店、餐饮业、工厂、企事业单位、政府和团体，即主打团体消费，不为个人客户提供服务。

麦德龙之所以不面向个体客户，是因为麦德龙的一条宗旨是"给中小零售商以竞争力"，既然已经为中小型零售商提供了服务，按照利益共享原则，个人客户则可由中小型零售商提供服务。

由于麦德龙充分考虑了中小型零售商的利益，忠诚于中小型零售商，所以赢得了中小型零售商对麦德龙的完全满意和忠诚。在麦德龙的帮助下，它们增强了与大型超市竞争的实力。中小型零售商壮大了，自然会增加对麦德龙的需求，这样双方就形成了双赢的格局。

讨论： 德国商业巨头麦德龙在中国的定位策略是否成功？

三、相关知识

（一）客户忠诚度概述

1. 客户忠诚度定义

客户忠诚度是指客户忠诚于企业的程度，是从客户满意度中引申出的概念，是指客户使用产品（或服务）满意后产生的对企业产品或品牌的信赖、维护和希望重复购买的一种心理倾向。

它体现的是客户行为的持续性，通常表现为两种形式：一种是客户忠诚于企业的意愿；另一种是客户忠诚于企业的行为。一般企业容易将这两种形式混淆起来，其实这两者具有本质区别，前者对企业来说并不产生直接价值，而后者对企业来说则是一种直接价值。

具体来说，客户忠诚度表现为以下几个方面。

①消费者在购买过程中，多次表现出对某企业产品和品牌偏向性的购买行为。

②忠诚的客户是企业最有价值的客户。

③客户忠诚度的小幅度增加会导致利润的大幅度增加。

④客户忠诚营销理论的关心点是利润。建立并提升客户忠诚度是实现利润持续增长最有效的方法。企业必须把"做交易"的观念转化为"与消费者建立关系"的观念，从仅仅集中于对消费者的争取和征服转为集中于使消费者建立和保持对企业的忠诚。

忠诚客户所带来的收益是长期的，并且具有累积效应，一个客户的忠诚度越高，忠诚度保持时间越长，给企业创造的利益就越多。它有利于增加销售量，降低营销成本，巩固企业的竞争地位。

2. 建立客户忠诚度的关键因素

（1）服务质量。

①产品质量。销售前、中、后的静态体现。

②服务水平。销售前、中、后的流程设计。

③技术能力。销售前、中、后的动态体现。

（2）服务效果。

服务效果即客户内心感受到的满足度，可以参考消费需求心理指标。

（3）客户关系维系。

①互动的同理心态。

②相对的盟友关系。

（4）理念灌输。

①产品（品牌）本身的确认。

②服务（供应）商的确认。

（5）持续的良性心理刺激及增值感受。

小案例：东方饭店的高明之处

于先生第一次入住泰国东方饭店时就留下了良好的印象，当他第二次入住时几个细节更使他流连忘返。在他走出房门准备去餐厅的时候，服务生恭敬地问道："于先生是要用早餐吗？"于先生很奇怪："你怎么知道我姓什么？"服务生说："我们饭店规定，晚上要背熟所有客人的姓名。"这令于先生大吃一惊。他高兴地来到餐厅，餐厅门口的服务生说："于先生，里面请。"于先生很疑惑，因为服务生并没有看他的房卡。服务生答："上面的电话说您已经下楼了。"于先生刚走进餐厅，服务小姐微笑着问："于先生还要坐老位置吗？"于先生的惊讶再次升级。服务小姐主动解释说："我刚查过电脑记录，您在去年的 6 月 8 日在靠近第二个窗口的位子上用过早餐。"于先生听了很兴奋："老位子！老位子！"小姐接着问："老菜单？一个三明治，一杯咖啡，一个鸡蛋？"于先生兴奋到了极点："老菜单！就要老菜单！"三年后，在于先生生日的时候突然收到了一封东方饭店发来的贺卡："亲爱的于先生，您已经有三年没有来我们这儿了，我们全体人员都非常想念您，希望能再次见到您。今天是您的生日，祝您生日快乐。"于先生激动得热泪盈眶，发誓要说服周围的亲友去泰国时一定要选择令他终生难忘的东方饭店！

（二）客户忠诚分类

1. 垄断忠诚

垄断忠诚是指客户别无选择下的顺从态度。比如，因为政府规定只能有一个供应商，客户就只能有一种选择。这种客户通常是低依恋、高重复的购买者，因为他们没有其他的选择。公用事业公司就是垄断忠诚一个最好的实例，微软公司也具有垄断忠诚的性质。一个客户形容自己是"每月 100 美元的比尔·盖茨俱乐部"的会员，因为他至少每个月要为他的各种微软产品进行一次升级，以保证其不会落伍。

2. 惰性忠诚

惰性忠诚指客户由于惰性而不愿意去寻找其他供应商。这些客户是低依恋、高重复的购买者，他们对企业并不满意。如果其他企业能够让他们得到更多的实惠，这些客户便很容易被人挖走。拥有惰性忠诚的企业应该通过产品和服务的差异化来改变客户对企业的印象。

3. 潜在忠诚

潜在忠诚是低依恋、低重复购买的客户。客户希望不断地购买产品和服务，但是企业一些内部规定或其他的环境因素限制了他们。例如，客户原本希望再来购买，但是卖主只对消费额超过 2 000 元的客户提供免费送货，由于商品运输方面的问题，该客户就可能会放弃购买。

4. 方便忠诚

方便忠诚的客户是低依恋、高重复购买的客户。这种忠诚类似于惰性忠诚。同样，方便忠诚的客户很容易被竞争对手挖走。例如，某个客户重复购买是由于地理位置比较方便，这就是方便忠诚。

5. 价格忠诚

对于价格敏感的客户会忠诚于最低价格的零售商。这些低依恋、低重复购买的客户是不能发展成为忠诚客户的。现在市场有很多的 1 元店、2 元店、10 元店等小超市，就是从低价格出发，做好自己的生意，但是重复光临的人不是很多。

6. 激励忠诚

企业通常会为经常光临的客户提供一些忠诚奖励。激励忠诚与惰性忠诚相似，客户也是低依恋、高重复购买的那种类型。当公司有奖励活动的时候，客户们都会来此购买；当活动结束时，客户们就会转向其他有奖励或有更多奖励的公司。

7. 超值忠诚

即典型的感情或品牌忠诚。超值忠诚的客户是高依恋、高重复购买的客户，这种忠诚对很多行业来说都是最有价值的。客户对于那些使其从中受益的产品和服务情有独钟，不仅乐此不疲地宣传它们的好处，而且热心地向他人推荐。

（三）客户忠诚度测评指标

企业准确把握客户的忠诚度，可使企业有针对性地采取客户关系管理措施，有效提高客户忠诚度。著名的施乐公司认为：忠诚的客户所创造的价值是一般客户的 10 倍，并且这样的客户会持久地忠诚于公司。花旗银行在分析影响客户忠诚度因素的基础上，提出了客户忠诚度测评的四个指标，即客户对产品和程序的满意度、价值驱动力、忠诚驱动力和忠诚指标。

（四）客户忠诚度的四个层次

客户的忠诚通常从冲动型忠诚、情感型忠诚、认知型忠诚逐步向行为型忠诚发展。

（1）冲动型忠诚是基于意向的忠诚，也就是说人们倾向于购买。冲动型忠诚的客户的决策过程比较简单，非常容易受外在因素的影响，尤其是与价格相关的促销。对于冲动型忠诚者来说，往往竞争对手的一个更优惠的价格促销信息就可能把这个客户吸引过去。

（2）情感型忠诚是基于偏好的忠诚，人们是因为喜欢才去购买。情感型忠诚的客户的决策主要取决于客户对企业或企业产品的态度。一位渴望拥有哈雷摩托车的年轻人，可能会一直保持着对哈雷摩托非常强烈的购买意愿，并且身上穿的衣服、戴的手表都可能是哈雷品牌的。

（3）认知型忠诚是基于信息的忠诚，是一种理性的忠诚。认知型忠诚客户是基于对商品的功能特征、性价比等具体信息的了解而产生的购买行为。他们很多时候像一个产品专家，他们不仅了解产品的功能，还通过收集和研究各种资料来了解产品的差异性和技术特性，他们甚至比产品销售人员更清楚产品的性能。他们会综合考虑各种因素，最终产生这个产品更适合自己的认知，从而形成忠诚的购买行为。但市场上如果出现了更好的产品，他们也会去仔细研究和比较。

（4）行为型忠诚是基于行动的忠诚，这类客户已经形成了一种购买惯性。他们有时为了购买某种产品往往不惜付出一定努力，或是克服一定障碍。比如为了购买企业发布的某款新产品愿意排队等很长时间。

（五）忠诚计划模式

1. 独立积分计划模式和联盟积分计划模式

独立积分是指某个企业仅为消费者对自己的产品和服务的消费行为和推荐行为提供积

分，在一定时间段内，根据消费者的积分额度，提供不同级别的奖励。这种模式比较适合于容易引起多次重复购买和有延伸服务的企业。在独立积分计划中，是否能够建立一个丰厚的、适合目标消费群体的奖励平台，成为计划成败的关键因素之一。很多超市和百货商店发放给顾客的各种优惠卡、折扣卡都属于这种独立积分计划。

联盟积分是指众多的合作伙伴使用同一个积分系统，这样客户凭一张卡就可以在不同商家积分，并尽快获得奖励。相比较于企业自己设立的积分计划的局限性，联盟积分则更有效、更经济、更具有吸引力。

目前，世界上最成功的联盟积分项目是英国的 NECTAR。积分联盟由 NECTAR 这个专门的组织机构设立，其本身并没有产品，只靠收取手续费赢利。项目吸引了包括 Barclay 银行、Sainsbury 超市、Debenham 商场和 BP 加油站等很多企业加入。顾客凭 NECTAR 卡可以在特约商户消费，或者用 Barclay 银行卡消费，都可获得相应积分，并凭借积分参加抽奖或者领取奖品。NECTAR 因此把消费者对他们的忠诚转变成对特约商户的忠诚，并由此向特约商户收取费用。在很短时间内，NECTAR 就将 5 880 万英国居民中的 1 300 万变成了自己的客户，并从中取得了巨大的收益。除此之外，航空业也普遍采取这种联盟形式，现在，更是出现了航空业、酒店业、租赁业等企业的联盟。

企业是选择单独推出积分计划还是选择加入联盟网络，是由企业的产品特征和企业特征决定的。如果企业的目标客户基数并不是很大，企业主要通过提高顾客的"钱包占有率"最大限度地发掘顾客的购买潜力来提高企业的利润，则推出独立积分卡较合适；联盟积分卡可以通过互相为对方提供物流、产品、顾客资料方面的支持，降低企业的各种压力，使企业能获得更多的新顾客资源。

2. 联名卡和认同卡

联名卡是非金融界的营利性公司与银行合作发行的信用卡，其主要目的是增加公司传统的销售业务量。例如，美国航空公司（American Airline）和花旗银行联名发行的 Aadvantage 卡就是一个创立较早而且相当成功的联名卡品牌。持卡人用此卡消费时，可以赚取飞行里数，累积一定里数之后就可以到美国航空公司换取飞机票。美国电报电话公司的 AT&T Universal Card 也是很受欢迎的联名卡，它通过对客户长途电话的折扣与回扣，扩大了顾客群，提高了竞争力。

认同卡是非营利性团体与银行合作发行的信用卡。持卡人主要为该团体成员或有共同利益的群体。这类关联团体包括各类专业人员。持卡人用此卡消费时，发卡行从收入中提成出一个百分点给该团体作为经费。运动协会（如美国橄榄球协会 NFL）、环保组织、运筹学管理科学协会的认同卡就是这方面的成功例子。

从市场渗透的角度而言，针对有一定特殊共性的消费群体来设计品牌，是一个极好的市场细分的手法，对加强信用卡发行单位和签约单位的顾客忠诚度非常有效。

3. 会员俱乐部

有的企业顾客群非常集中，单个消费者创造的利润非常高，而且与消费者保持密切的联系非常有利于企业业务的扩展。他们往往会采取俱乐部计划与消费者进行更加深入的交流，这种忠诚计划比单纯的积分计划更加易于沟通，能赋予忠诚计划更多的情感因素。

作为忠诚计划的一种相对高级的形式，会员俱乐部首先是一个"客户关怀和客户活动中心"，但现在已经朝着"客户价值创造中心"转化，而客户价值的创造则反过来使客户对企业的忠诚度更高。

　　会员俱乐部可为企业带来综合性的效果：①链式销售。即客户向周围人群推荐所带来的销售。②互动交流，改进产品。通过互动式的沟通和交流，可以发掘出客户的意见和建议，有效地帮助企业改进设计、完善产品。③抵制竞争者。用俱乐部这种相对固定的形式将消费者组织起来，在一定程度上讲，就是一道阻止竞争者入侵的藩篱。

（六）客户忠诚度与客户满意度的关系

　　在现代市场上，许多产品或服务在品质方面的区别越来越小，导致产品的品质不再是客户消费选择的主要标准。客户越来越看重厂商能否满足其个性化的需求或能否为他提供高质量与及时的服务，因此，对客户忠诚度和满意度的研究工作便越来越重要了。

　　客户忠诚度与客户满意度的关系如图 10 - 1 所示。

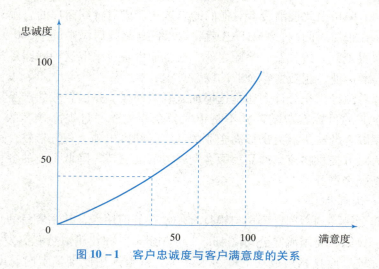

图 10 - 1　客户忠诚度与客户满意度的关系

　　客户忠诚和客户满意是一对相互关联的概念，但两个概念有着明显的区别。实际上，客户满意是客户需求被满足后的愉悦感，是一种心理活动。客户满意度与态度相关联，争取客户满意的目的是尝试改变客户对产品或服务的态度；而忠诚客户所表现出来的则是购买行为，并且是有目的性的、经过思考而决定的购买行为。衡量客户忠诚度主要有两方面，即客户的保持度和客户的占有率。需要注意的是，客户的忠诚是一个处于相对稳定状态的动态平衡，从来没有永远的忠诚，企业也无法购买到客户永远的忠诚，而只能保持或增加客户的忠诚。

1. 客户满意度不等于客户忠诚度

　　客户的忠诚来自客户的满意，但二者存在着本质区别。道理很简单，客户只有意愿，却没有行动，对于企业来说没有意义。从另一方面讲，满意度衡量的是客户的期望和感受，而忠诚度则反映了客户未来的购买行动和购买承诺。客户满意度调查反映了客户对过去购买经历的意见和想法，只能反映过去。客户忠诚度调查则可以预测客户最想买什么产品，什么时候买，这些购买可以产生多少销售收入。

2. 客户忠诚度是客户满意度的提升

　　客户忠诚度是客户满意度的升华。客户满意是一种心理满足的程度，是客户消费之后所表现出的态度；客户忠诚则可以促进客户重复购买行为的发生，表现为一种后续的、持续的交易行为，对于大多数企业来说，客户的忠诚度才是更需要关注的。

3. 客户忠诚度比客户满意度更有价值

很多时候，许多企业并没有深刻理解客户满意与客户忠诚的差异，而是将两者混淆使用，使得企业的客户关系管理步入了误区。我们如今所面临的现实情况是，在竞争日趋激烈、以客户为导向的市场环境中，越来越多的公司持续追逐客户满意度的提升，并且大多数时候，很多企业追逐的成效并不尽如人意。并且，他们发现，企业如果仅仅只追求客户满意度，在某种程度上往往并不能最终解决问题。因为大多数时候，尽管企业的客户满意度提高了，但企业的获利能力并没有获得改善，企业利润并没有得到增加。究其原因，关键就是企业没有使得客户对企业的满意度上升到对企业的忠诚度。

不可否认，客户满意度是导致重复购买最重要的因素，当满意度达到某一高度，会促使忠诚度的大幅提高。客户忠诚度的获得必须有一个基础客户满意水平，在这个满意度水平线下，忠诚度将明显下降。但是，客户满意度绝对不等于客户忠诚度。

拓展资料

客户忠诚阶梯

美国著名的营销专家吉尔·格里芬提出了"客户忠诚阶梯"概念，描述了客户忠诚形成的7个阶段。

阶段1：潜在客户。潜在客户是指那些有可能购买企业产品或服务的客户。企业往往将符合目标产品使用需求的人都视为潜在的目标客户，有些企业也以此为依据来计算潜在市场容量。

阶段2：目标客户。目标客户指的是那些需要企业的产品或服务，并且具有相应购买能力的客户。例如，那些正在光顾家电卖场准备购买空调的人就属于这类客户。

阶段3：不合格的目标客户。对于不合格的目标客户，企业往往已经进行过研究和调查，这些客户尽管很喜欢企业的产品或服务，但暂时并不需要或者是没有足够的能力来购买。例如，那些非常喜欢奔驰汽车，但又缺乏相应经济实力的车迷们。

阶段4：第一次购买者。这是指第一次购买企业产品或服务的客户，这部分客户今后有可能成为企业的长期客户，同时也很有可能成为企业竞争对手的客户。

阶段5：重复购买者。重复购买者是指已经多次购买了企业的产品或服务的客户。这类客户的购买行为主要包括两类，其一是多次购买了同一产品，其二是在不同场合多次购买了企业两种以上的产品或服务。

阶段6：长期客户。长期客户会反复购买他们所需要而企业又正在销售的某些产品或服务，而且通常是周期性地采购，他们很难成为竞争对手的客户，而且也为企业创造了大部分的利润。企业应当生产和销售这些客户所需要的产品或服务，以满足这类客户的需求。

阶段7：企业拥护者。与长期客户一样，企业拥护者也会重复购买他们所需要或可能使用的企业的产品或服务，而且也是周期性地采购。所不同的是，企业拥护者除了自己购买外，还会积极推荐其他人购买，从而为企业带来新的客户。

摘自：《高端客户销售》（中国金融出版社）作者：中国人寿保险股份
有限公司教材编写委员会

（七）影响客户忠诚度的因素

影响客户忠诚度的因素很多，其中最重要的有三个：满意、愉悦、信赖。

1. 客户感到满意是建立客户忠诚的基础

如前所述，让客户感到满意是形成客户忠诚的重要环节。客户的消费过程就是一个与企业相互交换的过程，客户付出他们的金钱、时间、精力，以期从企业那里得到他们的所需。然后，客户会根据感受到的需求的满足程度形成对企业的态度，满意的或是不满意的。在很多情况下，客户的这种态度决定了他们是否还会继续选择该企业。如果客户感到不满意，他很可能就会选择其他企业，所以说客户感到满意是建立客户忠诚的基础。

应当强调的是，客户的满意仅仅是形成客户忠诚的第一步。很多企业简单地认为：只要客户感到满意，就可以锁定他们。但事实并非如此，在当前生产能力高度发达，市场竞争日益激烈的情况下，每个企业都会把质量作为重中之重，所以当前各家同类企业的产品质量（包括服务质量）都相差不大。在这种情况下，让客户满意已经不仅仅是某家企业所独有的能力，事实上大多数企业都能满足客户的需求，只是在满足的程度上有所不同而已。因此，满足客户需求，让客户感到满意，已经不再是企业追求的目标，而应是企业必须具备的能力。现在要做的是，在客户满意的基础上再提升一步，建立起客户对企业的忠诚。

2. 客户获得愉悦是建立客户忠诚的关键

帮助客户从他的消费过程中获得愉悦是建立客户忠诚的关键一步，或者说这是一个从客户满意到达客户忠诚的"桥梁"。因为，客户感到满意仅仅是因为你的产品和服务满足了他的需求，但这仅仅是一个基础，远没有达到让客户对你"朝思暮想"的程度。众所周知，让客户难忘的不是产品和服务本身，而是他们在使用这一产品和享受这种服务时产生的感受。这就是说，如果想让客户对你"朝思暮想"，就要想办法让他们从你这里体会到难忘的感受，消费过程中产生的愉悦正是这样的一种感受。有调查资料表明，能够让客户感到愉悦的企业的销售额是仅仅让客户感到满意的企业的 7 倍。

客户在消费中产生的这种愉悦感受不同因素的影响，整洁美丽的购物环境、飘荡在客户耳畔优美的轻音乐、企业雇员热情的笑容、企业完善的售后服务等都会给客户带来愉悦。而那些确实为客户着想甚至超出客户预期的举措更容易让他们感到满意和愉悦。如有很多的男士不喜欢购物，很多情况下"迫不得已"被自己的妻子拉去超市，但也是"人在曹营心在汉"。于是一些超市便设置了男士休息室，不爱购物的男士们可以在这里看电视、聊天、喝茶、读报。这一举措让很多人感到高兴，可以说满足了夫妇双方的需求，因而他们对这样的服务感到满意，在整个消费过程中都会感到愉悦。下次购物时，自然很容易又会想到这家超市。

3. 客户产生信赖是建立客户忠诚的核心

从感到满意到获得愉悦，你的客户已经初步对你有了一种难舍难分的感觉，而你需要进一步让他们对你产生信赖。客户的消费过程总有一定的风险和不确定性，而面对值得信赖的企业，客户的这种风险和不确定性将降到最低。这种信赖感来自客户在长期的与企业合作的过程中不断感到的满意和愉悦感的积累，与值得信赖的企业合作，客户总能享受到最为个性化和满意的服务，以及消费中的愉悦。所以，只有当客户对企业产生信赖时，他才会被完全锁定，成为企业忠诚的客户。

小案例：HN 网通培育和提升客户忠诚度的五大举措

几年来，HN 网通采取多种措施，积极培育和提升客户忠诚度。一是全力满足客户的合理需求。在省公司大客户服务中心成立了网通 VIP 客户服务小组，在办理业务的过程中采取"一对一"的营销方式，提供便捷、优质的服务。二是加强与客户之间的合作交流。该公司定期对客户单位进行巡检，通过巡检加强维护人员与客户方技术人员技术上的交流，从技术角度说服客户，让客户产生信赖感。三是鼓励和方便客户投诉。HN 网通将客户投诉看成完善自身服务的捷径，鼓励和奖励客户投诉，并为客户投诉提供方便。四是全员参与管理。该公司给予一线员工充分的灵活性，激发员工的创造性思维，解决生产、服务流程等各环节出现的问题。五是实施客户退出管理制度。省公司和各市分公司定期分析客户流失原因，测算客户流失率、流失客户造成的利润损失和降低流失率所需费用，制定挽留客户的相关措施，在客户中赢得了良好的口碑。

（八）如何测评客户的忠诚度

客户忠诚度是用以衡量客户满意度研究效果的指标。只有通过满意度研究，才能掌握客户对企业产品的信任和忠诚程度，这对于企业发掘潜在客户和需求、增加市场销售具有重要的指导意义。通常，考核客户忠诚度的指标有以下几个。

1. 客户重复购买率

在考核期间内，客户对某一种产品或服务重复购买的次数越多，说明其对此产品或服务的忠诚程度越高；反之则越低。此项指标还适用于同一品牌的多种产品或服务，即如果客户重复购买企业同一品牌的不同产品或服务，也表明其忠诚度较高。

2. 挑选时间的长短

根据购买挑选时间的长短，可以确定客户对品牌忠诚度的高低。客户购买商品都会挑选，但是由于信赖程度的差异，对不同产品或服务，客户的挑选时间是不同的。通常，客户挑选的时间越短，说明他对该品牌的忠诚度越高；反之则说明他对该品牌的忠诚度越低。

3. 客户对本企业品牌的关注程度

客户通过购买或非购买的形式，对企业的品牌予以关注的次数越多，表明忠诚度越高。

4. 客户对竞争者品牌的关注程度

根据客户对竞争者品牌的关注态度，可以从侧面来判断其对某一品牌忠诚度的高低。如果客户对竞争者品牌有兴趣并抱有好感，那么就说明他对本企业品牌的忠诚度较低；如果客户对竞争者品牌不感兴趣，或没有好感，就可以推断他有可能对本企业品牌有一定的忠诚度。

5. 客户对产品或服务价格的敏感度

一般而言，对产品或服务价格的敏感程度越低，忠诚度越高。该指标可以借价格调整、客户购买量的增减等进行侧面考察。需要注意的是，忠诚客户对产品或服务价格的不敏感，并不意味着企业可以利用调价行为来谋取额外利益。

6. 客户对产品或服务的认同度

客户对产品或服务的认同度是通过向身边的人士推荐产品或服务，或间接地评价产品或服务表现出来的。如果客户经常向身边的人士推荐某品牌，或在间接的评价中表示认同某品牌，则表明他对该品牌的忠诚度较高。

7. 对产品或服务质量的承受力

任何产品或服务都有可能由于各种原因产生质量问题。如果客户的品牌忠诚度较低，产品或服务出现质量问题时，他就会感到自己的正当权益被侵犯了，极有可能产生反感，甚至通过法律途径进行索赔；如果客户对该品牌产品或服务的忠诚度较高，当产品或服务出现质量问题时，他们就会采取宽容、谅解和协商解决的态度，不会由此而失去对它的偏好。

不同的行业和企业，衡量客户忠诚度的指标存在差异，企业可根据实际情况选择适合自己的评价指标，采取相应的客户忠诚度解决方案。

拓展资料

建立客户忠诚度，你需要的远不止积分体系

一个困扰着无数品牌的问题：如果顾客忠诚是指顾客在面对琳琅满目的选择时能够钟情于同一个品牌，那么究竟是什么在驱使他们这么做？归根结底，真正的顾客忠诚度在于顾客对品牌产生了归属感、依恋感、信任感和安全感。

1. 释放忠诚度的价值

麦肯锡 2013 年的一项研究显示，北美公司每年在忠诚度的维系上花费 500 亿美元（3 000 多亿元人民币），但对许多公司来说，投资回报却少得可怜。该研究发现，专注于忠诚度计划的公司的销售增长和利润率反而低于不太关注忠诚度的公司。这是为什么呢？很可能是因为这些公司的维护忠诚度举措不仅拉低了利润率，且实际上并没能让消费者始终如一地选择他们的品牌。例如，有些品牌为促成订单会有这样一种思路——为顾客提供优惠券，用于购买他们本来会以全价购入的产品。

如果品牌能够建立一套从品牌核心价值主张出发的忠诚度策略，而不仅仅是围绕着折扣、积分和优惠，这些品牌就能够找到新的机会来增强与客户的关系。在澳大利亚，Aldi 超市品牌在没有积分体系的情况下，把资金和精力投入在不断改进门店经营范围和每周特价产品的范围、质量上，其收入和利润在过去五年翻了一倍多。

如今，积分体系已经成为零售领域的"新常态"。研究显示，多达70%的消费者会期待他们选择的品牌拥有积分体系。然而，多数人仍然觉得他们喜爱的零售品牌推出的忠诚度举措并没有考虑到他们个人的品位和偏好。

多数品牌面临的另一个挑战是，为获取新顾客所做的努力往往会导致忠实顾客的流失，尽管大家都知道获客的成本远远高于维持现有的顾客。

顾客忠诚度需要持续的培育、滋养。只有当品牌能够在宏观与个人层面不断为顾客创造愉悦体验的高光时刻，顾客才会愿意与品牌持续地互动。

2. 更好的方法——真正忠诚的原则

路演活动背后的底层逻辑在于，如今的消费者喜爱获取信息、娱乐和参与感。在信息爆炸、选择过剩、各类传播渠道纷繁缭乱的当下，消费者眼中各个品牌的功能性差异正越缩越小。因此，零售品牌若想要建立真正有影响力的顾客忠诚度，就必须将关注点从"交易"转移到"互动"中来。

由于情感往往是消费决策中的重要驱动因素，因此最行之有效的忠诚度举措往往是从顾

客体验出发的。

在对顾客忠诚度领先品牌的分析中，我们发现了五个共同要素。

（1）情境化。零售品牌需要摆脱以产品/服务功能性优势为中心的传统观念，转而思考如何将这些产品/服务融入消费者的生活情境中——消费者想要解决什么（产品之外的）问题？他们的梦想是什么？

当顾客申请房贷时，他们实际上是在为拥有新房子的自豪感付费。因此，与其递给他们枯燥的服务宣传手册，不如为正在考虑买房的忠实顾客们提供如何打造新家的指南，与室内设计师合作为顾客提供装修设计服务，甚至开发方便顾客自主设计新家的可视化工具等。

（2）个性化。零售品牌需要增强个性化和增值体验的能力。这些增值体验必须考虑到每个客户的独特需求，并为其提供单独联系的机会，以此来增强品牌跟具体用户的关系。

（3）相关性。通过让顾客参与到品牌的价值共创中来建立忠诚度。不过需要理解顾客可能会以许多不同的方式定义价值。一些人认为商品的价格即为价值，但对于有些人来说，除去商品本身，品牌能赋予消费者的声望、生活影响力、体验或产品的独特组合新奇感，才是价值。

（4）联系性。在重要时刻，利用人际关系并依托现代工具建立一个关联网。例如，荷兰皇家航空（KLM）推出"先相识再为邻"计划，该计划允许机舱乘客在飞行时与其他人联网社交，届时乘客可以把 Linked in 的资料关联到航班预订流程中，并以职业兴趣为导向联系其他乘客，商量是否要比邻而坐。

达美乐比萨推出基于社交平台的App——比萨大亨，不用金钱攻势而是利用"众筹互动与奖励"的方式，鼓励用户参与比萨创作。具体操作如下：用户在"比萨大亨"平台制作属于自己的比萨，并利用社交网络把它们推销给朋友，每卖出一份比萨就能获得一部分利润，借此用户拥有了不用买比萨就能在达美乐赚钱的绝佳途径！这一极具吸引力的计划将品牌最忠实的客户和追随者转化为坚定的拥护者。

（5）以客户为中心。那些真正愿意尊重客户需求和生活习惯，并将其纳入忠诚度计划核心位置的公司，更喜欢能够提供互补性产品和服务的扩展生态系统的合作伙伴。

3. 创新玩法

（1）了解用户为什么愿意忠于你的品牌。

建立客户忠诚度其中起到支撑作用的一个关键主题是"了解用户为什么愿意忠于你的品牌"，引导人们独辟蹊径地去探索新的角度。例如，与其只关注如何使比萨更好吃（功能性利益），不如将重点转向如何与朋友一起创造一个更有趣、更难忘的场合（体验性利益）。

（2）设计体验。

与此同时，建立忠诚度远不止创建一个项目这么简单。零售品牌需要考虑的是如何根据客户的需求在整个交易过程中传递价值，而不是只关注其中任意一个交易点。这需要考虑到从购买前到购买后使用产品影响行为的方式。

（3）开始行动——测试和实验。

在与客户持续对话的过程中获得更深刻的洞察，使得零售品牌在提供解决方案时更具创造力，反应更积极，从而真正建立忠诚度。而持续的测试和学习也支撑着持续对话的概念。顾客对公司解决方案做出反应（或不反应）时，优秀的思想和理念会被更深刻的见解所影响，从而与时俱进。

4. 持久的忠诚度

忠诚度的培养绝非朝夕之功。忠诚度需要培养。要实现消费者的持续参与意味着零售品牌需要具备良好的组织能力，以根据反馈、数据和洞见来支撑发现、消费者测试，以及效益或产品提升过程。这使得企业可以遵循一个可重复的模型，通过拓展一致的创新开发和交付流程来加快价值的实现。

创建一个实验平台的要素：

概念：在进行重大投资之前，与客户一同探索初始概念和原型。在过程早期收集反馈，以制定正确的价值主张。

试点：利用小部分客户群（例如最忠诚的客户或小部分市场子集）来测试创意，以了解其在"自然场景"下的表现。根据客户反馈和交易数据来完善报价，并确定可能需要做出哪些调整来推动所需的行为。

扩大规模：在试点的基础上学习和完善，公司可以根据自身商业目标和组织能力来扩大规模。

推广：在此阶段，那些经证明对初始目标客户群非常有效的产品可以推广到其他群体，以获得更多效益。

演进：盗版与剽窃大行其道，竞争对手明目张胆地抄袭他人创意并将其用于商品化。这就是为什么建立持久的忠诚度能力如此重要的原因。已建立持续忠诚度的零售品牌在任何时候都可以调转方向，拥抱新的想法和创意。

5. 为忠诚度持续创新提供平台

今天的科学技术以全新方式为忠诚度解决方案提供了骨干力量。

（1）机动性。如今，客户将他们的个人移动设备视为通向世界的窗口。因此，营销需要更加及时，最好是通过手机而不是通过邮件与消费者进行联系。此外，方案和体验也需采用移动优先的策略设计。

（2）数据。客户期望有更多定制化解决方案来应对他们所面对的特殊挑战。企业要想脱颖而出，就必须找到收集所需数据的方法，厘清大量的交易性、结构化和非结构化的数据，并将其转化为有意义的、可操作的洞察力。

（3）云。企业上云的优势是企业能对市场变化和消费者需求变化做出快速响应，并使业务适应力更强，从而解决长期困扰零售品牌的关键挑战，减少数据收集和数据实际使用对行为能力产生影响之间的滞后。

如今，全球只有少数几家零售品牌在执行忠诚度计划后既能俘获客户的心，又带来了可观的财务回报。考虑到这一点，现在刚好有个千载难逢的机会，零售品牌可以重新思考实现忠诚度的方法，比如，制订以客户为中心的计划，并在关键时刻提供有意义的体验。与此同时，能够随着客户偏好变化保持演进并能接受忠诚度方法的零售品牌最有可能在竞争中领先一步。

作者：Daniel McMahon，Dianne Inniss，Natalie Drucker 译者：李东莲、陆钰灵、李学儿

四、案例分析

案例1：宝洁公司的"助销"行动让客户更忠诚

宝洁公司的成功在很大程度上得益于其"助销"理念指导下的渠道动作综合管理体

系——帮助经销商开发、管理目标区域市场，它是在"全渠道销售"原则指导下的一种区域市场开发和管理策略。宝洁公司提出的"经销商即办事处"的口号，就是宝洁公司"助销"理念通俗化、形象化的写照，全面"支持、管理、指导并掌控经销商"则是宝洁公司"助销"理念的核心。

宝洁公司每开发一个新的市场，原则上只物色一家经销商（大城市一般2~3家），并派驻一名厂方代表。厂方代表的办公场所一般设在经销商的营业处，他肩负着全面开发、管理该区域市场的重任，其核心职能是管理经销商及经销商下属的销售队伍。

宝洁公司要求经销商组建宝洁产品专营小组，由厂方代表负责该小组的日常管理。专营小组一般由十多个人组成，具体又可分为大中型零售店、批发市场、深度分销三个销售小组。每个销售人员在给定的目标区域和目标客户范围内开展订货、收款、陈列、POP张贴等系列销售活动。

为了提高专营小组的工作效率，一方面，宝洁公司不定期派专业销售培训师前来培训，具体内容涉及公司理念、产品特点及谈判技巧等各个方面；另一方面，厂方代表与专营小组成员一起拜访客户，不断对小组成员进行实地指导与培训。

同时，为了确保厂方代表对专营小组成员的全面控制和管理，专营小组成员的工资、奖金，甚至差旅费和电话费等全部由宝洁公司提供。厂方代表依据销售人员的业绩，以及协同拜访和市场抽查的结果，确定小组成员的奖金额度。宝洁公司还要求经销商配备专职文员以及专职仓库人员，工资、奖金亦由宝洁公司来承担。

为了改善卖场陈列，一方面，宝洁公司要求小组成员通过良好的"客情关系"免费争取最佳、最多的陈列位；另一方面，宝洁公司有"专项陈列费""买位费""进场费"，以此确保宝洁公司的产品在大卖场能获得最佳的陈列效果。

试分析：宝洁公司通过哪些措施来提升"客情关系"？

案例2：热情服务赢顾客

英国裤袜国际连锁公司的主人米尔曼开始只经营男士领带，且营业额不大。后来她发现不仅是男士，妇女也要求购物方便、快捷，她们往往不愿为购买一双长筒袜而挤进百货商场，而愿意只花几分钟在一家小店购得。米尔曼对顾客的这种心理摸得很清楚，十分注重经营速度、方便顾客和周到服务。尽管其价格上略高于百货商场，但周到的服务足已弥补价格较高的不利因素，而且绰绰有余。米尔曼1983年4月在伦敦一个地铁车站创建第一家袜子商店时，资金不足10万美元，经过几年的经营，现已成为世界上最大的妇女裤袜零售专业连锁公司。它在英国已有上百家分店、在其他欧美国家有30多家分店，销售额已近亿美元。米尔曼的发迹和公司的发展，靠的就是向顾客提供快捷、方便和周到的服务。

在美国得克萨斯州利昂时装店有一名叫塞西尔·萨特怀特的女销售员，已经67岁了，她一年销售的鞋子价值60万美元，她自己的年收入达10万美元。由于她出色的服务质量而被称为传奇人物。顾客总是慕名而来，满意而去。走进这家商店，经常看到不少妇女在等她，在她的顾客中，有政府女公务员，有在公司工作的女职员，还有女律师、女医生，也有政府官员和企业界巨头的夫人。她们不仅每隔一定时间就到塞西尔那里去买鞋，而且当准备出差或旅行时也去她那里，以觅一双舒适美观的鞋。妇女们喜欢去她那里买鞋并非那里的鞋特别时髦，也不是店里的设施特别讲究，而是塞西尔给予她们的那种特殊的、情意绵绵的关注和服务，当她接待顾客时，会使顾客感到好像她生活中除你之外再没有任何人似的。如果这双鞋你穿着不合适，她是不会让你买的，如果另一双鞋穿在你脚上不好看，她也决不会卖给你。她进库房为你拿出来供挑选的鞋，有时可多达 300 双。每次你试穿一双，她都陪你照镜子，而且，她有时会跪在你脚下，帮你穿上脱下。塞西尔这样做，自有她的服务观念："人们都希望生活中有些令人高兴的事，而大部分妇女，她们到我这里来，所需要的正是热情周到的服务。"这种服务观念像一块吸力强大的磁石，吸引了众多忠实的顾客。

问题：说说上述忠诚客户各属于哪种类型？

五、实训活动

【实训目标】

小组通过收集客户忠诚度正向例子与反向例子并分享交流，加深了解客户忠诚度在提升企业收益方面的影响。

【实训要求】

（1）学生自行收集企业客户忠诚度案例，查阅资料，分析案例中客户忠诚度是提升了企业形象还是降低了企业形象。

（2）把学生分成几个小组，一般 8～10 人为一组，完成案例收集与分享。

【实训内容】

（1）小组选定不同企业客户忠诚度案例并分析其社会影响。

（2）根据本任务学习的内容分析企业做法对客户忠诚度有什么正面或负面影响。

【考核】

（1）企业客户忠诚度案例 PPT 展示。

（2）根据每个同学在小组的分工及表现、PPT 展示等综合评定成绩。

任务 2　提升客户忠诚度

一、任务目标

知识目标：

（1）了解客户忠诚度对于企业利润的影响。

（2）掌握锁定客户忠诚度的策略。

（3）掌握提升客户忠诚度的流程及方法。

能力目标：

（1）能够运用相应策略设计提升客户忠诚度的方案。

（2）能够分析通过提升客户忠诚度为企业带来的效益。

素质目标：

（1）培养学生职业素养。

（2）培养学生的劳动精神、工匠精神。

（3）培养学生不畏困难、乐观向上的意识。

（4）培养学生创新精神。

二、引导案例

海尔通过俱乐部与客户进行感情交流

海尔集团在全国48个城市成立了海尔俱乐部，凡购买海尔产品总量达到会员资格的客户都可以成为海尔俱乐部的会员。海尔俱乐部依据客户价值的不同将会员分为准会员、会员、金卡会员，不同会员享有不同的权利。

海尔通过俱乐部这种特殊渠道对客户进行感情投资，如每年给会员过生日，会员可享受延长5年保修期的待遇，会员可应邀参加俱乐部定期组织的文体活动，并可获赠为期半年的当地报纸等。事实表明，海尔俱乐部的这种客户关系经营模式，增进了海尔与客户的感情交流，使海尔的企业文化与品牌形象深入人心，不仅提高了会员的忠诚度，而且有助于推动准会员向会员积极发展。

讨论：请列举身边提升客户忠诚度的例子。

三、相关知识

（一）客户忠诚给企业带来的效益

客户忠诚是影响公司经营的重要因素，它与公司的利润具有极高的相关性。

一般来说，客户忠诚给企业带来的效应主要表现在以下几方面。

（1）长期客户订单通常比较频繁、相似，而且购买量比较大，可以降低企业服务成本。

（2）满意的客户有时可能会支付额外的价格。

（3）满意的客户常常会为企业推荐新客户，从而降低企业吸引新客户的成本。

（4）能有效保持回头客，使竞争对手很难运用低价和诱导转换等策略侵入自己的市场。

此外，客户忠诚度还会增强企业员工和投资者的自豪感和满意度，进而提高员工和投资者的保持率；反过来，忠实的员工可以更好地为客户提供产品或服务，忠实的投资者也不会为了短期利益而做出损害企业长远利益的行为，从而为进一步提升客户忠诚度形成一个良性循环，最终实现企业总成本的降低和生产力的提高。

（二）锁定客户忠诚的战略

提高客户保持率是企业增加营收最具成效的方式。在目前经济环境下，许多客户都在对比产品及服务的价格，以寻找物有所值的商品。尽管如此，只要企业真正关心客户的需求，并提供高质量的服务，还是能够赢得客户忠诚的。具体而言，要做到以下几个方面。

1. 创建品牌认同感

那些在本行业中生存了数十年甚至上百年的公司，均在塑造品牌方面投入了很多时间和努力。

要想建立品牌认同,企业必须了解自己的长处和目标市场,知道如何切入这一市场,并以有竞争力的价格提供高质量的产品及服务。然后在这一基础上,通过广告、样品赠送、战略结盟等方式逐渐扩大品牌影响力。

2. 从客户反馈中了解需求

如果你不知道客户的确切需求,那你就无法去满足他们。许多公司的一大通病就是以自我为中心,而不去花时间了解客户真正的想法,虽然投入了大量的资源,结果却是事与愿违。

例如,在经济景气时,单凭价格优势并不一定能有效吸引客户。但在经济萧条期,客户购买力缩水,价格优势就上升到了一个非常重要的位置。另外,针对不同的产品和服务种类,客户需求也不尽相同。如购买建材的客户首先考虑的是产品的安全性而不是产品的价格。

3. 为客户提供便捷的反馈途径

在产品和服务售出后,不要忘记主动去询问客户的意见。如果你不询问,相信大部分客户都不会主动告诉你;相反,他们会因为失望和不满而默默地离你而去,并向亲朋好友抱怨曾经的负面体验。因此,不管客户对你的感觉是好是坏,都要积极地去获取反馈信息。在此,要保持客户反馈渠道的多元化与简便畅通,具体可采用传统(比如电话回访)与非传统(网站反馈表、E-mail调查等)相结合的方式,指派专人每日检查,并确保在24小时内做出必要的回应。

4. 重视客户抱怨并及时采取行动

在收集了客户信息后,切勿束之高阁。一来浪费了企业的资源;二来也会造成客户的挫折感,从而使客户对企业失去信任。

不管你所收集到的反馈是正面的还是负面的,都应积极对待。如果有客户进行抱怨,那就更要重视。比如询问自己以下几个问题。

(1)为什么客户会有这种感觉?

(2)我们做过什么和说过什么才会让客户有这种印象?

(3)客户的反馈是否合理?原因是什么?

(4)我们是否从其他客户处听到过类似的反馈?

(5)应该采取哪些必要措施来防止类似的事情在其他客户身上再次发生?

定期(周期越短越好)评估所收集的客户反馈,从中捕捉已发生或未发生的问题,及时采取行动加以修正。否则,客户就会因失望而不愿继续提供反馈。

提高客户忠诚度的关键在于将心比心,把自己当成一名客户,问自己希望得到怎样的服务才会满意。只有致力于不断满足或者超越客户的预期需求,企业的名字才会常驻客户心中。

(三)提升客户忠诚度的流程

"罗马不是一天建成的。"客户也需要通过不断购买你的产品与服务来培养对公司的忠诚度。在如今的网络世界里,客户的触点工具越来越多,如何找到合适的工具来建立和提高客户忠诚度是一件令人颇为头疼的事。具体而言,企业一般可通过吸引潜在客户、转换成目标客户、培养首次消费客户、为重复消费客户提供更多的价值、锁定"铁杆"客户与留住宣传客户并让他们继续帮你"代言"产品六个阶段来培养出最佳客户。

1. 吸引潜在客户

吸引潜在客户是提高客户忠诚度的第一个环节，也是提高客户忠诚度的前提和基础。在此，可运用多种手段吸引潜在客户，尤其是在电子商务日益兴起的市场环境中，要特别注重运用网络手段吸引潜在客户。

2. 转换成目标客户

搜索引擎是获取目标客户的绝佳工具。但是，若想从无数的潜在客户中挖掘出购买可能性较大的目标用户，还需在以下三个方面做到尽量准确。

（1）目标客户定位。

（2）产品与服务定位。

（3）有效验证目标客户。

3. 培养首次消费客户

首次消费客户的购买行为其实是在做一次尝试，他们对首次消费的价值认知将会影响以后的重复消费行为。因此，最好在这一阶段为客户提供优质、满意的产品和服务，并关注他们的满意度。

4. 为重复消费客户提供更多的价值

如果要让重复消费客户建立起对企业的忠诚，就要为这些客户提供更多的附加值。因此要寻找新途径积极为客户提供更多价值。

5. 锁定"铁杆"客户

"铁杆"客户是指那些只会从你的公司购买他们所需的产品或服务的人。那么，如何才能从这些客户身上挖掘最大的销售价值呢？方法之一是，持续培养该客户对你的公司的整个产品线和服务品种的认识。某些精于此道的网络零售商就创造了不少的方法来奖励愿意从他们那里尝试新产品与新服务的客户。

6. 留住宣传客户并让他们继续帮你"代言"产品

"铁杆"客户与宣传客户之间有一个显著的区别。宣传客户所做的不仅仅是从你这里购买产品或服务，他们还会帮你去宣传，介绍别人来购买你的产品或服务。

（四）提升客户忠诚度的措施

1. 想方设法，努力实现客户完全满意

（1）通过提供高性价比的产品和服务实现客户完全满意。

（2）重视客户的反馈意见，并不断满足他们的需求。

（3）忠诚是企业与客户之间双向的互动行为，不能单方面地追求客户对企业的忠诚，而忽视了企业对客户的忠诚。

2. 通过财务奖励措施，为忠诚客户提供特殊利益

企业的利益建立在客户能够获得利益的基础上，企业要赢得客户忠诚，可对客户进行一定的财务奖励和特殊关照，如利用价格这一直观、有效的手段予以回报。

（1）要清除妨碍和不利于客户忠诚的因素，废除一些不合理的规定，要让老客户从忠诚中受益，得到更多的实惠。

（2）企业要奖励重复购买，让客户中的忠诚者得到回报，让若即若离者得到奖励。即

企业应制定有利于与客户形成持久合作关系的价格策略。

（3）企业要想方设法找到对忠诚客户进行奖励的有效措施。

（4）避免奖励计划带来的不足。

3. 采取多种有效措施，切实提高客户的转移成本

（1）加强与客户的结构性联系。

经验表明，客户购买一家企业的产品越多，对这家企业的依赖性就越大，客户流失的可能性就越小。因此，企业在为客户提供物质利益的同时，还可通过向客户提供更多、更宽、更深的服务与客户建立结构性的联系或纽带，如为客户提供生产、销售、调研、管理、资金、技术、培训等方面的帮助，以及开展交叉销售与关联销售，为客户提供更多的购买相关产品或服务的机会。企业要不断地让客户有这样的感觉：只有购买我们的产品，他们才会获得额外的价值，而其他企业是办不到的。如果能够做到这一点，就可以增加客户对企业的依赖性，从而提高客户忠诚度。

（2）提高客户服务的独特性与不可替代性。

个性化的产品或服务是客户关系发展到一定程度时客户的必然要求，一个企业如果不能满足这种要求，将始终无法成为客户心目中最好的企业，也就无法成为客户唯一、持久的选择。为此，企业必须不断创新，不断地利用高新科技成果，开发出独特的产品或者服务，不断提供竞争对手难以模仿的个性化的产品或者服务，如提供个性化信息、个性化售后服务和技术支持，甚至个性化的解决方案。

（3）设法增加客户的转移成本。

一般来讲，如果客户在更换品牌或企业时感到转移成本太高，或者客户原来所获得的利益会因为更换品牌或企业而受到损失，或者将面临新的风险和负担，就会保持对原品牌或企业的忠诚。例如，软件企业为客户提供的有效服务支持包括提供免费软件、免费维修保养及事故处理等，并帮助客户学习如何正确地使用软件。那么，一段时间以后，客户学习软件使用所花的时间、精力将会成为一种转移成本，使客户在别的选择不能体现明显优越性时自愿重复使用，成为忠诚客户，而不会轻易流失。此外，个性化的产品或服务在可能增加客户满意度的同时，也增加了客户的特定投入，如时间、精力等，即增加了转移成本，因而能够提高退出壁垒，从而有效地阻止客户的离开。例如，Amazon 网上书店具有基于历史交易数据的客户需求推荐系统，客户能够从中获益，如果客户转向另一网上书店，就将损失其在 Amazon 书店中的交易积累和大量交互点击的投入，失去本来可以得到的利益，这样就会使客户选择留下。

4. 增加客户对企业的信任感与情感交流

一系列的客户满意必然会产生客户信任，长期的客户信任就会形成客户忠诚。因此，企业要建立高水平的客户忠诚，就必须把焦点放在赢得客户信任上，而不能仅仅停留在客户满意上，并且要持续不断地加强客户对企业的信任，这样才能获得客户对企业的持续忠诚。

除了增加客户信任感之外，还要加强企业与客户的情感交流。俗话说："没有留不住的客户，只有不会留客的商家。"建立客户忠诚说到底就是赢得客户的心。联邦快递的创始人佛莱德·史密斯有一句名言："想称霸市场，首先要让客户的心跟着你走，然后才能让客户的腰包跟着你走。"因此，企业在与客户建立关系之后，还要努力寻找交易之外的关系，如加强与客户的感情交流和感情投资，这样才能巩固和强化企业与客户的关系，从而提高客户转换购买的精神成本，使客户不忍离去。具体而言，企业在开展对客户的情感交流时要做到以下两个方面。

（1）企业要与客户积极沟通，密切交往。

企业应当积极地与客户进行定期或不定期的沟通，如定期对客户进行拜访或者经常性的电话问候，真正了解和重视他们的想法和意见，并邀请他们参与到企业的各项决策中，让客户觉得自己很受重视。对于重要客户，企业负责人要亲自接待和登门拜访，努力加深双方的情感联系，并且发展联盟式的客户关系。在客户的重要日子（如生日、结婚纪念日、厂庆日等），采取恰当的方式予以祝贺，如邮寄节日贺卡、赠送鲜花或礼品等。例如，汽车销售大王吉拉德在他经销汽车的 10 多年，每个月都会给客户寄一张不同款式、像工艺品一样精美的卡片，为此他每月要寄出 1 万~3 万张卡片，而客户会将这些卡片长期保存，并视吉拉德为亲密朋友。在酒店服务中，如果酒店善于通过前台全面收集客户的详细资料，了解到今天哪位客人过生日，从而进行相应的关怀，如送鲜花、生日蛋糕、寿面等，就会使客户感觉到自己很受重视。此外，企业还可邀请客户参加各种娱乐活动，如打保龄球、观赏歌舞、参加高级晚会等，加强感情投资，表达对客户的关爱，以增进彼此的友情，强化双方关系。

（2）企业要了解客户需求，并能够超越客户的期待。

企业应时刻留意客户需求的变化，并不断地满足和超越客户期待。例如，当你走进家门口的一家超市，拿起一瓶醋看了看，然后又放了回去，这时老板走过来告诉你："先生，您夫人平常买的是××牌子的醋，她是我们的老客户，可以记账消费，而且打九折，您只要签个名，就可拿走。"这家超市老板的客户关系工作就做得不错，他首先熟悉自己的常客，并且认得她的丈夫，而且记得她一贯购买的品牌，不仅如此，这家超市还允许老客户记账。因为超出了你的期待，你自然会对这家超市留下好印象。再如，现在客户对酒店的要求越来越高，尤其是老客户，他们不希望每次用餐都是相同的询问，如"喝点什么酒""吃些什么菜"等，因为这会使老客户产生自己是酒店的陌生人的感觉，心中自然不快。如果酒店能够对老客户喜欢喝的酒、吃的菜都记得一清二楚，那么就会使老客户有"在家的感觉"，也就能够保证老客户的满意度和忠诚度。此外，当客户有困难时，企业如果能够伸出援手，如利用自己的社会关系帮助客户解决问题，雪中送炭，就更能赢得客户的信赖。

5. 加强企业内部管理，为建立和提高客户忠诚提供基础保障

（1）要提高员工的满意度。

研究发现，员工的满意度与客户的满意度呈正相关关系——员工的满意度提高 5%，客户的满意度将提高 10%。因此，企业应通过培养和提升员工的满意度与忠诚度，为提升客户的满意度和忠诚度奠定坚实的基础。

（2）避免员工流动造成客户流失。

有些客户之所以保持与某家企业的往来，主要是因为该企业与之联系的员工的出色表现以及与他们建立的良好私人关系。

（五）获得客户忠诚的策略

1. 产品差异化策略

产品差异化是指立足于企业产品的基本功能，尽可能多地向客户提供增补性能。企业通过差异化的产品来吸引客户，赢得客户的满意和忠诚，应注意以下几点。

（1）提供高质量、低价格、品质恒久的好产品。

（2）及时迅速地提供产品和服务信息。

（3）不断开发适应客户需求的新产品。

（4）采取"先做后说"的策略。

（5）尽可能多地带给客户附加价值。

产品的差异化从本质上来看是一种以客户为中心的战略，其目标就是要通过形成产品的差异化，带来附加价值，提供一系列满足甚至超过目标客户群体期望的产品和服务。

2. 客户差异化策略

采用客户差异化策略的前提是必须了解客户，熟悉每个客户的独特之处、特别需求等，以便掌握导致客户之间差异的原因。"了解客户"对于建立客户忠诚非常重要，识别每个客户的独特之处，可从以下几个方面着手。

（1）从内在因素识别忠诚客户群，如成熟的市场或某个关系密切的群体。

（2）对不同的消费群体进行准确的营销定位。

（3）测算客户能够带来的赢利性，或成为客户价值。

（4）制定合理的定价与派送战略，使处于赢利边缘和非赢利的客户为你带来利润和忠诚。

充分了解客户，掌握的客户信息越多，就越能够具有针对性地制定个性化的服务和一对一营销策略，从而获得客户的忠诚。个性化的服务和一对一营销是以产品最终满足单一消费者需求为依据的。如果能够对每个顾客提供差异化的解决方案，能够为他们提供最多的附加价值，就能从中得到最多的客户忠诚。

（六）培养忠诚客户的三大战术

1. 让客户认同"物有所值"

培养忠诚的客户群，不仅要做到价廉物美，更要让顾客明白商品物有所值。目前一些企业、品牌的竞争趋向于价格战，其主要原因是同类产品、企业的"经营同质化"，顾客忠诚度的盲从为"谁的价格更低"。因此，品牌只有细分、产品定位、寻求差异化经营、找准目标顾客的价值取向和消费能力，才能真正培养出属于自己的"忠诚客户群"。只有保持稳定的客源，才能为品牌赢得丰厚的利润。当商家把打折、促销作为追求客源的唯一手段时，降价只会使企业和品牌失去它们最忠实的客户群。

2. 对终端客户用好会员卡

2002 年度广州百货零售业的排名中，友谊百货总店以超过 9 亿元的年销售额名列前茅。据统计，在这 9 亿元的销售额中，61% 是由 VIP 会员创造的，可以说，是忠诚的顾客为友谊百货赢得了利润的高增长。

商家在利用 VIP 卡培养自己的忠诚顾客时，首先，要对自己的目标顾客进行区分，VIP 卡要成为商家酬谢忠诚顾客的优惠，而绝不是"寻觅便宜货"的工具。其次，回报必须诱人，VIP 卡的回报可以是物质的，同样也可以是情感的。在物质方面，商家的回报必须与 VIP 会员的价值观相符，一些奢侈品的推荐试用及增值服务，将会比单纯的折扣和很多廉价品赠送要更具吸引力。同时，商家也可以通过一些非实物的酬谢，使顾客沉浸在归属感中，如开通热线、举办俱乐部会员活动等。再次，对 VIP 客户服务项目不断更新，如新品试用、免费升级、折旧换新等。总之，要让 VIP 会员感受到自己"与众不同"。

3. 对中间商构建"双赢"战略

中间商和渠道对产品品牌的态度将直接影响到企业自身的生存，因此，企业应该在产品发展的不同阶段对中间商和渠道也采取不同的培养政策。在产品"入市期"，企业首先要制定长远的发展规划，对中间商的要求不一定是"最强"和"最好"的，应根据自身品牌的定位设定选择的标准。实践证明，与企业一起发展成长的中间商是"最忠诚的客户"。同时，企业与经销商制定"双赢"和"双输"的战略合作伙伴关系，共同投入，并公开企业一年内的经营计划，避免把风险全部转嫁到中间商身上，给渠道以信心。在"发展期"，随着商品品牌的发展壮大，此时是厂家和中间商获得利润最高的一段时间。此时维系客户忠诚度的方法已不再是加大双方的沟通，而是转变为加强利润分配的管理监控，实施"定点、定量返利"，给渠道合理、公平的利益分配。在"成熟期"，随着产品市场价位的透明，中间商的利润逐步下降，他们的忠诚度也开始转移。这时企业为了品牌的继续生存，首先应该做到的是"同品牌新产品的推出"，并加大广告促销的投入，用行动宣传品牌的研发能力。同时，加强渠道监管，可以适时地取消"定量返利"。

拓展资料

建立有效的客户忠诚度四大策略

积分忠诚度：这是最常见的一种客户忠诚度计划，他们参与以后通过积分的不断累积，可以获取不同的奖励和优惠。比如英国的一个营养补充剂品牌 Innermost 就属于这一计划的成功案例。他们创建了一个相对简单的积分制度，客户通过完成指定的操作，比如购买、发表评论、在社交媒体平台上分享使用体验等方式获取积分，这一相对容易且具有趣味性的体验流程是让客户保持兴趣的关键。

分层忠诚度：分层忠诚度计划是指卖家根据客户达到的不同等级提供不同的奖励，等级的高低与消费金额成正比。这一计划中比较有代表性的是 Sephora 的 Beauty Insider 计划，Sephora 的会员可以用积分兑换礼品卡或折扣券，注册以后还可免费学习 Beauty Insider Community 和美容课程等内容。会员每年花费 350 美元就可以访问 VIB 层，同时还可获得不同的福利待遇，每年花费 1 000 美元的会员可以升级为 Rouge，同时享有使用私人热线和参加独家活动的特权。

付费忠诚度：付费忠诚度计划就是需要付费的客户忠诚度计划，客户需要支付一定的费用才可以加入，并享受属于这个计划的客户待遇。根据麦肯锡的研究发现，有 63% 的消费者已至少加入了一项付费忠诚度计划。消费者很显然是想要优质的客户忠诚度计划，且这些会员客户的忠诚度比普通客户高出很多。付费忠诚度计划的优质代表是亚马逊，亚马逊的 Prime 付费忠诚度计划是 2005 年推出的，推出后全球的会员数增长超 1.5 亿，会员们认为这项计划是集便利性、简单性等好处于一体的，且该计划中 Prime 会员产出的效益是非 Prime 会员的两倍多。

价值忠诚度：价值忠诚度计划是指包括了对慈善机构的品牌捐赠、贫困社区群体的帮助等，也可以称为公益型营销，在加强与客户情感联系的同时，也增强了品牌的社会责任感和社会价值。这项计划比较成功的案例是内衣品牌 Playful Promises，客户下单以后可以向品牌帮助的 3 个慈善机构的其中一个捐赠 1 美元，这样的方式也产生了一定的价值效益。

四、案例分析

法国一家咖啡饼屋连锁店经理雇用员工的特殊做法

法国一家名为 Au Bon Pain 的咖啡饼屋连锁店的经理 Gary Aronson 在雇用服务员时有个特殊的规定：只雇用愿意每周为该企业工作 50～60 小时的人。而这一行业每位员工平均每周的工作时间是 40 小时。为此，他需要对这些员工多工作的 10～20 小时支付两倍的加班工资。他之所以这样做，主要目的是希望每天光顾的大部分客户能够见到同一张面孔为他服务。正是这样，该店的许多服务员都能够记住 100 多位老客户的名字和喜好，因此该咖啡饼屋连锁店的客户"回头率"非常高。

讨论：你对上述公司客户忠诚度细分及维护分析有什么看法？为什么？

五、实训活动

【实训目标】通过实践，学生掌握培养客户忠诚度的方法。

【实训案例】

将情感赋予钻饰

MaBelle 钻饰是香港利兴珠宝公司推出的大众钻饰品牌，自 1993 年成立以来，目前已经在香港地区开设了 46 家分店，成为深受时尚人士青睐的钻饰品牌。

MaBelle 的母公司利兴集团成立于 1949 年，开始时从事宝石进口和批发生意，在全世界收购优质宝石，销往亚洲市场。从 1966 年开始，利兴由原有的宝石生意，改做进口和批发钻石生意，旗下拥有 Mabros、Falconer 等高端钻饰品牌。

1993 年，利兴集团的高层经过市场调查发现，几乎市场上所有的钻饰品牌都在中高端竞争，大众市场基本上是空白。于是，他们推出了 MaBelle 钻饰，专售价格相对便宜的钻石首饰。MaBelle 以款式多样、时尚为主要卖点，将流行元素融入传统钻石。当年推出的千元价格的"黄钻"，更是在香港创造了钻饰消费的潮流。

香港是世界上最大的珠宝生产地之一，虽然 MaBelle 是大众钻饰品牌，但是公司清醒地意识到，价格绝对不是 MaBelle 的核心竞争力。客户会因为价格便宜而购物，但这并不能令客户的忠诚度上升。他们认为，不断创新的设计，与客户建立的情感上的沟通，赋予客户与众不同的优越感，才能为企业创造更多的价值。

MaBelle 和一般珠宝零售商和品牌相比，其最与众不同的地方就是 MaBelle 设立的会员 VIP 俱乐部。这个俱乐部通过为会员带去钻饰以外的生活体验，通过加强 MaBelle 店员与客户之间的个人交流，以及会员之间的情感联系，将情感赋予了钻饰。

目前，MaBelle 在香港拥有 30 多万活跃会员，这些会员大部分是 20～40 岁的白领女性和专业人士。

一般来说，客户购买了一定数额的 MaBelle 钻饰就可以注册为 VIP 俱乐部会员。公司对销售员工的要求是，必须定期通过电邮、电话、手机短信等方式和客户建立个人关系，这种私人关系无疑增加了客户情感转换的成本。MaBelle 还定期为会员举办关于"选购钻石的知识"以及"钻饰款式"方面的讲座，增加了客户转换企业的学习成本。

MaBelle 还经常为 VIP 俱乐部会员安排与钻饰无关的各种活动。例如，母亲节为妈妈们准备了"母亲节 Ichiban 妈咪鲍翅席"，情人节为年轻情侣筹办浪漫"喜来登酒店情人节晚会"，为职业和兴趣相近的会员安排"酒店茶点聚餐"，节假日为年轻会员安排"香港本地一日游"等。

香港的生活节奏非常快，人们的学习、工作时间都很紧张，人际交往比较少，这些活动不但给会员提供了难忘的生活体验，而且还让他们通过俱乐部结识了不少朋友，帮助他们开拓了交际圈。很多会员参加过一些活动后，还邀请自己的亲友也加入了 MaBelle 的俱乐部，真正起到了"口耳相传"的效果。

【实训要求】

（1）学生对案例进行深入讨论，分析企业培养客户忠诚度的方法。

（2）把学生分组，8~10 人为一组，完成案例讨论。

【实训内容】

（1）分小组进行汇报。

（2）撰写案例分析报告。

【考核】

根据小组汇报、案例分析综合评定成绩。

客户服务质量管理

任务 1　提高客户服务质量

一、任务目标

知识目标：

（1）了解客户服务质量的概念、内容。

（2）了解客户服务质量的重要性。

能力目标：

（1）能够运用相应策略设计提升客户服务质量。

（2）能够设计提升客户服务质量流程方案。

素质目标：

（1）培养学生职业素养。

（2）培养学生的质量管理意识。

二、引导案例

一元钱客户

什么叫"一元钱客户"？就是说这个人一个星期来 4 天，每天来 3 次，每次消费 3 元钱，一年这个人就会消费 1 800 元，如果这个客户能和这个店保持 10～15 年的关系，这个客户对于这家店就意味着 2 万元的销售额，这就是国际上流行的"一元钱客户"概念。这个概念告诉企业不要太势利。他每次可能花钱很少，但是来的次数很多，这种客户是不容忽视的。一个客户能够为企业带来的利润和什么有关？和他在你的企业消费的时间有关。哪怕他一次花的钱是别人的 1/10，这种客户的价值也远远高于一次花的钱是他十倍的那种人。为什么？因为他会跟许多人说：这儿特别好，特别便宜。他能拉许多人过来，可以无形中为你做广告。

三、相关知识

（一）客户服务质量的含义

客户服务质量的管理要以客户的需求为基础、为中心、为出发点，要以企业的策略为条件，最终以客户的感受为结果。对所接受服务的感知和体验与对服务的期望相比较，当感知大于期望时，服务是高质量的；当感知和期望相一致时，服务质量是合格的；当感知小于期望时，服务质量则不合格。即使企业认为是符合高标准的服务，也可能不为客户所喜爱和接受，因此从某种程度上说服务质量是一个主观范畴。这一概念包含了三个方面的内容。

（1）目标客户。目标客户是指那些基于他们的期望或需要而希望得到某种服务的人。客户需求的多样性导致企业提供服务的多样性。

（2）服务水平。服务水平是一个相对概念，是相对于满足目标客户的期望而言的。只要企业所提供的服务满足了目标客户的期望，就可以认为服务质量是符合要求的。

（3）连贯性。连贯性是服务质量的基本要素之一，它要求服务提供者无论在何时何地都应提供同样质量的服务。

小案例：服务质量投诉案例分析

案例1：某物流公司接到客户来电反映，公司段店营业处在受理货物时，因货物较大（100千克左右），需要营业处工作人员协助装卸，工作人员则向客户表示卸货必须支付装卸费，并对客户说出了"发就发，不发就拉倒"之类的话语，引起客户严重不满并投诉。

案例2：一客户到昆山营业处办理发货业务，要用昆山营业处胶带捆扎携带物品，因工作人员与客户沟通不当发生争执，并伴有不礼貌用语现象的发生，客户产生强烈不满，致使客户投诉至集团公司客服中心，最终导致客户未在本公司办理此业务，而是去别家物流公司办理了货物托运业务。事情发生后，经过及时与客户沟通和道歉，客户最终表示下次可以考虑与公司合作。

分析以上两起投诉事件，可以看出主要存在如下问题：首先，营业处工作人员对工作不负责任，服务意识不到位，对于上门办理业务的客户，没有及时为其提供方便超值的服务，同时工作人员对客户的牢骚抱怨以及恶劣的服务态度造成客户对公司严重不满。其次，事情发生后，工作人员没有及时做好客户安抚工作，造成客户未能在本公司办理业务的结果，给公司的生产经营造成了损失，暴露了营业处在服务质量上还存在较多漏洞。

关于服务质量问题，目前大部分经营单位都存在服务意识不到位、无大局意识，导致客户不满意的现象。

（二）客户服务质量的测定方法

客户服务质量的测定多采用评分量化的方式进行，具体包括：一是测定客户的预期服务质量；二是测定客户的感知服务质量；三是确定服务质量分数。在实际工作中，为了准确了解客户预期和感知的服务质量，企业一般采用调查问卷的方法，根据问卷获得的数据建立服务质量模型进而进行评定。

企业通过运用上述方法进行测定，可以得到第一手数据；然后加权平均，给各个维度赋予一定的权重，用这个维度的得分与权重相乘，就可以算出维度得分；再将所有参与调查的客户各维度实际感知评分与服务预期评分分别加总，将总数作差距对比，就可以得到客户对企业服务质量的综合评价结果。

（三）客户服务质量差距分析

在客户服务过程中，由于个体自身的复杂性，在服务传递过程中往往会产生各种偏差，我们通常用服务质量差距模型来分析服务质量差距。

服务质量差距模型是 20 世纪 80 年代中期到 90 年代初，美国营销学家帕拉休拉曼、赞瑟姆和贝利等人提出的，是专门用来分析服务质量问题根源的工具。服务质量差距模型如图 11-1 所示。

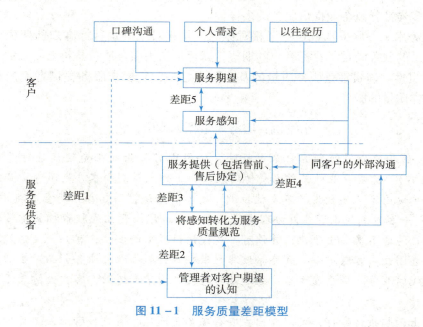

图 11-1 服务质量差距模型

服务质量差距主要有以下五种。

1. 客户的期望与管理者对客户期望的认知之间的差距

服务提供者并非总能理解客户需要什么样的服务，什么样的服务水平是必要的，以及客户期望企业以什么样的途径提供服务等，因此产生了客户的期望与管理者对客户期望的认知之间的差距。产生这一差距的原因有：①对市场的研究和需求分析不准确。②提供的解释信息不准确。③没有分析客户需求。④企业与客户联系的信息在向管理者传递的过程中失真或丧失。⑤过多的组织层次阻碍或改变了在企业与客户的联系中所产生的信息。

这个差距的存在会误导企业的服务管理方向。尤其是，如果企业的服务质量标准是由这些管理人员制定的，那么员工的服务行为就会被一个错误的标准所误导，即遵照这个标准是不可能让客户满意的。

2. 管理者对客户期望的认知与服务质量标准之间的差距

受到多种因素的限制，企业管理者试图满足甚至超越客户的期望常常很困难，如资源有限、管理不当等，这些因素常常使管理者对客户期望的认知无法充分落实到所制定的具体服务质量标准上，从而引起管理者对客户期望的认知与服务质量标准之间的差距。具体影响因素包括：①管理人员缺乏应有的职业知识，致使在设计服务质量标准时出现失误。②服务质量管理不善。

出现这种情况的原因是，最高管理层没有对服务质量给予足够的重视，服务质量没有被赋予最高优先权。改正的措施就是把服务质量放在优先位置。

今天，在服务竞争中，客户感知的服务质量是成功的关键因素，因此在管理清单上把服务质量排在前面是非常必要的。

3. 服务质量标准与实际提供的服务之间的差距

在企业员工向客户提供服务时，他所遵循的服务质量标准并不能完全体现在他所实际提供的服务上，由此产生了服务质量标准与实际提供的服务之间的差距。影响这一差距的因素有：①标准太复杂或太苛刻。②员工对标准有不同意见。③标准与企业文化相冲突。④服务质量管理混乱。⑤企业没有按照标准为员工工作提供便利。

通常引起差距的原因是错综复杂的，很少只有一个原因在单独起作用，因此改正措施不那么简单。大体而言，这些原因可分为三类：管理和监督不力；职员对标准规则的认识和对客户需要的认识产生了偏差；缺少生产系统和技术的支持。

4. 实际提供的服务与客户感受之间的差距

客户感受到的服务与员工实际提供的服务并不等同，这是因为客户的感受受其对服务期望的影响，而客户期望的形成则与企业的广告宣传等密切相关。若企业的宣传有夸大的倾向，客户期望就会过高，其感受到的服务水平也会偏离实际。但若客户对企业的服务情况缺乏了解，则难以判断实际提供的服务质量。影响实际提供的服务与客户感受之间的差距的主要因素包括：①部门间的沟通上存在问题。②过分宣传，承诺过度。

5. 客户期望与实际获得的服务之间的差距

服务质量的高低取决于服务提供过程中自然产生的以上四种差距。差距越小，表明传递越充分，与客户期望的差距越小，服务质量也就越高。但差距一般总是存在的，在某些情况下还很大。这四种差距在服务传递过程中渐次产生并逐渐累加，最终体现为第五种差距，即客户期望与实际获得的服务之间的差距，也就是服务质量的高低。

（四）提升企业客户服务质量的技巧

在激烈的市场竞争中，提升客户服务质量是企业销售工作的重要内容，以下是提升客户服务质量的六大技巧。

1. 客户服务礼仪

接打电话时要使用普通话，拿放话筒时动作要轻，通话时语气要平稳、诚恳，音量适中，快慢得当。接电话时要先报出公司名称或自己所在部门，如"您好，某公司""您好，××部"；若电话响铃时间过长，应在报出公司名称后致歉说"让您久等了"。对方要求找人时，应先问清对方姓名，随后说"请稍等"；对方要找的人不在时，应询问是否找其他人代替或留言，通话结束时要说"再见"。随时准备便条纸，将对方的留言记录下来，以便事后处理。打电话前应先理出谈话要点，待对方应答后，报出公司名称或自己的部门；结束谈话时，应向对方致谢并说"再见"。

2. 客户服务态度

无论是销售中和销售后，都应该有良好的服务态度，尤其是对待客户投诉，必须虚心听客户反映，将问题记录好，协调有关部门，同时向有关领导汇报。在不违反公司规定的前提下尽量满足客户需求。解决好客户投诉不仅能获得客户的认可，还有可能带来良好的宣传效应，提高产品的口碑，扩大销售群体。客户服务的目的是要为客户排忧解难，充分发挥服务广播的作用。客户在购物过程中，有时会因为不小心，出现丢失物品等情况，要安慰客户不要着急并及时为其排忧解难，为其提供方便。

3. 客户跟踪服务

跟踪对服务和商品投诉的处理，总结当日所遗留的问题，并与有关部门沟通后确定解决方案。不定期地进行客户回访很重要，以让客户心存感激，让客户了解公司非常重视他。即增加对客户的感情投入，和客户进行必要的沟通，不断提高公司的信誉度，都会增加公司的竞争力。

4. 做好客户档案记录

一定要尽可能详细地记录好客户的全部资料，尤其是大客户。客户资料不仅包括客户的名称、地址、联系电话等基本信息，还包括客户购买产品的数量、价格、合同执行情况、资金到位是否及时、有无不良记录等，通过对这些信息进行分析可确定此客户的忠诚度，公司可据此判断是否与其进行长期合作，同时为公司相关决策的制定提供了依据。

5. 做好客户投诉服务

（1）进行客户投诉原因分析。

客户投诉主要涉及以下方面：①对商品的抱怨，涉及价格、品质、残缺度、过期、标志不清、缺货等。②对服务的抱怨，涉及工作人员态度不佳、收银作业不当、服务项目不足、现有服务作业不当、取消原来提供的服务等。③安全上的抱怨，涉及意外事件的发生、环境的影响等。

（2）按公司原则进行处理。

作为一名客户投诉处理人员，在处理投诉时要做到：使客户的不满与抱怨能够得到妥善处理，使其在心理上觉得得到了尊重，将客户投诉的影响降到最低。

此外，在处理客户投诉时还应注意：①保持心情平静。②认真听取客户投诉。让客户先发泄情绪；真诚地去劝慰对方，并了解客户目前的情绪状况；倾听事情发生的细节，找到问题症结所在。③站在客户的立场为对方着想。做好沟通记录，感谢客户所反映的问题；提出解决方案；执行解决方案；做好事后总结。

6. 提高员工素质

对业务人员定期进行专题培训，如销售的沟通技巧、倾听的艺术、营销口才、大客户营销策略、企业信誉度分析等，提高员工思想素质、服务意识，要求每位员工尽职尽责地完成本职工作。同时组织员工学习各项专业知识，提高服务水平。加强监督，检查员工考勤、仪容、仪表。各岗位员工在工作中应严格要求自己，不迟到早退，不顶撞客户，对每一位客户要做到微笑服务，着装整洁，遵守公司的规章制度，按工作流程进行计划。要以"超越您的期望"为服务宗旨，充分调动各岗人员热忱服务的积极性，为客户提供满意的服务。将出现的问题用最快、最好的方式解决，解决不了的及时向领导汇报。要做到让客户"乘兴而来，满意而归"。

所以，客户在营销工作中占有非常重要的地位，他就像公司的免费广告，会将自己的购物体验传递给其他客户。客户是我们产品的消费对象，客户的认可将给公司带来许多有形及无形的利益。因此，客户服务是举足轻重的，其服务质量的高低将直接影响公司的效益。这就要求客户服务人员掌握提升客户服务质量的技巧，为客户提供高质量的服务。

（五）制定客户服务质量标准

为了提高员工客户服务质量，企业需制定客户服务质量标准对服务加以规范。客户服务质量标准主要包括以下几方面内容。

1. 客户服务资源标准

客户服务资源标准主要包括客户服务环境标准、客户服务系统标准和客户服务质量监控设备标准。客户服务环境应保持整洁、干净与舒适，物品应摆放整齐，服务用具应齐全和方便取用等；客户服务人员应保证客户服务系统的性能和执行标准符合要求；客户服务质量监控设备及时响应，并具备所需功能。

2. 客户服务人员工作规范

客户服务人员的工作规范是对客户服务人员的仪表、服务态度、语言标准和服务行为等进行的规范。

3. 客户服务业务标准

客户服务的业务标准包括进行客户咨询和受理客户投诉等方面的标准。

（六）有效实施客户服务质量管理

在社会经济迅猛发展的今天，企业为了提高服务质量，规范服务程序，确保在发生异常时能进行及时、有效的处理，从而提升客户服务质量和客户满意度，必须实施行之有效的客户服务质量管理。客户服务质量管理主要包括客户服务质量的检查、控制、评估和审核。

1. 客户服务质量的检查

企业在客户服务质量管理过程中，应对客户服务人员的服务工作进行质量检查，其检查内容包括工作制度检查、服务过程检查、服务环境安全卫生检查及其他可能影响服务质量的检查等。

2. 客户服务质量的控制

企业进行客户服务质量控制可采取以下措施。

（1）建立健全客户服务质量管理控制体系。具体可在客户服务部经理的领导下，由客户服务质量主管负责实施，负责监督客户服务过程中的质量控制状况，发现问题及时处理，杜绝隐患。

（2）推行质量管理责任制，制定质量管理奖罚条例。由客户服务部经理主持制定客户服务人员服务质量管理责任制度和奖罚措施，明确相关岗位职责，督促客户服务人员有效完成所在岗位工作目标。

3. 客户服务质量的评估

客户服务质量的评估要素主要包括可靠性、响应性、保证性、移情性和有形性。

（1）可靠性。

可靠性反映了一家企业服务表现的一贯性和可信任度，它意味着可以相同的方式、无差错地提供服务。这一项是五个基本要素中最重要的一项。因此，不能提供可靠服务的企业通常被认为是不成功的企业。

（2）响应性。

响应性指一家服务型企业可适时提供其承诺的服务。响应性涉及服务人员提供服务的意愿和自觉性，有时候客户会遇到服务人员忽略客户需求的情况，这属于没有响应的情形。让客户等待，特别是无原因的等待，会降低客户对服务质量的实际感知效果。出现失败服务时，迅速解决问题则会提高客户对服务质量的实际感知效果。例如，在误点的航班上提供小食品可以将旅客潜在的不良感受转化为美好的回忆。

（3）保证性。

保证性是指公司的能力，对客户所展示的礼貌，以及其运营的安全性。能力是公司提供服务时的知识和技术；礼貌是公司的服务人员对待客户及其财产的方式；安全反映了客户希望远离危险的心理需求。

（4）移情性。

移情性是设身处地为客户着想和对客户给予的特别关注。移情性公司理解客户需求并能为客户提供需要的服务。相反，如果公司对客户的需求视而不见，或者提供的服务令客户感到不舒服或不便利，那么这家公司的客户服务工作显然是失败的。

（5）有形性。

服务是无形的，但是客户会在某种程度上依据服务环境，即有形的设施、设备、工作人员的外表、交流材料，对服务质量做评判。可以说，良好的环境是服务人员对客户进行细致照顾和关心的有形表现。

客户从这五个方面将预期的服务同感知的服务相比较，最终形成自己对服务质量的评判。期望与感知的差距越小，说明客户对服务质量越满意；反之，就会越不满意。

4. 客户服务质量的审核

企业进行客户服务质量审核，目的是在服务质量管理实施过程中对一些问题能够准确识别并及时制定纠正和预防措施，提高各级客户服务人员操作的规范性，从而为企业创造良好的经营环境，并不断提高企业经济效益。

拓展资料

沃尔玛的服务文化：对客户的服务理念

零售业巨头沃尔玛公司的服务文化不仅为客户提供最好的服务，而且具有传奇色彩。

首先，沃尔玛提出了"帮客户节省每一分钱"的宗旨，实现了价格最便宜的承诺。因此在早期经营中，山姆亲自去寻找便宜的货物，然后用车拉到店里来卖。在他的商店里，每天都有大量"超低价"的产品零散地堆放于店中，这种极度简单的印象给客户带来了最直接的冲击，超低的价格使它货架上的产品得以在最短时间内被一扫而空。

其次，走进沃尔玛，客户便可以亲身感受到宾至如归的周到服务。走进任何一家沃尔玛商店，店员立刻就会出现在你面前，笑脸相迎。店内贴有这样的标语："我们争取做到每件产品都保证让您满意！"客户对在这里购买的任何产品如果觉得不满意，可以在一个月内退还商店，并获得全部货款。沃尔玛把提供超一流的服务看成自己至高无上的职责，这源自沃尔顿的成功经营法则之一：超越客户的期望，他们就会一再光临！沃尔玛还推行"一站式"购物新概念——客户可以在最短的时间内以最快的速度购齐所有需要的产品，正是这种快捷便利的购物方式吸引了现代客户。

最后，沃尔玛还有许多"超值服务"理念，包括"日落原则""比满意还满意原则""10步原则"等。"日落原则"是指当天的工作必须在当天日落之前完成，对于客户的服务要求，要在当天予以满足，决不拖延。对于"比满意还满意的原则"，公司创始人沃尔顿的解释是："让我们成为客户最好的朋友，微笑着迎接光顾本店的所有客户，尽可能地提供能提供的帮助，不断改进服务。这种服务甚至超过了客户原来的期望，或者是比其他任何商店更多更好的服务。""10步原则"是指只要客户出现在沃尔玛员工10步距离的范围内，员工就必须主动上前打招呼，并询问是否需要帮助。

总之，沃尔玛的服务文化就在于不断地了解客户的需要，设身处地为客户着想，最大程度地为客户提供方便。

在很多沃尔玛店内都悬挂着这样的标语：①客户永远是对的；②客户如有错误，请参看第一条。这是沃尔玛客户至上原则的一个生动写照。

四、案例分析

案例1：奥达克余百货公司的35次紧急电话

有一天，一位名叫基泰斯的美国记者在日本东京奥达克余百货公司买了一台电唱机，准备送给住在东京的婆婆作为见面礼。当时，售货员以日本人特有的彬彬有礼的服务，精心为她挑选了一台未启封的电唱机并交给了她。基泰斯内心赞赏着售货员的热情服务，满意而归。但是，当她回到住所开机试用时，却发现电唱机没有装内件，根本无法使用。基泰斯不禁火冒三丈，准备第二天一早便去奥达克余百货公司交涉，并迅速写了一份新闻稿，题目是"笑脸背后的真面目"。第二天，当基泰斯正准备动身前往奥达克余百货公司交涉时，一辆汽车赶到她的住处，从车上跳下的是奥达克余百货公司的副经理和拎着皮箱的职员。他们一见基泰斯便俯首鞠躬，表示歉意。基泰斯颇感意外，他们是怎么找到这里的？那位副经理打开记事簿，讲述了大致的经过。原来，昨天下午清点商品时，他们发现错将一个空心的货样卖给了一位客户。因为此事非同小可，经理马上召集公关部有关人员商议。当时只有两条线索可循，即客户的名字和她留下的一张"美国快速公司"的名片。据此，奥达克余百货公司展开了一连串无异于大海捞针的行动，打了许多紧急电话向东京各大饭店查询，但没有结果。于是又打电话给纽约的"美国快速公司"总部，接着打电话给客户的父母，从那里得知了客户在东京的住所。这期间的紧急电话合计35次。接着，副经理亲手将一台完好的电唱机，外加一张唱片、一盒蛋糕奉上，然后离去。这一切使基泰斯深受感动，她立即重新写了新闻稿，题目叫"35次紧急电话"。

摘自：《35次"火警"电话》，销售与市场，1995年01期　作者：黄田英

思考题：结合案例，想想可以通过什么方式提高客户服务质量水平。

案例2：恒寿堂的产品包装策略

上海恒寿堂药业有限公司是1997年成立的集科研、开发、生产、营销于一体，专业从

事高科技生物医药保健系列产品的大型民营企业。经过一两年的发展，基本形成金乳钙、鲨鱼甘油、金枪鱼油三大产品系列。由于广告的强力推动作用，恒寿堂品牌的知名度迅速提升，具有传统文化底蕴的企业理念渐为广大群众接受。药店、商场的店铺售货已经不能满足企业的发展需要，产品进入大卖场、连锁超市势在必行。在这个转型的过程中，产品包装所存在的问题逐渐显露出来。首先，盒装的规格不适合超市、大卖场的货架陈列。其次，瓶装产品的包装为无色透明瓶体，但容易受到光照导致变质氧化。再次，各产品包装外观差异太大，没有统一品牌的系列感，对统一宣传、产品推广、产品出样、堆装等不利。

经过企划部门与营销部门的沟通，决定全面对各产品包装重新定位设计。恒寿堂虽然有一个非常传统的名称，企业理念也极具中国文化的儒道思想，但生产的产品却是新型现代的保健品。在企业形象的表现上就必须突出这一特点，体现"新古典主义"风格。经过反复推敲，初稿出来了，以椭圆为基本图形，结合不同的代表画面为三个产品分别设计专用的图形标志，成为它的象征。

金乳钙在醒目的中文字体下配以英文，并由一个扇形的图形衬托起来，古朴中带有现代感。一个大的主体椭圆形里是一幅美丽的画面，体现了金乳钙"牛奶钙源，天然之选"的产品精神。

鲨鱼肝油同样是在扇形的衬托下，配以中英文名称，主体的大椭圆里是一片幽深的海，跃起一条凶猛的鲨鱼，定格成一幅强有力的画面，充分表现出"增强免疫力"的主题。

金枪鱼也同样规范在这一风格里，画面是一群充满活力的鱼群，衬托出一条大金枪鱼，活灵活现，"聪明、活力"的产品特色得以很好体现。

在这种统一的设计规范中，以后上市的各种产品，都遵循这一风格，使产品的形象多而不乱，系统化地从视觉的角度进行管理。

为便于产品出样陈列，把包装的外形尺寸定为两类：一类是针对商场、超市、大卖场的，称为普通装，另一类针对药店的称为药店装。两类包装款式一样，只是尺寸有区别。这样就满足了不同终端的不同要求。

瓶装产品以"瓶中瓶"的包装，有效地解决了胶丸的保存问题。

新的产品形象出台后，果然焕然一新，品位得以鲜明提升，出样陈列取得了很好的效果，在保健品良莠不齐的包装海洋中跻身前列。

摘自：《恒寿党的包装策略》，中国包装工业，2008 年 12 期　作者：徐凯

讨论：

说说恒寿堂是怎样通过改进产品包装来提升其产品质量，从而满足客户不同需求的。

任务 2　建设客户服务体系

一、任务目标

知识目标：

（1）了解提升客户服务质量的技巧、内容。

（2）掌握客户服务体系建设的内容。

能力目标：

（1）能够运用相应技巧提升客户服务质量。

（2）能够初步建立客户服务体系。

素质目标：

（1）培养学生职业素养。

（2）培养学生的劳动精神、工匠精神。

（3）培养学生质量管理的意识。

（4）培养学生创新精神。

二、引导案例

1988 年刚刚担任 EMC 公司业务与客户服务部副总裁的迈克·鲁特格斯第一次为到 EMC 工作感到后悔。他不得不一次又一次地向客户道歉。当时 EMC 公司正濒于破产，原因是 EMC 送交客户手中的磁盘驱动器出了问题。鲁特格斯作为高科技调解专家加盟了这家公司，但现在，他遇到的这个问题已经将公司推向了危险的边缘。自从设备出了问题后，EMC 用户手中所有造价高昂的计算机都无法继续使用了——因为 EMC 设备中储备的数据无法被读取。鲁特格斯决定想个办法终止这场悲剧。他给客户提出了两种选择：接受 EMC 新的存储系统或接受老对手 IBM 的系统——由 EMC 付费。很多客户选择了 IBM。在 1989 年的那个季度，EMC 运送的存储系统绝大多数都是最大竞争对手 IBM 的产品。虽然公司内部有人开始对公司的命运感到怀疑，但客户已经认识到 EMC 是个非常负责任的企业，在鲁特格斯制定了严格的质量控制体系后，很多老客户又开始购买他们的产品了。

这个故事让我们认识到一个道理————旦客户对你产生了信任，而你又努力维持这种关系的话，不管发生了什么事，他们都会追随在你左右。这就是客户服务的力量。在开发市场时，最有效且成本又最低的途径之一就是提供优质的客户服务。在今天激烈的市场竞争环境中，商家只提供一种产品或是一项服务是不够的。今天的客户不同于以前的客户。他们很清楚应该怎样传递产品，也明白如果对自己得到的服务不满意，还有其他能提供更多更好服务的卖方可以选择。他们也知道如果把自己的不满表现出来，可能会得到更加积极的结果。

三、相关知识

（一）客户服务体系的含义

客户服务体系是优秀企业尤其是销售服务企业的重要组成部分，由明确的客户服务理念、相对固定的客户服务人员、规范的客户服务内容和流程等一系列要素构成。客户服务体系以客户为中心，以提升企业知名度、美誉度和客户忠诚度为目的。

（二）客户服务体系建设的内容

企业建设客户服务体系，目的是从客户的实际需求出发，为客户提供真正有价值的服务，以帮助客户更好地使用产品，体现了企业"良好的客服形象、良好的技术、良好的客户关系、良好的品牌"的核心服务理念。这一理念要求以最专业的服务队伍，及时和全方位地关注客户的每一个服务需求，并通过提供广泛、全面和快捷的服务，使客户体验到无处不在的满意和可信赖的关心。

1. 从管理机制上强化客户服务

（1）沟通渠道。设立网站，提供在线服务；设立服务热线和投诉电话；建立防伪查询平台；建立客户反馈信息收集机制，以有效收集信息。

（2）客户关系。建立客户管理档案；建立完善的客户回访制度；设立客户评比制度；进行客户满意度调查；主动提供有针对性的客户服务活动。

2. 从企业文化上提升服务理念

（1）明确的服务理念。贯穿企业各个环节；企业员工熟知并认真执行本企业服务理念；对外宣传服务理念，准确传达到每一位客户。

（2）明确的服务承诺。准确有效地传递给每一位客户；在产品材料中，准确说明所承诺的服务；完全履行承诺的服务。

（3）明确的服务策略。能够对整个服务工作起到指导作用；服务策略既能满足客户需要，又能保持合理的服务成本。

（4）明确的服务工作目标。

3. 从制度保障上提高客户满意度

（1）制定服务规章制度。覆盖产品服务各个环节；制度以文件形式体现，形成服务规范体系；服务工作和人员严格执行服务规章制度。

（2）制定服务流程。使整个服务处于有序状态；服务人员严格按照服务流程进行工作；将服务流程通过一定的渠道展示给客户。

（3）服务监督与奖惩。设立内部服务监督机构；对服务部门及人员实施奖惩。

（4）服务制度管理。按照严格的程序制定各项服务制度；定期修订各项服务制度。

4. 从客户投诉上加快反馈速度

（1）投诉渠道。设立投诉接待制度，提供多种形式的投诉渠道。

（2）投诉记录。建立投诉记录制度，详细记录投诉原因、处理结果等信息。

（3）投诉处理。及时处理客户投诉，有效解决客户投诉；产品投诉率低于10%；投诉解决率不低于90%；及时弥补服务中的不足，有效减少投诉。

总之，客户服务体系是以客户服务为核心，围绕着客户服务建立的一整套服务应对系统，包括制度、标准、流程、架构、人员等在内的一切人、财、物、信息和文件等软硬件的组合。

（三）如何建设客户服务体系

客户服务体系的建设，从客户服务角度来说，服务无止境，越完善越好。但对于一个企业来说，资源却是有限的。所以，一般企业应针对所在行业的特点建立适合自己的客户服务体系。

（1）梳理部门职能、公司的期望目标。根据客户群体需求以及自身产品的定位，确定公司目标，明确客服的总体目标和战略定位。

（2）建立以客为尊的服务理念。树立主动服务意识，提供优质服务，让客户享受到星级服务，在客户心目中树立品牌形象，发展潜在客户，提高成交率。

（3）确定主要工作内容。售前，以专业知识回答客户咨询，对客户信息进行收集、统计、分析，建立完善的信息库等；售中，对产品的配送速度、配送质量、产品质量好坏及时跟进等；售后，客户意见的收集与反馈，客户投诉的受理与记录等。

（4）根据工作内容确立部门组织框架。客户关系维护，如客户信息管理、客户需求等；售后服务管理，如售后的跟进、处理客户投诉等；服务方式，如热线电话、Web 在线回复等。

（5）工作流程梳理。根据实际情况制定业务流程以及操作规范。

（6）确定工作职责范畴。如协助开拓网络营销资源和渠道；负责部门内部沟通与外部联系；收集行业及客户信息，负责业务需求调研；负责实施售前、售后服务。

（7）开展培训，如专业技能培训等。

（8）规章制度的制定及完善，如信息管理制度、售后服务制度、服务礼仪制度等的制定及完善。

四、案例分析

上海世茂集团从体验出发满足客户需求

上海世茂集团另辟蹊径，率先进入"客户体验"时代。他们的销售口号并不是销售"豪宅"，而是追求能让业主得到最完美的体验。世茂在介绍自己的建筑、装修材料时，并没有标榜材料有多昂贵，而是考虑到选材是否实用、能否为客户提供方便、能否满足客户的需求，使客户获得完美的居住体验。他们将体验具体分成体验尊贵、体验关怀、体验自然、体验未来几个部分。

1. 体验尊贵

世贸的营销者，通过多方面调查，将体验进行了模块化设计，其中需要突出表现的一个方面就是尊贵。什么是尊贵？尊贵的体验是什么？经过调查发现，上海本身就是一个能够表现尊贵的城市，如沉淀着浓郁历史感的外滩、象征城市繁荣的"金茂大厦"等。世茂营销者在地段选择上，选择了与中国第一高楼"金茂大厦"、东方明珠电视塔、上海国际会议中心比肩而立的方式表现尊贵体验。实践证明，这种体验是多数现代人对于尊贵的体验。另外，私密性也是一种尊贵体验。世茂营销者根据这种体验设计了每个单元两户三梯，主人用高速电梯直接入户，另有一部电梯为保姆专用，并为其另设门户，直达家政服务区。又如视觉享受也能体验尊贵，窗门就变成了双层中空钢化玻璃落地窗，以便使水景、外滩风光尽收眼底。

2. 体验关怀

在商品社会，关怀体验本身就是一个人人希望获得但又真正难以得到的体验。为此，世茂选择"第一太平戴维斯综合物业顾问有限公司"作为物业管理公司。该公司具有多年的物业服务国际化管理经验，他们推出的"客户助理服务式"实现了上海首家"一对一私人助理"服务，完全超越了一般物业管理公司单纯管理物业的范畴，用人性化服务，让业主得到关怀体验。

3. 体验自然

"世茂湖滨花园"为配合周边高档的国际化生活氛围，以生态湖景为园林规划主题，社区水体设计面积高达万平方米，人工水景贯通整个社区，运用杭州西湖的景观设计元素，叠泉、流瀑、角亭、白堤布于其中，营造出别致、幽雅、高尚的社区生活环境。再创中国首个通过 ISO 14000 国际环境认证体系建筑环境，是上海唯一达到国家质量一级标准的区域，使每位业主得到"回归自然，享受健康"的体验。

4. 体验未来

高档办公楼宇综合布线、1 000 兆光缆进楼、100 兆宽带入户、24 小时网上购物、独立掌纹门禁系统、智能 IC 卡"一卡通"等，经过网络化、高科技化装备的社区，为未来信息社会需求打下坚实基础。科技信息服务生活，使生活更加舒适、更加现代。

世茂集团运用体验经济理论设计营销取得了很好的效果：前两幢楼盘一经推出，即被一抢而光；购买价值 5 000 元 VIP 诚意金卡才有资格到"世茂滨江花园"看楼；在北京推介会上，500 余位客户与世茂集团签订了第三幢楼盘的购房意向书。

请分组讨论，并分析该案例进行客户体验设计的出发点、创新点和可操作性。

任务 3　客户服务绩效管理

一、任务目标

知识目标：

（1）了解客户服务绩效管理的概念、内容、特点。

（2）掌握客服部关键绩效考核指标。

（3）掌握客户服务绩效管理的流程。

能力目标：

（1）能够运用相应知识进行客户绩效管理。

（2）能够通过数据筛选出客服部关键绩效考核指标。

（3）能够进行客户服务部绩效管理流程的初步设计。

素质目标：

（1）培养学生职业素养。

（2）培养学生的劳动精神、工匠精神。

（3）培养学生质量意识。

（4）培养学生创新精神。

二、引导案例

回想近 3 个月中你所接受和感受到的最好和最差的客户服务，各举一例。回忆一下当时发生了什么，对方说了什么或做了什么，用什么样的语调，以及采取了哪些积极的或消极的行动。

三、相关知识

（一）客户服务绩效管理概念

客户服务绩效管理是指在客户服务系统中，客户服务组织、客户管理人员和员工全部参与进来，管理人员和员工通过沟通、激励等方式，将企业的客户服务战略、管理人员的职责、管理的方式和手段，以及员工的绩效目标等基本内容确定下来；在持续不断沟通的前提下，管理人员帮助员工清除服务工作过程中的障碍，提供必要的支持、指导和帮助，与员工共同完成客户服务绩效目标，从而实现客户服务组织的远景规划和战略目标的过程。

（二）客户服务绩效管理的特点

客户服务绩效管理具有以下三个特点。

1. 强调系统

客户服务绩效管理是一个完整的系统，而不是一个简单的步骤。但在理论阐述以及管理实践中，我们都会遇到这样的问题：把绩效管理等同绩效考核。因此，不少企业在实行绩效管理时往往认为，企业做了绩效考核表，量化了考核指标，年终实施了考核，就是做了绩效管理了。在实践中，实施绩效管理包括制定目标、沟通管理以及对绩效管理中一些必要技巧与技能的使用等内容。如果绩效管理忽略了这些工作，那么企业的绩效管理就会处于低层次的水平。因此，我们必须系统地看待绩效管理。

2. 强调目标

客户服务绩效管理强调目标管理，"目标＋沟通"的绩效管理模式被广泛提倡和使用。当企业目标明确，员工明白自己努力的方向，经理就能更好地通过员工的绩效目标对员工进行有效管理。这样，经理和员工才会更加团结，共同致力于绩效目标的实现，更好地服务于企业的战略规划和远景目标。

3. 强调沟通

沟通在客户服务绩效管理中起着决定性的作用。制定绩效目标要沟通，帮助员工实现目标要沟通，年终评估要沟通，分析原因寻求进步要沟通，总之，绩效管理的过程就是员工和经理持续不断沟通的过程。离开了沟通，企业的绩效管理将流于形式。因此，绩效管理需要重视管理沟通的改善。

（三）客服部关键绩效考核指标（如表 11-1 所示）

表 11-1　客服部关键绩效考核指标

序号	KPI 指标	考核周期	指标定义/公式
1	客户意见反馈及时率	月度	$\dfrac{在标准时间内反馈客户意见的次数}{总共需要反馈的次数}\times100\%$
2	客户服务信息传递及时率	月度	$\dfrac{标准时间内传递信息次数}{需要向相关部门传递信息总次数}\times100\%$

续表

序号	KPI 指标	考核周期	指标定义/公式
3	客户回访率	月度	$\dfrac{实际回访客户数}{计划回访客户数}\times100\%$
4	客户投诉解决速度	月度	$\dfrac{月客户投诉解决总时间}{月解决投诉总数}\times100\%$
5	客户投诉解决满意度	月度	$\dfrac{客户对解决结果满意的投诉数量}{总投诉数量}\times100\%$
6	大客户流失数	月/季/年度	考核期内大客户流失数量
7	大客户回访次数	月/季/年度	考核期内大客户回访的总次数
8	客户满意度	月/季/年度	接受调研的客户对客服部工作满意度评分的算术平均值
9	部门协作满意度	月/季/年度	对各业务部门之间的协作、配合程度通过发放"部门满意度评分表"进行考核

（四）客户服务绩效管理的流程

就绩效管理的实施过程来看，客户服务绩效管理的流程包括六个阶段，即制订绩效计划、编制绩效评估指标、对绩效评估人员开展培训、实施绩效评估、开展绩效反馈面谈和绩效评估结果应用。要做好绩效管理，既要从宏观上把握这六个阶段，也要从微观上注意这六个阶段的实施细节。

1. 制订绩效计划

绩效计划是指管理者与员工共同讨论，就实现目标的时间、责任、方法和过程进行沟通，以确定员工以什么样的流程、完成什么样的工作和达到什么样绩效目标的一个管理过程。绩效计划主要包括两大部分：一是绩效管理实施的具体计划；二是绩效目标的确定。一般来讲，制订具体的绩效实施计划主要是对绩效管理的整个流程运作从任务上、时间上、方法上、宏观层面和微观层面上进行总体规划，如在哪一具体时间段开展什么工作以及谁来做、要达到什么水平和层次等细节性问题。

（1）需要把握的关键问题。

制定绩效目标，企业需要把握两个关键问题：①制定绩效目标的依据要充足，并且能支撑企业战略目标的实现。②尽量采用参与性的方法，制定广大员工认同的绩效目标。

（2）必须做好几项工作。

只有企业与员工双方认可的绩效目标，才能对员工产生实质性的激励和导向作用。因此，制定一个可行的绩效目标一般要做好三方面的工作：①明确企业未来一段时间内的战略目标。②确定部门各岗位的职责。③制定绩效目标时，要了解企业和部门内外部环境。

2. 编制绩效评估指标

一般来讲，编制绩效评估指标可采用"SMART 原则"进行设定，S 代表"具体的"（Specific），指绩效考核要切中特定的指标；M 代表"可度量的"（Measurable），指绩效指标要尽可能便于量化统计和分析；A 代表"可实现"（Attainable）；R 代表"现实性的"（Realistic），指绩效指标是实在的、可衡量和观察的；T 代表"时限"（Time-bound），指完成绩效指标有特定的时限。依据"SMART 原则"构建企业绩效指标后，仍需注意以下几个问题：①能够量化的指标一定要量化，不能量化的指标切勿勉强量化。②评估标准要坚持适度原则。③评估指标要针对不同工作岗位的性质而设定。

3. 对绩效评估人员开展培训

绩效评估是一项非常重要的工作，同时也是一项容易受人为因素干扰的工作，为保障绩效评估反馈信息的真实可靠性，我们有必要对这类人员实施相关培训，使他们能够以高尚的职业道德和较高的工作技能，实事求是地推进绩效评估工作。

当然，对负责绩效评估的人员展开培训的第一步还在于绩效评估人员的界定。所谓绩效评估人员就是指参与企业绩效评估工作的相关组织成员。具体来讲，有 6 类绩效评估人员：直接上级、同级同事、直接下属、被考评者本人、服务对象、外聘的考评专家或顾问。

4. 实施绩效评估

实施阶段是整个绩效管理的关键阶段。因为所实施的效果如何将直接影响所得出的绩效评估结果的公正性，进而关系到依据评估结果所制定的人力资源管理政策的正确性和可操作性。就评估的实施来讲，其主要包括两方面的内容：①绩效考核方法的选择，即在拟定了绩效指标后如何选择合适、恰当的方法获取真实、可靠的绩效信息，仍是需要重点把握的问题。②实施过程中的监控问题，重在防御实施细节是否会偏离绩效计划。

5. 开展绩效反馈面谈

此阶段通常会被企业忽视或轻视。在绩效汇总结果向员工反馈之前，应及时与员工进行正式、有效的沟通，共同商讨存在的问题和制定相应的对策。开展绩效反馈面谈实质是一个增强组织人文关怀和凝聚力与实现企业目标的过程。通过绩效反馈既表达了组织对员工的关心，增强了员工的组织归属感和工作满意感，也有助于帮助员工查找绩效不佳的原因，同时与员工一起制定下一绩效周期计划，推动员工个人职业生涯的发展。

6. 绩效评估结果应用

绩效评估结果主要集中于两方面的应用：一方面是绩效奖惩，如员工工资的调整、相关人员职位的晋升、绩效奖金的发放等；另一方面就是绩效提升，企业需要根据绩效评估结果所反映出的问题调查下一绩效周期计划。就两方面的关系来讲，两者是相辅相成、互为促进的。

绩效激励主要是采用正激励与负激励相结合的策略，坚持做到应奖励的人员给予重点奖励，应惩罚的人员给予适度惩罚，避免步入奖惩无效的境地。

拓展资料

新经济形势下客户服务中心绩效管理探讨

1. 要注重结果导向，制定有一定挑战性的目标

要避免形式主义，不能为了考核而考核。所有纳入绩效考核的权重指标要与工作目标具有高度相关性，指标值的设定应比照同期目标达成数据，具有一定挑战性。传统绩效目标固然具有一定参考性，但发展不应甘于守成，更要注重创新发展。

如智能产品应用方面，目前各家金融客服中心均已部署智能导航、智能质检、智能回访、智能机器人等产品，这些产品的使用范围、效果各有差异，从具备上线条件，到客户满

意度提升，再到通过不定期调研总结、优化改进，达到同业间较高应用水准，其中有很多可以发挥的空间，而这些通过简单的量化指标考核无法准确锚定价值，有效激励主观能动性。可以通过设置公有池的方式，建立弹性绩效加分，鼓励合作竞争。

此外，绩效考核方案制定应遵循实事求是的原则，预留部分机动性，如设置综合评价指标，赋予一定比例权重，用于日常临时性工作安排的考核。

2. 通过有效考核机制真正守住风险底线

以舆情案件线索的监测报送为例，此类线索具有一定隐蔽性，需要一定的甄别技能、话务技巧。如何保障千人规模大型客服中心的标准化执行，除了识别标准明确、培训宣导到位以外，必须将执行结果纳入考核，分配一定比例的权重。要厘清制度、管理和执行各环节的关键点和考核内容。制度制定要简单明确，便于座席理解解答，对于无法简单描述的，可设立高技能组，由接线座席初步判断后转高技能座席接听话务。

管理过程要到位，后援岗位要通过摸索方法运用工具及时发现问题，并开展优化改进行动，有效检验改进效果。而不仅仅满足于日常岗位任务的机械化完成。

具体执行中，对一线座席话务处理存在的问题要纳入高风险话务，在个人绩效中予以扣减。后援质检岗位不能通过人工、智能质检手段及时发现问题，培训岗位制定标准存在偏差的，要在相应岗位经理绩效中予以扣减。对于风控意识强、工作效果好的团队和个人，要通过设置系数等方式给予绩效奖励。

3. 要将以客户为导向落到实处

绩效考核作为客服中心整体经营的指挥棒，要充分平衡效率、成本与客户体验之间的关系，将提升服务质量、提高客户满意度作为绩效考核设计的根本。

对于客户经常吐槽反映的问题，要充分关注加以分析，不能为了单纯追求指标而牺牲客户体验。如客户对智能外呼表示不满进行投诉，通过持续优化话术、调整拨打时间、减少拨打频次，增加人机对接等措施仍无法有效改进时，应当考虑适当放弃一部分智能外呼，改用人工服务以增进客户体验，呼应客户希望高效解决问题的诉求。

摘自：《客户世界》 作者：牛健喜

四、案例分析

某信用卡公司的卡片分部非常重视高质量的客户服务。它认为客户服务不仅影响公司信誉，也和公司利润息息相关。比如，一张信用卡每早到客户手中一天，公司便可获得33美分的额外销售收入，这样一年下来，公司将有140万美元的净利润。因此，及时地将新办理的和更换的信用卡送到客户手中是客户服务质量的一个重要方面，但这远远不够。

决定对客户服务质量进行控制的想法，最初是由卡片分部的一个地区副总裁凯西·帕克提出来的。她说："一段时间以来，我们对传统的评价客户服务的方法不大满意。向管理部门提交的报告有偏差，因为它们很少包括有问题但没有抱怨的客户，或那些只是勉强满意公司服务的客户。"她相信，真正衡量客户服务的标准必须基于和反映持卡人的见解。这就意味着要对公司控制程序进行彻底检查。其中一项重要的工作就是确定用户对公司的期望。对抱怨信件的分析指出了客户服务的三个重要特点：及时性、准确性和反应灵敏性。持卡者希望准时收到账单、快速采取行动解决抱怨等。

　　了解了客户期望，公司质量保证人员开始建立控制客户服务质量的标准。所建立的 180 多个标准反映了诸如申请处理、信用卡发行、账单查询反应及账户服务费代理等服务项目的服务质量。这些标准都基于用户所期望的服务的及时性、准确性和反应灵敏性。同时也考虑了其他一些因素。

　　除了客户见解，服务质量标准还反映了公司的竞争性和一些经济因素。考虑了每一个因素后，适当的标准就成型了。

　　计划实施效果很好，比如处理信用卡申请的时间由 35 天降到 15 天，更换信用卡的时间从 15 天降到 2 天，回复用户的时间从 16 天降到 10 天。这些改进给公司带来的潜在利润是巨大的。例如，办理新卡和更换旧卡节省的时间会给公司带来 1 750 万美元的额外收入。另外，如果用户能及时收到信用卡，他们就会减少使用竞争者的卡片。

　　该质量控制计划潜在的收入和利润对公司还有其他的益处，该计划使整个公司都注重客户期望。各部门都以自己的客户服务记录为骄傲。而且每个雇员都对改进客户服务做出了贡献，使员工士气大增。每个雇员在为客户服务时，都认为自己是公司的一部分，是公司的代表。

　　该部门客户服务质量控制计划的成功，使公司其他部门纷纷效仿。无疑，它对该公司的贡献是非常巨大的。

　　问题：

　　（1）该公司的客户服务质量控制计划是前馈控制、反馈控制还是现场控制？

　　（2）为什么该公司将标准设立在经济可行的水平上，而不是最高水平上？

五、实训活动

【实训目标】

通过设计客户服务质量问卷，掌握了解客户对于公司服务质量评价的方法。

【实训要求】

（1）学生自行选定企业，针对企业实际情况设计客户服务质量问卷。

（2）把学生分成几个小组，一般 5～8 人为一组，完成问卷设计。

（3）发放问卷并回收。

（4）客户服务质量报告。

【实训内容】

　　第一部分是有关客户的基本情况，如性别、年龄、教育水平、职业、家庭月收入等；第二部分是有关客户对于企业服务的问题，如售前服务、购买服务、售后服务等问题；第三部分为主体问题，以指标评价体系为基础设计态度测量问题，使被访者在表上表明他们的赞同程度，从"非常满意"到"非常不满意"。

（1）要求设计一份调查问卷，问卷中同时使用开放题和封闭题。

（2）收集一类资料，用加权平均法测试、分析企业客户服务质量。

【考核】

根据每个同学在小组中的分工及表现、报告综合评定成绩。

任务 4　客户流失管理

一、任务目标

知识目标：

（1）了解客户流失的概念、内容、危害。

（2）掌握客户流失的原因及诊断方法。

能力目标：

（1）能够对客户流失原因进行初步分析。

（2）能够通过客户流失分析数据采取相应措施。

（3）能够进行客户流失原因的分析及诊断。

素质目标：

（1）培养学生职业素养。

（2）培养学生的劳动精神、工匠精神。

（3）培养学生不畏困难、乐观向上的意识。

二、引导案例

某市市民张先生，从家里携带 5 万元现金到某 24 小时自助银行进行存款操作。经过一番操作后，张先生发现总存款数由 5 万元变成了 4.8 万元，张先生当即拨通了该银行的客服热线。银行回复：柜台机未见差错，拒绝承担责任。记者陪同张先生一起前往银行调取张先生当日的存款流水账单及柜台机监控录像视频查看。经对比，流水账单显示的张先生第二次存款操作放入柜台机的款数与监控录像所显示的款数明显存在偏差。对此，银行方面却表示，"眼见不一定为实"，坚持以柜台机数据为准。

讨论：银行的客户服务是否失败？

三、相关知识

（一）导致客户流失的因素

客户的需求不能得到切实有效的满足往往是导致企业客户流失的关键因素，一般表现在以下几个方面。

1. 质量不稳定

企业产品质量不稳定，使客户利益受损。这是最常见的一种现象，相关的案例也特别多。

2. 缺乏创新

企业缺乏创新，导致客户"移情别恋"。任何产品都有自己的生命周期，随着市场的成熟及产品价格透明度的提高，产品带给客户的利益空间往往越来越小。若企业不能及时进行创新，客户自然会另寻他路，毕竟利益才是维系客户与厂商关系的最佳杠杆。

3. 服务意识淡薄

即企业内部服务意识淡薄。员工傲慢、客户提出的问题不能得到及时解决、咨询无人理睬、投诉没人处理、服务人员工作效率低下也是直接导致客户流失的重要因素。

4. 市场监控不力，销售渠道不畅

例如，某食品企业在进行山西市场开发时，对经销商投入了较高的营销费用，而在相邻的河南三门峡这个老市场企业营销费用的投入却较低，结果山西市场的营销经理与当地经销商联通，向三门峡市场肆意窜货。三门峡市场经销商无利可图，只好"忍痛割爱"，放弃了该企业产品的经营。

很多企业由于在客户关系管理方面工作不够细致、规范，客户与企业业务员之间关系很好，而企业自身对客户影响相对乏力。一旦业务人员跳槽，老客户就随之而去，与此带来的是竞争对手实力的增强。

5. 客户遭遇新的诱惑

市场竞争激烈，为迅速在市场上获得有利地位，竞争对手往往会不惜代价以优厚条件来吸引那些资源丰厚的客户，客户弃你而去也就不奇怪了。

6. 短期行为作梗

企业的短期行为也会导致老客户的流失。

另外，个别客户自恃经营实力强大，为拿到厂家的市场最优惠"待遇"，以"主动流失"进行要挟，企业满足不了他们的特殊需求，只好善罢甘休。

（二）应对客户流失的措施

1. 做好质量营销

通用电气公司董事长杰克·韦尔奇说过："质量是通用维护顾客忠诚度最好的保证，是通用对付竞争者最有力的武器，是通用保持发展和赢利的唯一途径。"可见，企业只有在产品质量上下功夫，保证产品的耐用性、可靠性和精确性等价值属性，才能在市场上取得优势，才能为产品的销售及品牌的推广创造一个良好的运作基础，也才能真正吸引客户、留住客户。

2. 提高服务质量

树立"客户至上"意识，帮助员工认识保持客户满意的重要性。客户是企业生存的根本，员工一定要认识到客户满意的重要性，只有认识到其重要性，才能真正为客户着想，处处使客户满意。客户首先面对的是企业的一线员工，员工服务态度、服务质量的好坏将直接影响客户对企业的印象。这就需要企业加强员工服务意识方面的培养，建立"无客户流失"文化，并将其渗透到员工的观念上，贯彻到行动中。

很多企业为了发现自身存在的问题，经常雇一些人装扮成潜在顾客，报告潜在购买者在购买公司及其竞争者产品的过程中发现的优缺点，并不断改进。例如，肯德基快餐店就经常采用这种方法。美国的肯德基国际公司的子公司遍布全球60多个国家和地区，达9 900多个，如何保证它的下属能循规蹈矩呢？一次，上海肯德基有限公司收到了3份总公司寄来的鉴定书，对他们外滩快餐厅的工作质量分3次鉴定评分，分别为83分、85分、88分。分公司中外方经理都为之瞠目结舌，这三个分数是怎么定的呢？原来，肯德基国际公司雇用、培

训一批人，让他们佯装顾客进入店内进行检查评分，来监督企业完善服务。

这些佯装购物者甚至可以故意提出一些问题，以测试企业的销售人员能否适当处理。例如，一个佯装购物者可以对餐馆的食品表示不满意，以试验餐馆如何处理这些抱怨。企业不仅应该雇用佯装购物者，经理们还应经常走出办公室，进入他们不熟悉的企业以及竞争者的实际销售环境，以亲身体验作为"客户"所受到的待遇。经理们也可以打电话到自己的企业，提出各种不同的问题和抱怨，看企业的员工如何处理这样的电话，从中发现客户的流失是不是由于员工态度的原因，发现公司的制度及服务中存在的问题。

3. 降低客户的消费成本

企业在竞争中为防止竞争对手挖走自己的客户，并且要战胜对手，吸引更多的客户，就必须向客户提供比竞争对手具有更多"客户让渡价值"的产品，这样，才能提高客户的满意度并影响双方深入合作的可能性。为此，企业可以从两个方面改进自己的工作：一是通过改进产品、服务、人员和印象提高产品的总价值；二是通过改善服务和促销网络系统，减少客户购买产品的时间、体力和精力的消耗，从而降低其货币和非货币成本。

4. 对流失的客户进行成本分析

部分企业员工会认为，客户流失就流失了，旧的不去新的不来。他们根本就不知道流失一个客户企业要损失多少。一个企业如果每年降低5%的客户流失率，利润每年可增加25%～85%，因此对客户进行成本分析是必要的。据资料记载，美国一家大型的运输公司对其流失的客户进行了成本分析。该公司有64 000个客户，由于服务质量问题，一年中丧失了5%的客户，也就是有3 200（64 000×5%）个客户流失。平均每流失一个客户，营业收入就损失40 000美元，相当于公司一共损失了128 000 000（3 200×40 000）美元的营业收入。假如公司的赢利率为10%，那这一年公司就损失了12 800 000（128 000 000×10%）美元的利润，而且随着时间的推移，公司的损失会更大。

面对单个客户的流失，或许很多企业会不以为然，而一旦看到这个惊人的数字，不由得会在心里重视起来。客户给企业带来的利润是不可估量的，有效地防止客户流失，让员工真正从心底认识到这个问题的严重性，对流失的客户进行成本分析是很必要的。

另外，获取一个新客户的成本是保留一个老客户的5倍，而且一个不满意的客户平均要影响5个人；以此类推，企业每失去一个客户，其实意味着失去了一系列的客户，其口碑效应的影响是巨大的。

5. 加强市场监控力度

企业应建立督办系统，迅速解决市场问题，保证客户的利益，如窜货问题导致客户无利可图，企业应迅速解决。企业应定期派出业务人员到市场上进行巡查，一旦发现窜货迹象，要及时向企业反映，以争取充足的时间来采取措施控制窜货的发生，有效降低经营风险，保住客户。

6. 建立投诉和建议制度

95%的不满意客户是不会投诉的，仅仅是停止购买，最好的方法是要方便客户投诉，一个以客户为中心的企业应为投诉和提建议提供方便。许多饭店和旅馆都备有不同的表格，请客人诉说他们的喜忧。宝洁、通用电气、惠而浦等著名企业，都开设了免费热线电话。很多企业还增加了网站和电子信箱，以方便双向沟通。这些信息流为企业带来了大量好创意，使它们能更快地采取行动，解决问题。3M公司声称它的产品改进建议有2/3以上是来自客户的意见。

7. 与客户建立关联

企业与客户合作的过程经常会发生很多的短期行为，这就需要企业对其客户灌输长期合作的好处，对其短期行为进行成本分析，指出其短期行为不仅给企业带来很多的不利，而且给客户本身带来了资源和成本的浪费。企业应该向客户充分阐述自己的美好愿景，使客户认识到自己只有跟随企业才能够获得长期的利益，这样才能使客户与企业同甘苦、共患难，不会被短期的高额利润所迷惑而投奔竞争对手。

同时，企业应该深入与客户进行沟通，防止出现误解。企业应及时将自己经营战略与策略的变化信息传递给客户，便于客户工作的顺利开展，并及时把客户对企业产品、服务及其他方面的意见、建议收集上来，将其融入企业各项工作的改进之中。这样，一方面可以使客户知晓企业的经营意图，另一方面可以有效调整企业的营销策略，以适应客户需求的变化。

在优化客户关系方面，感情是维系客户关系的重要方式，日常的拜访、节日的真诚问候以及婚庆喜事、过生日时的一句真诚祝福、一束鲜花，都会使客户深为感动。交易的结束并不意味着客户关系的结束，售后还须与客户保持联系，以确保他们的满足持续下去，赢得客户忠诚，防止客户流失。

拓展资料

客户流失，特别是固定客户（活跃客户）与会员客户的流失是店铺经营业绩下滑的主要原因。但它只是"现象"。对客户流失问题深入分析，经过"抽象化"到"具体化"的过程，最后制订减少客户流失的计划、措施并整改，留住客户，特别是留住"固定客户"和"会员客户"。

图1就是运用鱼骨分析图来分析客户流失原因，从而找出解决方案的例子。

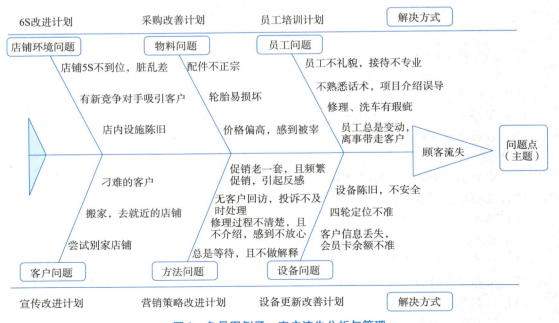

图1 鱼骨图例子—客户流失分析与管理

降低客户流失率的四个步骤：

①确定和衡量公司的客户保持率。

②找出导致客户流失的原因，并找出那些可以改进的地方。

③估算一下当公司失去这些不该失去的客户时所导致的利润损失。当一个客户流失时，损失的利润就相当于这个客户的生涯价值，也就是说，相当于这位客户在正常年限内持续购买所产生的利润。

④计算降低流失率所需要的费用。只要这些费用低于所损失的利润，公司就应该花这笔钱。

提高客户转换成本也是减少客户流失的一种重要手段，如售卖会员卡与项目包、关注公众号、加强员工与客户的沟通等。

四、案例分析

现改名为美国第一银行的原 M 银行是一家信用卡公司，在 20 世纪 80 年代初期，该公司的客户流失相当严重。为了扭转这一危机，公司致力于通过取悦客户使客户满意的服务以维系客户忠诚度。为此，M 银行开始针对流失的客户进行询问调查，这些问题包括他们为何离开，他们的问题何在，他们对信用卡公司有何要求，等等。通过调查了解到客户的需求，认识客户离开他们的原因就是未能满足其需求。M 银行将收集到的信息整合后，制定行动方案并开始执行，他们经常检讨产品和服务，以期符合客户日益变化的需求。结果，M 银行的客户流失率迅速下降，并成为同行业中客户流失率最低的公司。

问题：说说 M 银行是怎样进行客户流失管理的？

任务5　双赢客户服务游戏

一、任务目标

知识目标：

（1）了解客户与企业之间的关系。

（2）掌握双赢战略的含义。

能力目标：

（1）能够从企业战略出发思考客户服务管理问题。

（2）能够从客户服务出发，考虑企业长期发展的方向。

（3）具备团队协作的能力。

素质目标：

（1）培养学生职业素养。

（2）培养学生的劳动精神、工匠精神。

（3）培养学生不畏困难、乐观向上的意识。

（4）培养学生创新精神。

（5）培养学生团队合作意识。

二、课程引导

活动1：模拟游戏

下面我们一起来玩一个游戏。

老师对所有的学生说："请你们就近找到另外一位伙伴作为你的搭档，面对面地站着，用你的右手和你的搭档握手，等一下我说'预备，开始!'，你就把他的手拉过来，靠在你的腰上，这样你就得1分；万一你被搭档拉过去，靠在他的腰上，那么他就得到1分。时间是30秒，谁得分最多即为获胜者。"（老师可以请一个学生上台来和自己示范1次）

接下来老师说："你们已经看清楚我做的示范了吗？现在你们握紧你们搭档的手，30秒计时开始。"（可以放一点节奏比较轻快的音乐）

时间到，老师宣布游戏结束，统计一下，在这个拉扯的过程中，分别请得分20分以上和得分在5分以下的学生举手，然后将他们分成两组，请他们分别上台表演（第一次按照自己最开始想的做，告诉他们学习是成长突破的开始，第二次按照得分20分以上的一组表演的再做一次），同时组织学生进行相关讨论。

活动2：分析

"为什么有的人在同样的时间内可以得到20分以上，而有的人却连5分都得不到呢？能够得20分以上的，说明你和你的拍档都在互动当中，因为只有互动才能双赢；而得分不足5分的，是因为他们都只希望自己得分，只希望自己胜出，双方越是这样就越不能和谐，最后双方都很难碰到自己的腰，这样的局面就会僵持不下。通过游戏我们知道了一个道理，那就是买卖双方都在增加价值的过程中获得了双赢。"

活动3：结论

客户—员工—企业之间的财富关系

客户与企业之间、员工与企业之间，能否实现双赢，三者的关系就像金字塔结构。客户处在正三角的正上方，表示客户是企业的衣食父母，理应受到尊敬，企业通过提供给客户满意的产品和服务，实现客户的持续满意。员工处在正三角的右边，表示客户的持续满意是通过优秀的员工来实现的，而团队一体化才是保证；企业的生存与可持续发展是客户持续满意及企业员工利益的基石和保证。双赢企业文化把客户、员工与企业融合在一起，使顾客、员工与企业之间的正三角转化为"金字塔"正菱锥体，不但使三者融为一体，更加丰富稳定，而且密不可分、相互促进、协调发展。

客户通过企业提供的产品与服务而获得成功，企业通过客户的回报与支持而获得发展。客户与企业如同太阳花与蝴蝶，融洽依存、共同繁荣。

三、相关知识

（一）双赢的地位与作用

双赢的英文名称为 Win - Win，简称 WW，是继 CI 战略和 CS 战略之后导入中国的你赢我也赢的战略，是知识经济和人格经济条件下的必然趋势，是当今人们生存发展的哲学与方法，是当今中外成功企业和成功人士广泛应用的战略和策略，是 21 世纪竞争制胜的成功秘籍。正因为如此，双赢模式被广泛应用于政治、经济、外交、管理、营销、咨询、服务、企业文化建设及人们日常生活之中，受到越来越多的人的青睐和运用。

（二）双赢营销

双赢营销是一种原始而朴素的营销哲学和营销方法，也是即将到来的新趋势，必将引起人们营销观念、营销意识、营销方法、营销行为等的更新和发展。

拓展资料

囚徒困境

"囚徒困境"（Prisoner's Dilemma）是博弈论的非零和博弈中具代表性的例子，反映个人最佳选择并非团体最佳选择。或者说在一个群体中，个人做出理性选择却往往导致集体的非理性。虽然困境本身只属模型性质，但现实中的价格竞争、环境保护等方面，也会频繁出现类似情况。

"囚徒困境"是 1950 年美国兰德公司的梅里尔·弗勒德（Merrill Flood）和梅尔文·德雷希尔（Melvin Dresher）拟定出相关困境的理论，后来由顾问艾伯特·塔克（Albert Tucker）以囚徒方式阐述，并命名为"囚徒困境"。两个共谋犯罪的人被关入监狱，不能互相沟通情况。如果两个人都不揭发对方，则由于证据不确定，每个人都坐牢一年；若一人揭发，而另一人沉默，则揭发者因为立功而立即获释，沉默者因不合作而入狱十年；若互相揭发，则因证据确凿，二者都判刑八年。由于囚徒无法信任对方，因此倾向于互相揭发，而不是同守沉默。这是最终导致纳什均衡仅落在非合作点上的博弈模型。

四、案例分析

一个法国人到美国去旅行，她在一家皮鞋商店的进口处看到一块牌子上写着："超级特价，只需一折！"她看了看这些特价皮鞋，突然发现了一双漂亮的红色皮鞋，她拿起来看了看，皮鞋质量很好，而且是名牌，这双鞋她在别的地方已经看过好几次了，因为价格太贵而放弃了购买的愿望，现在这么便宜的事居然让她碰上了。

她于是急忙招呼工作人员过来，然后询问道："这双鞋确实是 7 美元吗？"工作人员把鞋子拿了过去，说："您稍等！"然后就回到服务台去了。

没过多久，工作人员又回来了，手里拿着那双红色的皮鞋对她说："没错，这两只鞋的确是 7 美元。"

"两只鞋？难道这不是一双鞋吗？"法国人问。

工作人员说："在您决定购买之前，我一定要把真实情况告诉您。我们的服务宗旨是诚实守信。我们知道您的时间很宝贵，但还是希望您能听完我说的话。因为如果您回去后觉得不合适，再来找我们的话，更是浪费您的时间。我必须告诉您，这是两只鞋，皮质、尺码、款式都是相同的，只是颜色稍微有一些差别，您不仔细看是看不出来的。出现这样的情况，原因是以前的客户弄错了，各拿了两双鞋的一只，所以这并不是一双鞋。我们每售出一双鞋，决不留任何隐患。如果您知道真相不想买了，我们也不会说什么。我们要做的只是诚实。"

这样真挚的话感动了法国人，知道真相后她不仅没有后悔，反而更想买这两只鞋了。除了这两只鞋外，她还购买了另外两双鞋。周围都是卖鞋的商店，但她毫不犹豫地就在这一家商店里买了三双鞋。

不仅如此，以后每当她到美国出差的时候，都要抽空到这个商店里买几双鞋，而且从来不在其他的商店门口徘徊，都是直接来到这家商店。

问题：请问案例中的美国皮鞋商店的工作人员是如何争取到这名法国客户的？

五、实践练习

情景设置：有一个客户购买了一部手机。大概过了 7 个月，客户找来，说手机坏了，没有显示。拿到维修部门，维修部门发现是电池漏液导致电路板腐蚀，只能更换电路板。但是更换电路板需要返回厂家，可是恰恰这款产品厂家已经停产了。于是客户要求退货，索赔。

这个企业说："我们给你调换一个，你可以选另外一款同等价格的手机。"客户说不行，一定要退钱。

后来发现，电池漏液造成电路板腐蚀不完全是这个客户的原因，和产品有一定的关系。

经理没有答应，没想到这个客户特别难缠，天天闲着没事，就跑到企业闹，影响企业的正常工作。

企业没办法了，就跟客户签了一个保密协议。你可以退货，但你不能把处理结果告诉其他客户。

思考：请你想一想，企业为何要签这个协议？正确的处理方式是什么？

参 考 文 献

[1] 森吉兹·哈克塞弗，等．服务经营管理学［M］.2 版．顾宝炎，时启亮，等译．北京：中国人民大学出版社，2005.

[2] 李先国，曹献存．客户服务实务［M］.北京：清华大学出版社，2011.

[3] 科罗思·费耐尔．客户满意的真相：成为市场竞争中的胜利者［M］.李英，等译．上海：上海社会科学院出版社，2013.

[4] 李海芹，客户关系管理［M］.北京：北京大学出版社，2023.

[5] 刘胜强．客户体验101：从战略到执行［M］.北京：人民邮电出版社，2022.

[6] 王国玲．客户服务与管理［M］.北京：中国人民大学出版社，2019.

[7] 邬金涛．客户关系管理［M］.北京：中国人民大学出版社，2022.

[8] 菲利普·科特勒，等．营销管理［M］.16 版．陆雄文，等译．北京：中信出版社，2022.

[9] 程洪莉．职场礼仪故事［M］.北京：机械工业出版社，2018.

[10] 杨眉，现代商务礼仪［M］.大连：东北财经大学出版社，2016.

[11] 孟文燕，商务实用礼仪［M］.北京：中国书籍出版社，2015.

[12] 董亮．客户服务与客户投诉处理实务手册［M］.北京：企业管理出版社，2017.

[13] 王鑫．客户服务实务［M］.北京：高等教育出版社，2020.

[14] 拉姆·查兰．客户说：如何真正为客户创造价值［M］.杨懿梅，萧峰，译．北京：机械工业出版社，2016.

[15] 青木辛弘．服务的细节：像顾客一样思考［M］.姜瑛，译．北京：东方出版社，2016.

[16] 于丽娟．客户服务［M］.北京：高等教育出版社，2018.

[17] 刘少丹．客户服务部精细化管理手册［M］.北京：人民邮电出版社，2018.

[18] 孙宗虎．客户服务全过程管理流程设计与工作标准［M］.北京：人民邮电出版社，2020.

[19] 孟广桥．让投诉顾客满意离开：客户投诉应对与管理［M］.北京：中国青年出版社，2019.

[20] 张钦．胜在服务　赢在细节［M］.北京：企业管理出版社，2018.